Taisha Abelar

Die Zauberin

Taisha Abelar

Die Zauberin

Die magische Reise einer Frau

Mit einem Vorwort von
Carlos Castaneda

HANS-NIETSCH-VERLAG

Titel der Originalausgabe: »The Sorcerers' Crossing«

Erste deutsche Ausgabe beim Scherz Verlag, 1994

Vollständig überarbeitete Neuausgabe

Published by arrangement with Viking Penguin,
a division of Penguin Books, Inc.

Aus dem Amerikanischen von Jochen Eggert

Redaktion und Lektorat: Norbert Claßen
Korrektorat: Sylvia Schaible
Cover: Wilfried Pechtheyden, www.arte-noah.de
Satz: Hans-Jürgen Maurer

Hans-Nietsch-Verlag, Postfach 228, 79002 Freiburg
www.nietsch.de, www.carlos-castaneda.de
info@nietsch.de

ISBN: 3-934647-09-X

Mit Zuneigung für all jene,
die ins Unbekannte reisen

Vorwort

von *Carlos Castaneda*

Taisha Abelar gehört zu einer Gruppe von drei Frauen, die unter Aufsicht des Naguals Don Juan Matus von einigen mexikanischen Zauberern geschult wurden. Über meine eigene Lehrzeit bei Don Juan habe ich ausführlich geschrieben, doch von der Gruppe, der Taisha Abelar angehört, war in meinen Büchern nie die Rede. Es gab unter Don Juans Schülern eine stillschweigende Übereinkunft, dass nicht über sie gesprochen werden sollte.

Mehr als zwanzig Jahre haben wir uns daran gehalten. Wir haben untereinander nie über unsere persönlichen Erfahrungen gesprochen, obgleich wir in enger Gemeinschaft lebten und arbeiteten. Es gab im Übrigen auch nie Gelegenheit zu einem Meinungsaustausch über das, was Don Juan und die Zauberer seiner Gruppe mit jedem Einzelnen von uns angestellt hatten.

Und das war unabhängig von Don Juans Anwesenheit so. Als er und seine Gruppe die Welt verlassen hatten, blieben wir bei der alten Regelung, denn keinem von uns lag etwas daran, Energie auf die Revidierung alter Übereinkünfte zu verschwenden. Alle Zeit und Kraft, die uns zur Verfügung standen, waren gebunden durch die Aufgabe, für uns selbst zu bestätigen, was Don Juan uns mit so unendlicher Sorgfalt vermittelt hatte.

Er hatte uns in das eingeführt, was in seiner Tradition »Zauberei« genannt wird, eine ganz pragmatische Kunst, durch die es jedem von uns möglich wird, Energie direkt wahrzunehmen. Um Energie auf diese Weise wahrzunehmen, das hatte er uns immer wieder vor Augen gehalten, müssen wir uns von unseren alltäglichen Wahrnehmungsgewohnheiten befreien. Und diese Aufgabe verlangte uns alles ab, was wir hatten.

Ein Zauberer geht davon aus, dass die Parameter der alltäglichen Wahrnehmung uns im Zuge der Sozialisation beigebracht werden – nicht unbedingt gewaltsam, aber doch so, dass sie bindenden Charakter haben. Ein Aspekt dieser obligatorischen Parameter ist ein Interpretationssystem, das Wahrnehmungsdaten zu Sinneinheiten verarbeitet; aufgrund dieses Interpretationssystems ist die Gesellschaftsordnung insgesamt letztlich eine gemeinschaftliche Deutungsstruktur.

Wenn wir innerhalb unserer Gesellschaftsordnung normal funktionieren wollen, müssen wir uns blind und konsequent an all ihre Vorschriften halten, und die sind so angelegt, dass es nie notwendig wird, auch nur die Möglichkeit einer direkten Wahrnehmung von Energie ins Auge zu fassen. So behauptete Don Juan etwa, dass es möglich sei, Menschen als Energiefelder oder als große leuchtende Eier aus weißlichem Licht zu sehen.

Um aus den Deutungsmustern auszubrechen und zu solch einer gesteigerten Wahrnehmungsfähigkeit zu gelangen, brauchen wir innere Energie. Deshalb geht es für einen Schüler der Zauberei vor allem darum, wie er sich die erforderliche innere Energie erschließen und verfügbar machen kann.

Die Dinge haben sich inzwischen so entwickelt, dass Taisha Abelar jetzt über ihre Lehrzeit schreiben kann. Es war die gleiche Schulung, wie ich sie erhalten habe, und doch ganz anders. Das Schreiben kostete sie viel Zeit, denn zunächst musste sie sich die nötigen »Zaubermittel« dazu verschaffen. Ich hatte von Don Juan selbst die Aufgabe erhalten, über sein Wissen zu schreiben, und er selbst hatte mich denkbar genau über die Art dieser Aufgabe unterrichtet: »Schreib nicht wie ein Schriftsteller, sondern wie ein Zauberer.« Damit meinte er, dass ich in einem Zustand gesteigerter Bewusstheit schreiben sollte, den die Zauberer *Träumen* nennen. Taisha Abelar brauchte viele Jahre, um ihr Träumen so weit zu vervollkommnen, dass es ihr Zaubermittel zum Schreiben werden konnte.

Es gibt in Don Juans Welt zwei Grundtypen von Zauberern, die *Träumer* und die *Pirscher*. Sie sind wie die zwei Seiten derselben Münze und welcher der beiden Gruppen ein Zauberer zuzurechnen ist, richtet sich ganz nach seiner persönlichen Veranlagung, seinem Temperament. Träumer bringen die Gabe mit, Kontrolle über das Geschehen in ihren Träumen zu gewinnen und auf diesem Wege in Zustände gesteigerter Bewusstheit einzutreten. Diese Fähigkeit wird durch methodische Einführung in eine Kunst gewonnen: die Kunst des *Träumens.* Pirscher andererseits besitzen eine angeborene Geschicklichkeit im Umgang mit äußeren Gegebenheiten und können durch Manipulation und Kontrolle ihres Verhaltens in Zustände gesteigerter Bewusstheit eintreten. Durch die Zauberer-Schulung wird aus dieser natürlichen Anlage eine Kunst: die Kunst des *Pirschens.*

Alle, die zu Don Juans Schar von Zauberern gehörten, waren einem der beiden Typen zugeordnet, wenngleich alle in beiden Künsten gründlich ausgebildet waren. Taisha Abelar wurde den Pirschern zugeordnet und von ihnen geschult. Hier nun das atemberaubende Zeugnis ihrer Ausbildung zur Pirscherin.

Einleitung

Ich habe mein Leben einer sehr strengen und anspruchsvollen Schulung in einer Disziplin gewidmet, die wir mangels eines besseren Ausdrucks Zauberei nennen. Außerdem bin ich Ethnologin, sogar mit Doktortitel. Ich nenne meine beiden »Fachgebiete« in dieser Reihenfolge, weil die Zauberei tatsächlich den Anfang bildete. Normalerweise wird man erst einmal Ethnologe und widmet sich dann auf einem bestimmten Gebiet der Feldarbeit, wie etwa dem Gebiet der Zauberei. Bei mir kam es andersherum: Als Zauberlehrling wurde ich Ethnologin.

Ende der sechziger Jahre, ich wohnte damals in Tucson, Arizona, begegnete ich einer mexikanischen Frau namens Clara Grau, die mich einlud, mit zu ihr nach Hause in Sonora, Mexiko, zu kommen. Dort tat sie alles, was in ihrer Macht stand, um mich in ihre Welt einzuführen, denn Clara Grau war eine Zauberin und gehörte einer Gruppe von sechzehn Zauberern und Zauberinnen an. Manche waren Indianer vom Stamm der Yaqui, aber es waren auch Mexikaner verschiedenster Herkunft und aller Altersklassen dabei. Die Frauen waren in der Überzahl. Alle diese Menschen verfolgten beherzt und beharrlich das gleiche Ziel: die Voreingenommenheiten und Prägungen unserer Wahrnehmung zu durchbrechen, die uns im Bannkreis der gewöhnlichen Alltagswelt festhalten und nicht zulassen, dass wir in andere wahrnehmbare Welten aufbrechen.

Das Durchbrechen solcher Wahrnehmungsprägungen gibt den Zauberern die Möglichkeit, eine Schranke zu überwinden und den Sprung ins Unvorstellbare zu tun. Sie nennen diesen Sprung »den Übergang der Zauberer«. Manchmal sagen sie auch

»der abstrakte Flug«, denn man schwingt sich hier von der Seite des Konkreten und Gegenständlichen zur Seite der erweiterten Wahrnehmung und der unpersönlichen abstrakten Formen auf.

Den Zauberern war daran gelegen, mir bei meinem Bemühen um diesen abstrakten Flug zu helfen, damit ich mich ihnen in den Dingen anschließen konnte, die das eigentliche Anliegen ihres Weges sind.

Für mich wurde die akademische Ausbildung zu einem wesentlichen Bestandteil der Vorbereitung auf den Übergang der Zauberer. Der Anführer der Gruppe von Zauberern, zu der ich gehöre, der *Nagual*, wie er genannt wird, legt größten Wert auf formale akademische Bildung. Deshalb mussten alle, die unter seiner Obhut stehen, sich in jenem klaren, abstrakten Denken üben, das man nur an einer modernen Universität findet.

Als Frau war es für mich besonders wichtig, diese Anforderung zu erfüllen. Frauen werden im Allgemeinen von früher Kindheit an dazu erzogen, sich ganz auf die männlichen Mitglieder der Gesellschaft zu verlassen, wenn es darum geht, begriffliche Klarheit zu schaffen und Veränderungen in Gang zu setzen. Die Zauberer, die mich schulten, hatten in dieser Hinsicht ganz klare Ansichten. Ihnen zufolge ist es für eine Frau zwingend notwendig, ihren analytischen Verstand zu entwickeln und ihre Abstraktionsfähigkeit zu schulen, damit sie die Welt um sich herum besser erfassen kann.

Außerdem ist die Schulung des Intellekts ein ganz offenes Ablenkungsmanöver der Zauberer. Sie halten den Verstand mit Analysen und Schlussfolgerungen in Atem und gewinnen so die Freiheit, andere Bereiche der Wahrnehmung zu erkunden, ohne dass dieser sich ständig einmischt. Anders gesagt, während unsere rationale Seite mit den Dingen einer formalen akademischen Ausbildung beschäftigt wird, kann sich unsere energetische oder nicht-rationale Seite – Zauberer sprechen hier vom »Doppelgänger« – mit den Aufgaben und Belangen der Zauberei befassen. So wird das ewig argwöhnische analytische Bewusstsein nicht mehr so viel dazwischenreden oder gar nicht mehr mitbekommen, was auf der nicht-rationalen Ebene vor sich geht.

Das Gegenstück zu meiner akademischen Ausbildung bestand demzufolge darin, den Grad meiner Bewusstheit und meine Wahrnehmungsfähigkeit zu steigern: Zusammen bringen diese beiden Seiten die Gesamtheit dessen zum Vorschein, was wir sind. Sie wirkten zusammen wie eine einzige Kraft und hoben mich heraus aus dem Leben, in das ich hineingeboren und in dem ich auf die Rolle der Frau dressiert worden war; sie entrissen mich diesem Leben, das mir so selbstverständlich erschienen war, und stellten mich in eine Welt von Wahrnehmungsalternativen, die vorher nicht einmal zu erahnen waren.

Ich will damit nicht behaupten, ich sei durch meine Entscheidung für die Welt der Zauberei schon »aus dem Gröbsten heraus« gewesen. Der Sog des Gewohnten ist so stark und anhaltend, dass jeder, mag er sich noch so eifrig und gewissenhaft bemühen, sich immer wieder zu wüsten Ausbrüchen des Entsetzens und der Dummheit hinreißen und sich gehen lässt, als hätte er rein gar nichts gelernt. Meine Lehrer gaben mir mahnend zu verstehen, dass ich darin keine Ausnahme sei; nur beharrliches Bemühen von Augenblick zu Augenblick könne etwas ausrichten gegen den natürlichen und einschläfernden Hang, uns nicht zu ändern.

Ich habe sorgfältig erwogen, worum es mir letzten Endes geht, und bin zusammen mit meinen Gefährten zu dem Schluss gelangt, dass ich über meine Schulung berichten muss, um anderen, die auf der Suche nach dem Unbekannten sind, zu vermitteln, wie wichtig es ist, unsere Wahrnehmungsfähigkeit über das gewohnte Maß hinaus zu entwickeln. Es muss eine nüchterne, pragmatische und ganz neue Art des Wahrnehmens sein; auf gar keinen Fall darf man sich diese Wahrnehmung als bloße Fortsetzung oder Ausgestaltung unserer gewöhnlichen Alltagserfahrung vorstellen.

Ich berichte in diesem Buch von den ersten Stadien der Schulung einer Pirscherin. In dieser Phase geht es um das Aussieben unserer gewohnten Denk-, Verhaltens- und Gefühlsmuster mittels einer traditionellen und für jeden Neuling obligatorischen Zauberer-Übung, die »Rekapitulation« genannt wird. Zur Abrundung dieser Rekapitulation hatte ich eine Reihe so genannter magischer Bewegungen zu lernen, womit bestimmte Bewegungsfolgen und Atmungsformen gemeint sind. Und damit ich all das in seinem Gesamtzusammenhang erfassen konnte, wurde ich auch in die theoretischen Grundlagen eingeführt und erhielt die entsprechenden philosophischen Erläuterungen.

Bei allem, was ich gelernt habe, ging es letztlich darum, meine Energie so umzuverteilen und zu vermehren, dass ich sie für die unvergleichlichen Akte der Wahrnehmung nutzen konnte, die die Zauberer-Schulung verlangt. Das Prinzip der Schulung ist dieses: Wenn die zwanghaften Muster alter Gewohnheiten, Gedanken, Erwartungen und Gefühle erst einmal durch die Rekapitulation aufgebrochen sind, ist man in der Lage, so viel Energie anzusammeln, dass man nach den neuen Leitlinien der Zauberer-Tradition leben und sie durch eigene unmittelbare Erfahrung einer anderen Wirklichkeit selbst bestätigen kann.

1

Ich hatte eine abgelegene Stelle aufgesucht, weit weg vom Highway und den Leuten, um die morgendlichen Schatten auf den spektakulären Lavabergen rund um den Gran Desierto in Süd-Arizona zu zeichnen. Die dunkelbraunen Felszacken blitzten förmlich auf, wenn die Sonne ihre Spitzen berührte. Um mich herum lagen verstreut riesige Brocken porösen Gesteins, Überreste der Lavaströme eines gewaltigen Vulkanausbruchs. Ich machte es mir auf einem dieser Felsen bequem und vertiefte mich ganz in meine Arbeit, wie schon so oft alles um mich herum vergessend außer dieser wilden, zerklüfteten Schönheit. Ich hatte gerade den Umriss der fernen Berge mit ihren Vorsprüngen und Vertiefungen skizziert, als ich bemerkte, dass ich von einer Frau beobachtet wurde. Es ärgerte mich maßlos, dass jemand meine Einsamkeit störte. Ich gab mir alle Mühe, sie zu ignorieren, aber dann kam sie auch noch näher und ich drehte mich wütend nach ihr um.

Die hohen Wangenknochen und das schulterlange schwarze Haar verliehen ihr eine eurasische Note. Ihre glatte, weiche Gesichtshaut machte es schwierig, ihr Alter zu schätzen; sie hätte dreißig, aber auch fünfzig sein können. Sie war gut zehn Zentimeter größer als ich, also ungefähr einsfünfundsiebzig, aber mit ihrem kräftigen Körperbau wirkte sie im Vergleich zu mir geradezu massig. Dennoch strahlte sie in ihrer schwarzen Seidenhose und der orientalischen Jacke eine kraftvolle Behändigkeit aus.

Ihre Augen fielen mir auf, grün und funkelnd. Etwas Freundliches schimmerte aus ihnen und mein Ärger verflog. Ich stellte ihr die ziemlich törichte Frage: »Wohnen Sie hier in der Gegend?«

»Nein«, sagte sie und kam noch ein paar Schritte näher. »Ich bin unterwegs zur Grenzstation Sonoyta. Ich wollte mir nur ein bisschen die Beine vertreten und finde mich plötzlich in dieser gottverlassenen Ecke. Ich war so überrascht, hier mitten im Nirgendwo jemanden anzutreffen, dass ich der Versuchung einfach nicht widerstehen konnte, Sie zu stören.« Sie streckte mir ihre Hand hin: »Ich heiße Clara Grau.«

Ich nahm ihre Hand und erzählte ihr, ohne zu zögern, dass ich bei meiner Geburt zunächst den Namen Taisha bekommen hatte, dieser Name meinen Eltern aber nicht amerikanisch genug klang, so dass sie mir schließlich den Namen meiner Mutter gaben, Martha. Mir war dieser Name zuwider und für mich selbst war ich schließlich auf Mary gekommen.

»Ist ja interessant«, sagte sie versonnen. »Drei Namen, und so verschieden. Ich werde Sie Taisha nennen, weil das Ihr Geburtsname ist.«

Das freute mich. Es war der Name, den ich insgeheim selbst gewählt hatte. Anfangs hatte ich meinen Eltern zwar zugestimmt, dass der Name zu fremd klang, aber dann fand ich Martha so schrecklich, dass ich Taisha schließlich zu meinem Geheimnamen machte.

In eher barschem Tonfall, den sie jedoch gleich hinter einem gutmütigen Lächeln verbarg, stellte sie mir eine Reihe von Fragen, die allerdings in Wirklichkeit meist Feststellungen waren. »Sie sind nicht aus Arizona.«

»Ich bin erst vor einem Jahr hergekommen, um hier zu arbeiten.« Seltsamerweise antwortete ich ihr wahrheitsgemäß, was ungewöhnlich war, da ich es gewohnt bin, sehr vorsichtig zu sein, insbesondere bei wildfremden Leuten.

»Sie können kaum älter als zwanzig sein.«

»In ein paar Monaten werde ich einundzwanzig.«

»Sie haben einen leichten Akzent. Amerikanerin sind Sie anscheinend nicht, aber ich kann nicht genau heraushören, woher Sie nun stammen.«

»Ich bin Amerikanerin, habe aber als Kind in Deutschland gelebt. Mein Vater ist Amerikaner, meine Mutter Ungarin. Ich bin von zu Hause weg, als ich aufs College ging. Ich bin nie zurückgekehrt. Ich wollte mit meiner Familie nichts mehr zu tun haben.«

»Da scheint es ja wohl überhaupt nicht geklappt zu haben mit Ihren Leuten.«

»Nein. Ich war todunglücklich. Ich konnte es gar nicht erwarten, endlich von zu Hause wegzukommen.«

Sie lächelte und nickte, als wären ihr solche Fluchtimpulse sehr vertraut.

»Sind Sie verheiratet?«, fragte sie mich.

»Nein. Ich habe niemanden auf der Welt.« Das sagte ich mit einem Anflug von Selbstmitleid, wie ich ihn immer hatte, wenn ich über mich sprach.

Sie sagte nichts dazu, sondern erzählte jetzt von sich, sehr ruhig, aber ohne Umschweife, so als wolle sie mir alles Missbehagen nehmen und zugleich mit jedem Satz so viel wie möglich über sich mitteilen.

Während sie sprach, steckte ich meine Zeichenstifte ins Etui zurück, aber ohne den Blick von ihr abzuwenden. Sie sollte nicht den Eindruck haben, dass ich nicht zuhörte.

»Ich war ein Einzelkind und meine Eltern sind beide tot«, sagte sie. »Mein Vater stammte aus einer mexikanischen Familie in Oaxaca, aber meine Mutter war Amerikanerin deutscher Abstammung. Ihre Familie hatte sich zuerst im Osten niedergelassen, lebt aber jetzt in Phoenix. Ich komme gerade von der Hochzeit einer meiner Cousinen.«

»Wohnen Sie auch in Phoenix?«, fragte ich.

»Ich habe mein halbes Leben in Arizona verbracht und die andere Hälfte in Mexiko«, sagte sie. »Aber seit einigen Jahren bin ich im Staat Sonora in Mexiko zu Hause.«

Ich zog den Reißverschluss meiner Mappe zu. Die Begegnung und dieses Gespräch hatten mich aus der Bahn geworfen und ich wusste, dass ich an diesem Tag nichts mehr zustande bringen würde.

»Ich habe auch den Orient bereist«, sagte sie, wie um meine Aufmerksamkeit wieder einzufangen. »Akupunktur habe ich da gelernt und die Kampf- und Heilkünste. Ich hab sogar ein paar Jahre in einem buddhistischen Kloster gelebt.«

»Wirklich?« Ich sah ihr in die Augen. Sie hatten den Ausdruck eines Menschen, der viel meditiert. Feuer und Stille.

»Ich interessiere mich auch sehr für den Osten«, sagte ich, »vor allem für Japan. Ich habe mich auch schon mit Buddhismus und den Kampfkünsten befasst.«

»Wirklich?«, kam es genauso von ihr. »Ich wünschte, ich könnte Ihnen meinen buddhistischen Namen verraten, aber geheime Namen sollten nur unter ganz besonderen Umständen offenbart werden.«

»Aber ich habe Ihnen doch auch meinen geheimen Namen verraten«, erwiderte ich.

»Ja, Taisha, das haben Sie und es ist für mich von großer Bedeutung«, sagte sie in einem Ton, der das Thema für vorerst beendet erklärte.

»Sind Sie mit dem Wagen hier?«, fragte ich und sah mich um, ob irgendwo ein Auto stand.

»Das wollte ich Sie auch gerade fragen.«

»Ich habe meinen Wagen ein paar hundert Meter südlich von hier auf dem Feldweg stehen lassen. Und wo ist Ihrer?«

»Haben Sie einen weißen Chevrolet?«, fragte sie mit einem schelmischen Lächeln.

»Ja.«

»Dann steht meiner gleich neben Ihrem.« Sie kicherte, als wäre daran irgendetwas komisch. Seltsam, irgendwie ärgerte mich ihr Lachen.

»Ich muss jetzt los«, sagte ich. »War nett, Sie kennen zu lernen. Auf Wiedersehen.«

Ich ging in die Richtung, in der mein Wagen stand, und nahm an, die Frau würde noch bleiben und die Landschaft bewundern.

»Ach nein, noch nicht auf Wiedersehen«, sagte sie. »Ich komme mit.«

Wir gingen zusammen. Neben mir mit meinen gut fünfzig Kilo war diese Frau wie ein Felsen. In der Körpermitte wirkte sie rund und kraftvoll. Man hätte leicht denken können, sie sei ein wenig dicklich, aber das war sie nicht.

»Darf ich Sie was Persönliches fragen, Mrs. Grau?« Das Schweigen war mir unangenehm.

Sie blieb stehen und sah mich an. »Ich bin für niemanden eine

Mrs.«, schnappte sie. »Ich bin Clara Grau. Du kannst mich gern Clara nennen. Ja, los, frag mich, was du willst.«

Ich nahm ihr »Du« an, ließ mich aber durch ihren Tonfall gleich zu einer Bemerkung hinreißen: »Du scheinst nicht gerade sehr für Liebe und Ehe zu sein.«

Sie warf mir einen wilden, aber gleich wieder milder werdenden Blick zu. »Jedenfalls bin ich ganz bestimmt nicht für Sklaverei. Und das gilt nicht nur für Frauen. Also, was wolltest du mich eben eigentlich fragen?«

Ihre Antwort traf mich so unvorbereitet, dass mir nicht mehr einfiel, was ich hatte fragen wollen, und so starrte ich sie bloß an und kam mir ziemlich töricht vor.

»Was hat dich dazu gebracht, den ganzen Weg bis da hinten zu laufen?«, fragte ich hastig.

»Ich komme hierher, weil das ein Ort der Kraft ist.« Sie deutete auf die Lavaformationen hinter uns. »Irgendwann hat die Erde das Gestein dieser Berge gespien wie Blut. Wenn ich in Arizona bin, mache ich immer den Umweg hierher. Diese Stelle strömt eine besondere Erdenergie aus. Aber jetzt möchte ich auch dich fragen: Was hat *dich* auf diese Stelle gebracht?«

»Ich komme oft her. Das hier ist mein Lieblingsplatz zum Zeichnen.« Ich hatte das keineswegs als Witz gemeint, aber sie lachte schallend.

»Damit ist ja alles klar!«, rief sie und fuhr leiser fort: »Ich werde dich jetzt um etwas bitten, was dir vielleicht etwas abwegig, wenn nicht gar völlig absurd vorkommen wird, aber hör erst mal zu. Ich möchte, dass du mit zu mir nach Hause kommst und ein paar Tage mein Gast bist.«

Ich hatte schon die Hand gehoben, um dankend abzulehnen, aber sie fiel mir ins Wort, ich möge es mir doch noch einmal überlegen. Und sie fügte hinzu, unser gemeinsames Interesse für den Osten und die Kampfkünste sei doch wohl Grund genug für einen ernsthaften Meinungsaustausch.

»Wo wohnst du überhaupt?«, fragte ich.

»In der Nähe von Navojoa.«

»Aber das sind ja über vierhundert Meilen.«

»Ja, es ist ganz schön weit. Aber es ist herrlich da und so friedlich. Ich bin mir sicher, dass es dir gefallen würde.« Sie schwieg einen Augenblick, wie um meine Antwort abzuwarten, und sagte dann: »Im Übrigen scheint mir, dass du im Moment ohnehin nichts Bestimmtes vorhast und dir schon Gedanken machst, was du denn nun wohl machen könntest. Na ja, und vielleicht ist das hier genau das, worauf du gewartet hast.«

Sie hatte Recht mit der Annahme, dass ich überhaupt nicht wusste, was ich mit meinem Leben anfangen sollte. Ich hatte eben erst meinen Job als Sekretärin gekündigt, um mit meiner künstlerischen Arbeit weiterzukommen. Ganz sicher aber hatte ich keine Lust, bei irgendwem zu Gast zu sein.

Ich sah mich um in der Hoffnung, irgendeinen Anhaltspunkt zu finden, der mir die Entscheidung erleichtern würde. Ich hatte nie eine Erklärung gefunden für meine Überzeugung, dass mir aus meiner Umgebung Hilfen oder Hinweise zukommen. Aber sehr oft war es wirklich so. Ich hatte da eine Technik, über deren Herkunft ich ebenfalls überhaupt nichts wusste, die mir aber Alternativen erschloss, auf die ich sonst nicht gekommen wäre. Ich fixierte dabei den südlichen Horizont und ließ meine Gedanken einfach schweifen; weshalb es gerade der Süden sein musste, wusste ich nicht. Nach einigen Minuten des Schweigens flogen mir dann für gewöhnlich Einsichten zu, die mir die Entscheidung über das weitere Vorgehen ermöglichten.

So fixierte ich auch jetzt, während wir weitergingen, den südlichen Horizont und plötzlich sah ich die Grundstimmung meines Lebens vor mir daliegen wie diese öde Wildnis. Natürlich war mir bekannt, dass das ganze südliche Arizona, ein Teil von Kalifornien und große Teile des mexikanischen Staates Sonora Wüste sind, aber mir war noch nie aufgefallen, wie leer, wie wüst und trostlos dieses Land war. Es dauerte einen Augenblick, bis die Botschaft bei mir ankam, dass *mein* Leben so öde und leer war wie diese Wüste. Ich hatte mit meiner Familie gebrochen und keine eigene aufgebaut. Ich hatte nicht einmal irgendwelche Zukunftsaussichten. Ich hatte keine richtige Arbeit. Ich hatte von einer Tante, nach der ich benannt bin, ein bisschen was geerbt, aber das war jetzt aufgebraucht. Wahrhaftig, ich stand mutterseelenallein in der Welt. Diese Weite ringsumher, so unbarmherzig gleichgültig! Eine Woge von Selbstmitleid riss mich mit. Ich spürte, dass ich einen Freund brauchte, jemanden, der die Einsamkeit meines Lebens von mir nehmen konnte.

Mir war klar, dass es unsinnig wäre, Claras Einladung anzunehmen und mich in etwas Unbekanntes zu stürzen, das ich nicht in der Hand hatte, aber da war etwas in ihrer Art, in ihrer Direktheit und körperlichen Vitalität, das mich neugierig machte und mir Respekt einflößte. Ich musste mir eingestehen, dass ich sie um ihrer Schönheit und Stärke willen bewunderte, ja beneidete. Sie war eine höchst erstaunliche, beeindruckende Frau – selbstständig, unabhängig, unerschütterlich und dabei keineswegs hart oder humorlos. Sie war genau das, was ich immer hatte sein wollen. Und vor allem – ihre bloße Gegenwart schien meine Trostlosigkeit zu vertreiben. In ihrer Umgebung war etwas von Energie und pulsierendem Leben zu spüren, von unvorstellbaren Möglichkeiten.

Trotz allem, es war nun mal mein Grundsatz, dass ich nie solche Einladungen annahm, schon gar nicht von jemandem, den ich eben erst in der Wüste getroffen hatte. Ich hatte ein kleines Apartment in Tucson, und wenn ich mich einladen ließe, würde mich das zu einer Gegeneinladung verpflichten; dazu war ich nicht bereit. Einen Augenblick lang stand ich bewegungslos und unschlüssig da.

»Ach, sag doch ja«, drängte Clara. »Es würde mir so viel bedeuten.«

»Na gut, könnte ich eigentlich ruhig machen«, war meine etwas schwächliche Antwort, obwohl ich eigentlich das Gegenteil sagen wollte.

Ihr Blick verriet, dass sie sich freute, und ich versuchte meine Panik hinter einer Munterkeit zu verstecken, die ich wahrlich nicht empfand. »Ein Tapetenwechsel kann mir nur gut tun«, sagte ich. »Ein richtiges Abenteuer!«

Sie nickte beifällig und sagte: »Du wirst es nicht bereuen.«

Die Sicherheit, die sie dabei ausstrahlte, beschwichtigte meine

Zweifel ein wenig. »Wir können uns zusammen in den Kampfkünsten üben.«

Sie machte ein paar kurze Bewegungen mit der Hand, die von erstaunlicher Kraft und Eleganz waren. Eine derartige Behändigkeit hatte ich bei dieser eher stämmig wirkenden Frau nicht erwartet.

»Welche Kampfkunst hast du denn im Osten gelernt?«, fragte ich, als ich sie mühelos die Haltung eines Langstabfechters einnehmen sah.

»Ich habe alle Arten und Stile gelernt, aber eigentlich keine bestimmte«, erwiderte sie mit dem Anflug eines Lächelns. »Wenn wir bei mir zu Hause sind, will ich es dir gern zeigen.«

Wir gingen den Rest der Strecke schweigend. Als wir unsere Wagen erreichten, verstaute ich meine Sachen im Kofferraum und wartete darauf, dass Clara etwas sagte.

»Also, dann los«, sagte sie. »Ich fahre vor. Fährst du schnell oder langsam, Taisha?«

»Ich krieche.«

»Ich auch. Das Leben in China hat mir alle Hetze ausgetrieben.«

»Darf ich dich was über China fragen, Clara?«

»Natürlich. Ich hab ja schon gesagt, du kannst mich fragen, was du willst.«

»Du musst vor dem Zweiten Weltkrieg in China gewesen sein, stimmt das?«

»O ja. Das ist eine Ewigkeit her. Du bist vermutlich noch nicht auf dem chinesischen Festland gewesen, oder?«

»Nein, nur in Taiwan und Japan.«

»Vor dem Krieg war da alles ganz anders«, sagte Clara versonnen. »Die Verbindung zur Vergangenheit war noch intakt. Jetzt ist alles wie abgeschnitten.«

Aus irgendeinem Grund traute ich mich nicht zu fragen, was sie damit meinte. Also fragte ich, wie lange wir bis zu ihrem Haus unterwegs sein würden. Claras Antwort blieb beklemmend vage; sie sagte nur, ich solle mich auf eine anstrengende Fahrt einstellen. Aber sie fügte in milderem Tonfall hinzu, sie finde meinen Mut sehr viel versprechend.

»Einfach so mit einem wildfremden Menschen mitzugehen«, sagte sie, »ist entweder ein Zeichen von Dummheit oder von Wagemut.«

»Normalerweise bin ich übervorsichtig«, erklärte ich, »aber diesmal erkenne ich mich selbst kaum wieder.« Das war wirklich so und je mehr ich über mein unerklärliches Verhalten nachdachte, desto größer wurde meine Beunruhigung.

»Erzähl mir doch noch ein bisschen von dir«, bat sie leutselig und kam sogar zu meinem Wagen herüber, wie um mich zu beruhigen.

Und wieder sagte ich, was sonst undenkbar war, einfach die Wahrheit über mich: »Meine Mutter ist Ungarin, aber aus einer alten österreichischen Familie. Sie hat meinen Vater während des Zweiten Weltkriegs in England kennen gelernt, als sie beide in einem Lazarett arbeiteten. Nach dem Krieg sind sie in die Vereinigten Staaten gegangen und später dann nach Südafrika.«

»Weshalb nach Südafrika?«

»Meine Mutter hatte da Verwandte, bei denen sie sein wollte.«

»Hast du Geschwister?«

»Ich habe zwei Brüder, ein Jahr auseinander. Der ältere ist jetzt sechsundzwanzig.«

Sie sah mich unverwandt an. Und mit einer Leichtigkeit, die ich noch nie erlebt hatte, kamen plötzlich Gefühle und Schmerzen hoch, die ich ein Leben lang in mir versteckt hatte. Ich erzählte ihr, dass ich als Kind sehr einsam war. Meine Brüder gaben sich überhaupt nicht mit mir ab, weil ich bloß ein Mädchen war. Als ich ganz klein war, banden sie mir ein Seil um, das sie an einem Pfahl befestigten, und tollten dann herum oder spielten Fußball, während ich wie ein Hund angebunden war. Ich konnte nur an meinem Seil zerren und zusehen, wie sie sich vergnügten. Als ich größer war, lief ich ihnen nach. Aber da hatten sie dann schon Fahrräder und ich konnte wieder nicht mithalten. Und wenn ich meiner Mutter mein Leid klagte, sagte sie nur, Jungen seien nun mal Jungen, und ich solle lieber mit meinen Puppen spielen oder im Haus helfen.

»Deine Mutter hat dich so erzogen, wie es in Europa halt üblich war«, sagte Clara.

»Das weiß ich. Aber ein Trost ist das nicht.«

Nachdem ich einmal angefangen hatte, gab es nun kein Halten mehr und ich musste dieser Frau mehr über mein Leben erzählen. Meine Brüder, erzählte ich weiter, machten Ausflüge und dann gingen sie zur Schule, aber ich musste zu Hause bleiben. Ich wollte auch so gern Abenteuer erleben, aber meine Mutter sagte, Mädchen müssten lernen, wie man Betten macht und bügelt. Eine Familie zu versorgen, sagte sie immer, das ist Abenteuer genug. Frauen sind dazu da, sich unterzuordnen. Ich war den Tränen nahe, als ich Clara erzählte, ich hätte mein Leben lang drei Herren zu dienen gehabt, meinem Vater und meinen beiden Brüdern.

»Das scheint ein ganz schönes Päckchen gewesen zu sein«, warf Clara ein.

»Es war furchtbar. Als ich ging, hatte ich nur eins im Sinn: so weit weg wie möglich. Und Abenteuer habe ich jetzt auch. Aber so wahnsinnig aufregend und lustig war das alles bisher eigentlich nicht. Ich bin wohl einfach nicht dazu erzogen, unbeschwert und fröhlich zu sein.«

Jetzt wurde mir doch immer beklommener zumute, denn schließlich entblößte ich hier mein Innenleben vor einem wildfremden Menschen. Ich schwieg und sah Clara an und wartete auf eine Reaktion, die mir entweder alle Angst nehmen oder sie so weit steigern würde, dass ich meine Zusage widerrief und doch nicht mit ihr ging.

»Tja«, sagte sie, »anscheinend gibt es da nur eine Sache, die du wirklich kannst, und so wird es wohl gut sein, wenn du das Beste daraus machst.« Ich dachte, sie meine das Zeichnen und Malen, aber zu meinem Entsetzen fuhr sie fort: »Das Einzige, was du kannst, ist, dich selbst bemitleiden.«

Meine Finger klammerten sich um den Türgriff. »Das ist nicht wahr«, fuhr ich auf. »Wie kannst du so etwas sagen?«

Sie lachte kopfschüttelnd und sagte: »Du und ich, wir sind uns ziemlich ähnlich. Man hat uns beigebracht, passiv und unterwürfig zu sein und uns allem anzupassen, aber innerlich kochen wir. Wir sind wie ein Vulkan kurz vor dem Ausbruch und vergrößert wird der Frust noch dadurch, dass wir keine Träume und Erwartungen haben außer eben der, dass wir eines Tages den Richtigen finden, der uns aus dem Elend befreit.«

Ich war sprachlos.

»Na? Hab ich Recht? Hab ich Recht? Sei ehrlich, hab ich nicht Recht?«

Ich ballte die Fäuste und war drauf und dran, ihr zu sagen, dass ich nicht mitfahren würde. Aber Claras Lächeln war so herzlich und in ihrer ganzen Ausstrahlung lag etwas so Lebendiges und Wohliges, dass für mich einfach keine Notwendigkeit bestand, zu lügen oder mich zu verstecken.

»Ja, da hast du mich in der Zange«, gab ich zu.

Es war nicht zu leugnen: Das Einzige, was meinem trüben Dasein ein wenig Sinn gab, außer der Kunst, war diese vage Hoffnung, dass ich eines Tages einem Mann begegnen würde, der mich verstand und als das besondere Wesen schätzen würde, das ich war.

»Vielleicht wird sich dein Leben zum Besseren wenden«, sagte Clara und es klang wie ein Versprechen.

Sie stieg in ihren Wagen und gab mir ein Zeichen, ihr zu folgen. Jetzt erst fiel mir ein, dass sie mich gar nicht gefragt hatte, ob ich meinen Pass oder genügend Kleider und Geld bei mir hatte. Aber das machte jetzt nichts mehr. Ich wusste nicht warum, aber als ich die Handbremse löste und der Wagen anfuhr, war ich ganz sicher, dass ich die richtige Entscheidung getroffen hatte. Vielleicht würde sich mein Leben doch noch ändern.

2

Wir waren über drei Stunden durchgefahren, als wir in Guaymas zum Mittagessen Halt machten. Während wir im Restaurant auf unser Essen warteten, schaute ich aus dem Fenster auf die schmale Straße, die an der Bucht entlanglief. Ein paar Jungen mit nacktem Oberkörper bolzten einen Ball herum; weiter unten lag eine Baustelle, wo einige Männer mit Maurerarbeiten beschäftigt waren, während andere, an Stapel gefüllter Zementsäcke gelehnt, ihre Mittagspause machten und Sodawasser aus Flaschen tranken. In Mexiko ist alles noch mal so laut und staubig wie anderswo, musste ich denken.

»In diesem Restaurant kochen sie eine besonders köstliche Schildkrötensuppe«, sagte Clara und fing meine Aufmerksamkeit wieder ein.

In diesem Augenblick kam eine lächelnde Kellnerin mit einem silbernen Schneidezahn und stellte zwei Schalen Suppe auf den Tisch. Clara wechselte höflich ein paar Worte auf Spanisch mit ihr, dann musste sie gleich weiter, um andere Gäste zu bedienen.

»Schildkrötensuppe habe ich noch nie gegessen«, sagte ich und nahm einen Löffel in die Hand, um zu sehen, ob er sauber war.

»Dann steht dir ja jetzt eine echte Premiere bevor«, sagte Clara und sah zu, wie ich den Löffel mit der Serviette abwischte.

Ich überwand meinen Widerwillen und probierte einen Löffel von der Suppe. Die kleinen weißen Fleischstückchen, die in der Tomatencreme schwammen, waren wirklich köstlich. Ich löffelte weiter und fragte dann: »Wo bekommen sie denn die Schildkröten her?«

Clara zeigte aus dem Fenster. »Direkt aus der Bucht.«

Ein gut aussehender Mann mittleren Alters, der am Nebentisch saß, drehte sich zu mir um und zwinkerte mir zu. Ich hielt dies für eine freundliche Geste und weniger für einen Annäherungsversuch. Er beugte sich zu mir herüber, als hätte ich mit ihm gesprochen, und sagte in gebrochenem Englisch: »Das war eine große Schildkröte, die Sie da essen.«

Clara hob eine Augenbraue und sah mich an, als könne sie die Dreistigkeit dieses Mannes nicht fassen.

Der redete weiter: »Groß genug für ein Dutzend ausgehungerter Leute. Sie fangen die Schildkröten im Meer. Da müssen etliche kräftige Männer anpacken, um eine ins Boot zu ziehen.«

»Ich stelle mir vor, dass sie harpuniert werden wie Wale«, nahm ich das Gespräch auf.

Der Mann rückte seinen Stuhl entschlossen zu uns herüber. »Nein, ich glaube, sie benutzen große Netze. Dann schlagen sie sie mit Knüppeln besinnungslos, bevor sie ihnen den Bauch aufschlitzen. So kann man verhindern, dass das Fleisch zäh wird.«

Um meinen Appetit war es geschehen. So ein abgebrühter, selbstsicherer Kerl an unserem Tisch, das war wirklich das Letzte, was ich gewollt hatte, aber ich wusste nicht, was ich dagegen tun sollte.

»Und da wir schon mal beim Essen sind«, redete der Mann mit entwaffnendem Lächeln weiter, »Guaymas ist berühmt für seine Riesengarnelen. Erlauben Sie mir, dass ich Ihnen beiden eine Portion bestelle.«

»Das hab ich schon«, wies Clara ihn knapp ab.

Und da kam auch schon die Kellnerin und brachte eine Platte mit den größten Garnelen, die ich je gesehen hatte. Es war genug für ein Bankett, ganz sicher aber mehr, als Clara und ich schaffen konnten, wie groß der Hunger auch sein mochte.

Unser ungebetener Gesprächspartner sah mich an und wartete offensichtlich darauf, eingeladen zu werden. Wäre ich allein gewesen, hätte er es sicher geschafft, sich mir gegen meinen Willen aufzudrängen. Doch Clara hatte offenbar anderes im Sinn und machte kurzen Prozess. Mit katzenhafter Geschmeidigkeit sprang sie auf, beugte sich über den Mann und sah ihm direkt in die Augen: »Schieb ab, du Ratte«, fauchte sie auf Spanisch. »Wie kommst du dazu, dich hierher zu hocken? Meine Nichte ist keine Nutte!«

Es ging eine solche Kraft von ihr aus und ihr Tonfall war so schneidend, dass es für einen Moment still wurde im Lokal. Alle Augen waren auf unseren Tisch gerichtet. Der Mann sackte zu einem jämmerlichen Häuflein zusammen und tat mir fast schon wieder Leid. Er rutschte einfach von seinem Stuhl und kroch beinah aus dem Restaurant.

»Ich weiß, dass du dazu erzogen wurdest, die Männer, nur weil sie Männer sind, einfach machen zu lassen, was sie wollen«, sagte Clara zu mir, als sie sich wieder hingesetzt hatte. »Du bist immer nett zu den Männern gewesen und die haben dir alles abgeluchst, was du hattest. Ja, weißt du denn nicht, dass Männer von der Energie der Frauen leben?«

Die ganze Situation war mir zu peinlich, um darüber zu streiten. Ich fühlte die Augen der anderen Gäste auf uns lasten.

»Du lässt dich von ihnen herumschubsen, weil du sie bemitleidest«, fuhr Clara fort. »Im Innersten deines Herzens spürst du keinen sehnlicheren Wunsch, als dich um einen Mann zu kümmern – um irgendeinen. Wenn dieser Idiot eine Frau gewesen wäre, hättest du es sicher nicht zugelassen, dass sie sich an unseren Tisch setzt.«

Der Appetit war mir endgültig vergangen. Ich fühlte die alte Niedergeschlagenheit und Schwermut kommen.

»Da habe ich wohl einen wunden Punkt getroffen«, sagte Clara schmunzelnd.

»Du hast eine Szene gemacht, du warst grob«, sagte ich vorwurfsvoll.

»Kann man wohl sagen.« Sie lachte. »Aber ich hab ihn auch zu Tode erschreckt.«

Ihr Gesicht war so unschuldig und sie wirkte so aufgeräumt, dass ich schließlich doch lachen musste über das Bild des Entsetzens und Jammers, das der Mann geboten hatte.

»Ich bin wie meine Mutter«, brummte ich. »Sie hat es geschafft, ein Mäuschen aus mir zu machen, was Männer angeht.«

Kaum hatte ich das ausgesprochen, da verschwand meine Niedergeschlagenheit und der Hunger meldete sich wieder. Ich verdrückte fast die ganze Portion Garnelen.

»Es gibt nichts Besseres als einen vollen Bauch, wenn man was Neues anfängt«, verkündete Clara.

Plötzliche Angst ließ mir die Garnelen wie Steine im Magen liegen. In all der Aufregung hatte ich Clara noch gar nicht über ihr Haus befragt. Vielleicht war es eine Bruchbude, vergleichbar mit denen, die ich während unserer Fahrt in mexikanischen Ortschaften gesehen hatte. Und was würde es da zu essen geben? Vielleicht war das hier meine letzte anständige Mahlzeit. Würde ich das Wasser vertragen? Ich sah mich schon mit Montezumas Rache daniederliegen. Und ich konnte Clara doch nicht danach fragen, ohne dass es beleidigend oder undankbar klingen musste. Sie musterte mich und schien zu ahnen, was in mir vorging.

»Mexiko ist ein raues Pflaster«, sagte sie. »Man muss ständig auf der Hut sein. Aber du wirst dich daran gewöhnen. Im Norden geht es noch rauer zu als überall sonst im Land. Die Leute schwärmen förmlich in den Norden, um sich hier Arbeit zu suchen oder als Zwischenstation, bevor sie über die Grenze gehen.

Sie kommen mit dem Zug, gleich containerweise. Manche bleiben hier, andere schließen sich den Kolonnen an, die mit Lastwagen ins Inland gefahren werden, wo sie sich dann in der Landwirtschaft bei privaten Großunternehmern verdingen. Aber es gibt einfach nicht genug Arbeit und Essen für alle und so kommt es, dass die meisten als Tagelöhner in die Vereinigten Staaten gehen.«

Ich löffelte die Suppe aus bis zum letzten Tropfen, weil ich plötzlich Schuld dabei empfand, Reste zu hinterlassen.

»Erzähl mir mehr von dieser Gegend, Clara.«

»Alle Indianer hier sind Yaqui, die von der mexikanischen Regierung nach Sonora zwangsumgesiedelt wurden.«

»Heißt das, sie waren nicht immer hier?«

»Das hier ist ihre angestammte Heimat«, sagte Clara. »In den zwanziger und dreißiger Jahren hat man sie aus ihrer Erde gerissen und zu Zehntausenden nach Zentralmexiko verfrachtet. Und in den späten vierziger Jahren wurden sie dann wieder zurück in die Sonora-Wüste gebracht.«

Sie schenkte sich ein wenig Mineralwasser ein und füllte dann mein Glas. »Das Leben in der Sonora-Wüste ist hart«, sagte sie. »Du hast ja während der Fahrt gesehen, wie rau und abweisend das Land ist. Aber die Indianer hatten keine andere Wahl, als sich am Yaqui-Fluss niederzulassen – vielmehr an dem, was davon noch übrig war. Da hatten die ursprünglichen Yaqui jahrhundertelang gelebt und ihre heiligen Städte gebaut, bis die Spanier kamen.«

»Kommen wir da vorbei?«

»Nein, dazu haben wir keine Zeit. Ich möchte in Navojoa sein, bevor es dunkel wird. Vielleicht können wir irgendwann mal einen Ausflug zu diesen heiligen Städten machen.«

»Wodurch sind sie heilig?«

»Für die Indianer entspricht jede Ortschaft am Fluss einer Stelle in ihrer mythischen Welt. Das sind Orte der Kraft – wie die Lavaberge in Arizona. Die Indianer haben eine sehr reiche Mythologie. Sie sagen, dass sie von einem Augenblick auf den anderen in die Traumwelt eintreten oder aus ihr zurückkommen können. Sie haben eine ganz andere Wirklichkeitsvorstellung als wir, das solltest du wissen.

Den Mythen der Yaqui zufolge existieren diese Ortschaften auch in der anderen Welt und aus dieser Energiewelt beziehen sie ihre Kraft. Sie nennen sich ›Volk ohne Verstand‹, zur Unterscheidung von uns, den Leuten mit Verstand.«

»Was ist das für eine Kraft, die sie bekommen?«, fragte ich.

»Ihre Magie, ihre Zauberei, ihr Wissen. All das kommt direkt aus der Traumwelt zu ihnen. Und diese Welt wird in ihren Legenden und Erzählungen geschildert. Die Yaqui haben eine reiche und umfangreiche mündliche Überlieferung.«

Ich schaute mich in dem mit Menschen gefüllten Restaurant um. Welche von diesen Leuten, wenn überhaupt, waren Indianer, welche Mexikaner? Einige der Männer waren groß und drahtig, andere klein und untersetzt. All diese Menschen kamen mir letztlich fremd vor und insgeheim fühlte ich mich überlegen und ziemlich fehl am Platz.

Clara wollte unbedingt noch Karamellpudding bestellen; mein Magen war schon übervoll, aber all meine Proteste halfen nichts.

»Iss dich lieber ordentlich satt«, sagte sie mit einem Augenzwinkern. »Hier weiß man nie, wann man wieder was kriegt und was es sein wird. Hier in Mexiko essen wir immer alles auf, was da ist.«

Ich wusste, dass sie mich aufzog, ahnte aber auch die Wahrheit hinter ihren Worten. Früher am Tag hatte ich einen toten Esel im Straßengraben liegen sehen, der überfahren worden war. Mir war klar, dass die Leute in dieser ländlichen Gegend keine Kühlschränke besitzen und daher jegliches Fleisch sofort verwerten. Und so musste ich immer wieder daran denken, was mir wohl bei meiner nächsten Mahlzeit aufgetischt werden würde. Im Stillen entschied ich mich daher, meinen Aufenthalt bei Clara auf ein paar Tage zu beschränken.

Wieder ernsthafter setzte Clara unser Gespräch fort: »Und für die Indianer hier wurde alles noch schlimmer. Die Regierung hat einen Staudamm für ein Wasserkraftwerk gebaut und dadurch wurde der Flusslauf so drastisch verändert, dass die Leute wieder zusammenpacken mussten, um sich woanders niederzulassen.«

Die Entbehrungen eines solchen Lebens standen in krassem Gegensatz zu meiner eigenen Kindheit und Jugend, in der es immer genügend zu essen und alle Bequemlichkeiten gegeben hatte. Mir kam der Gedanke, dass mich vielleicht ein tiefer Wunsch nach Veränderung hergeführt hatte. Mein Leben lang war ich auf Abenteuer aus gewesen und jetzt, da ich mittendrin war, gruselte mir ein wenig vor dem Unbekannten.

Ich kostete von dem Karamellpudding und verbannte die Angst, die seit meiner Begegnung mit Clara an diesem Morgen in mir keimte, aus meinem Bewusstsein. Ich war froh, in ihrer Gesellschaft zu sein. Im Moment war ich mit Riesengarnelen und Schildkrötensuppe bestens genährt – und mochte es auch, wie Clara selbst hatte durchblicken lassen, die letzte anständige Mahlzeit gewesen sein, so blieb mir jetzt doch nichts weiter übrig, als mich ihr anzuvertrauen und dem Abenteuer seinen Lauf zu lassen.

Clara bestand darauf, die Rechnung zu bezahlen. Wir tankten noch und fuhren dann weiter. Wieder waren wir einige Stunden unterwegs und erreichten dann Navojoa. Ohne anzuhalten fuhren wir durch den Ort und bogen dann vom Pan-American Highway nach Osten auf eine Kiesstraße ab. Inzwischen war es Nachmittag geworden. Ich war kein bisschen müde, im Gegenteil, dieser zweite Teil der Fahrt machte mir besonders viel Spaß. Je weiter wir nach Süden kamen, desto besser ging es mir, und etwas Heiteres verdrängte all das Gedrückte und Neurotische, dem ich sonst so schwer entkam.

Nach einer guten Stunde holpriger Fahrt bog Clara plötzlich ab. Wir ließen die Wagen auf hartem Untergrund entlang einer hohen Mauer ausrollen, über der eine blühende Bougainvillea aufragte. Wir parkten am Ende der Mauer.

»Hier wohne ich«, sagte Clara, während sie gemächlich aus ihrem Wagen stieg. Ich ging zu ihr hinüber. Sie wirkte müde und erschien mir etwas größer als zuvor. »Und du siehst immer noch so frisch aus, wie vor unserer Abfahrt«, kommentierte sie. »Ah, diese wunderbare Jugend!«

Hinter der Mauer, ganz von Bäumen und dichtem Gebüsch verdeckt, stand ein großes Haus mit Ziegeldach, vergitterten Fenstern und mehreren Balkonen. Wie benommen folgte ich Clara durch das schmiedeeiserne Tor und an einem mit Ziegeln gepflasterten Patio vor dem Haus vorbei bis zu einer schweren hölzernen Hintertür, durch die wir eintraten. Ein kühler, völlig leerer Vorraum empfing uns, in dem die Terrakotta-Fliesen des Bodens den Eindruck der gekalkten Wände und der dunklen Holzbalkendecke noch verstärkten. Dahinter gelangten wir in einen geräumigen Wohnraum.

Die weißen Wände waren mit wunderbar bemalten Kacheln eingefasst. Um einen schweren hölzernen Kaffeetisch herum war eine Gruppe von Sitzmöbeln arrangiert, zwei makellose beigefarbene Couchs und vier Sessel. Auf dem Tisch lagen aufgeschlagen englische und spanische Zeitschriften. Mir war so, als hätte hier eben noch jemand in einem der Sessel gesessen und gelesen und sich dann hastig entfernt, als wir durch die Hintertür kamen.

»Wie findest du mein Haus?«, strahlte Clara in sichtlichem Stolz.

»Phantastisch«, sagte ich. »Wer hätte gedacht, dass hier draußen in der Wildnis so ein Haus stehen würde?« Aber dann kam der Neid in mir hoch und mir wurde ganz elend. Es war genau so ein Haus, wie ich es mir immer gewünscht hatte und mir doch nie würde leisten können.

»Du weißt ja gar nicht, wie Recht du hast, wenn du es phantastisch nennst«, sagte Clara. »Ich kann dir nur sagen, dass es wie die Lavaberge ist, die wir heute Morgen gesehen haben, voller Kraft. Eine stille, sehr feine Kraft fließt durch dieses Haus wie elektrischer Strom durch seine Drähte.«

Auf diese Worte hin geschah etwas ganz Seltsames mit mir: Der Neid verpuffte. Er war mit ihrem letzten Wort vollkommen verschwunden.

»Ich zeig dir jetzt dein Schlafzimmer«, fuhr sie fort. »Und dann muss ich dich noch mit ein paar Grundregeln vertraut machen, an die du dich halten musst, solange du mein Gast bist.

Du kannst dich in allen Teilen des Hauses und des Grundstücks frei bewegen, die rechts von diesem Wohnzimmer und hinter ihm liegen. Aber du darfst keines der Schlafzimmer außer deinem eigenen betreten. In deinem Zimmer kannst du alles benutzen, was da ist. Wenn du willst, kannst du die Dinge darin sogar kaputtmachen, wenn du einen Wutanfall hast, oder lieben, wenn dir danach ist. Die linke Hausseite ist dir jedoch verschlossen, jederzeit und unter allen Umständen. Also halte dich von ihr fern.«

Ich war ziemlich schockiert von ihren wunderlichen Anordnungen, beeilte mich aber zu versichern, dass ich das vollkommen verstand und mich ihren Wünschen fügen würde. Tatsächlich fand ich ihre Anordnungen unangemessen und willkürlich. Und je entschiedener sie mir das Betreten bestimmter Teile des Hauses verbot, desto mehr brannte ich darauf, sie zu sehen.

Clara fuhr fort: »Natürlich kannst du auch dieses Wohnzimmer benutzen; du kannst sogar auf dem Sofa schlafen, wenn du zu müde oder zu faul bist, in dein Zimmer zu gehen. Noch etwas, was du nicht benutzen darfst, ist der Teil des Grundstücks, der vor dem Haus liegt, und die Vordertür. Die ist zurzeit ohnehin abgeschlossen, also betrete das Haus bitte immer durch die Hintertür.«

Sie ließ mir keine Zeit zu antworten, sondern führte mich einen langen Flur hinunter an etlichen geschlossenen Türen vorbei – Schlafzimmer, wie sie sagte, und daher für mich tabu – bis zu einem großen Schlafraum. Das Erste, was mir beim Eintreten auffiel, war ein kunstvoll gearbeitetes hölzernes Doppelbett mit einer wunderschönen gehäkelten Tagesdecke von leicht gebrochenem Weiß. Neben einem Fenster, das zur Rückseite des Hauses ging, stand eine handgearbeitete Etagere aus Mahagoni, voll gestellt mit Antiquitäten, Vasen und Figurinen aus Porzellan, Cloisonné-Dosen und kleinen Schalen. Gegenüber stand ein Kleiderschrank im gleichen Stil, den Clara öffnete. Drinnen hingen ausgesucht schöne Kleider und Mäntel und ich sah Hüte, Schuhe, Sonnenschirme, Spazierstöcke – alles offenbar von bester Qualität und sorgfältig ausgewählt.

Bevor ich Clara fragen konnte, woher sie all die schönen Sachen habe, machte sie die Schranktür wieder zu. »Hab keine Hemmungen, alles zu benutzen, was dir gefällt«, sagte sie. »Das sind deine Kleider und das hier ist dein Zimmer, solange du hier bist.« Dann sah sie sich über die Schulter um, als wäre noch jemand im Raum, und fügte hinzu: »Und wer weiß, wie lange das sein wird.«

Es sah alles so aus, als dächte sie an einen längeren Besuch. Ich spürte, wie mir die Hände feucht wurden, als ich ihr linkisch beizubringen versuchte, dass ich höchstens ein paar Tage bleiben könnte. Clara versicherte mir, ich könne mich bei ihr vollkommen sicher fühlen – sicherer als irgendwo sonst. Sie sagte, ich wäre schön dumm, diese Gelegenheit, meinen Horizont zu erweitern, ungenutzt zu lassen.

»Aber ich muss mich um einen Job kümmern«, versuchte ich mich herauszuwinden. »Ich hab kein Geld.«

»Mach dir darüber keinen Kopf«, erwiderte sie. »Ich borge dir, was du brauchst, oder ich gebe es dir einfach. Kein Problem.«

Ich dankte ihr für das Angebot, ließ sie aber wissen, dass ich in dem Glauben erzogen sei, es schicke sich nicht, Geld von einem Fremden anzunehmen, mochte das Anerbieten noch so gut gemeint sein.

Das sah sie offenbar ganz anders: »Ich glaube, was dich wirklich bewegt, Taisha, ist dein Ärger darüber, dass ich dir die linke Seite des Hauses und die Vordertür verboten habe. Du hältst das für bloße Schikane und Geheimniskrämerei. Und jetzt möchtest du nur eben so lange bleiben, wie es die Höflichkeit verlangt. Vielleicht hältst du mich sogar für eine exzentrische alte Schachtel, die nicht mehr alle Tassen im Schrank hat.«

»Nein, nein, Clara, ganz bestimmt nicht. Ich muss einfach meine Miete zahlen. Wenn ich nicht bald wieder Arbeit finde, habe ich kein Geld mehr, und Geld anzunehmen, von wem auch immer, kommt für mich nicht in Frage.«

»Du warst also nicht verärgert über meine Anordnung, bestimmte Teile des Hauses zu meiden?«

»Natürlich nicht.«

»Hättest du denn nicht gern gewusst, warum ich darauf bestehe?«

»Doch, das schon.«

»Also, der Grund ist der, dass dort drüben noch andere Leute wohnen.«

»Deine Verwandten, Clara?«

»Ja. Wir sind eine große Familie. Eigentlich sind es sogar zwei Familien, die hier wohnen.«

»Und beides große Familien?«

»Allerdings. Beide achtköpfig, insgesamt also sechzehn Leute.«

»Und die wohnen alle auf der linken Seite?« Von so einer seltsamen Regelung hatte ich noch nie gehört.

»Nein. Nur acht. Die übrigen acht sind meine unmittelbare Familie und wir wohnen zusammen auf der rechten Seite. Du bist mein Gast, also musst auch du rechts bleiben. Es ist sehr wichtig, dass du dich daran hältst. Es mag ein bisschen ungewöhnlich sein, aber ganz sicher nicht grundlos.«

Wieder einmal musste ich staunend feststellen, welche Macht sie über mich besaß. Ihre Worte brachten meine Gefühle zur Ruhe. Meinen Verstand allerdings nicht. Mir wurde klar, dass ich beides brauchte, einen beunruhigten Verstand und aufgescheuchte

Emotionen, um in jeder Situation intelligent reagieren zu können. Wo das nicht gegeben war, blieb ich passiv und wartete, bis der nächste äußere Impuls mich weiterschubste. Diese paar Stunden mit Clara hatten mir deutlich gezeigt, dass ich trotz aller gegenteiliger Beteuerungen und meines Ringens um Selbstständigkeit eigentlich nicht klar zu denken und unabhängig zu entscheiden vermochte.

Clara warf mir einen sehr sonderbaren Blick zu, als läse sie meine Gedanken. Um meine Verwirrung zu überspielen, sagte ich schnell: »Euer Haus ist wirklich sehr schön, Clara. Ist es sehr alt?«

»Natürlich«, antwortete sie, aber ich wusste nicht, ob sich das auf die Schönheit oder das Alter des Hauses bezog. Dann lächelte sie und sagte: »Da du das Haus jetzt flüchtig kennst, halb jedenfalls, haben wir noch eine Kleinigkeit zu erledigen.«

Sie nahm eine Taschenlampe aus einer Kommode und aus dem Kleiderschrank holte sie eine wattierte chinesische Jacke und ein Paar Wanderstiefel. Erst würden wir ein bisschen was essen, sagte sie, und dann müsse ich diese Sachen anziehen, weil wir noch spazieren gehen wollten.

»Aber wir sind doch eben erst angekommen«, wollte ich einwenden. »Wird es denn nicht bald dunkel?«

»Ja. Aber ich möchte dich zu einem Aussichtspunkt oben am Berg mitnehmen, von wo aus du das ganze Haus und das Grundstück sehen kannst. Am besten ist es, wenn man das Haus zu dieser Tageszeit zum ersten Mal ganz sieht. Wir alle haben es zum ersten Mal in der Dämmerung gesehen.«

»Wen meinst du mit ›wir‹?«, fragte ich.

»Die sechzehn Leute, die hier wohnen, natürlich. Wir machen alle genau das Gleiche.«

»Ihr habt alle denselben Beruf?« Ich konnte mein Erstaunen nicht verbergen.

»Mein Gott, nein«, sagte sie und schlug lachend die Hände vors Gesicht. »Ich meine, dass alles, was für irgendeinen von uns obligatorisch ist, auch die anderen betrifft. Jeder von uns musste das Haus und das Grundstück zum ersten Mal in der Abenddämmerung sehen und deshalb ist das auch für dich die richtige Zeit.«

»Weshalb beziehst du mich da mit ein, Clara?«

»Sagen wir einfach, weil du mein Gast bist.«

»Werde ich deine Verwandten später kennen lernen?«

»Allesamt«, nickte sie. »Im Moment ist allerdings niemand da außer uns und dem Wachhund.«

»Sind sie verreist?«

»Ganz genau. Sie alle sind auf einer ausgedehnten Reise, während ich und der Hund aufs Haus aufpassen.«

»Und wann kommen sie wieder?«

»Das kann ein paar Wochen dauern, vielleicht sogar Monate.«

»Wo sind sie denn hin?«

»Wir sind viel unterwegs. Manchmal bin auch ich monatelang weg und irgendein anderer bleibt da und versorgt das Haus.«

Ich wollte meine Frage wiederholen, aber sie kam mir zuvor: »Sie sind in Indien.«

»Alle fünfzehn?«, fragte ich ungläubig.

»Das ist allerhand, nicht? Und was das kosten wird!« In ihrem Tonfall hörte ich meinen Neid verulkt und musste einfach lachen. Dann fiel mir ein, dass ich hier vermutlich doch nicht übermäßig sicher war, so weit draußen und in einem leeren Haus und niemand da außer Clara.

»Wir sind allein, aber du hast in diesem Haus nichts zu fürchten«, sagte sie mit merkwürdiger Bestimmtheit. »Außer vielleicht den Hund. Wenn wir von unserem Spaziergang zurück sind, werde ich dich ihm vorstellen. Du musst dazu innerlich ganz ruhig sein. Er durchschaut dich und wird dich gleich anfallen, wenn er Feindseligkeit oder Angst spürt.«

»Aber ich hab doch Angst!«, rief ich und fing auch schon zu zittern an. Ich hasste Hunde seit meiner Kindheit. Einer der Dobermänner meines Vaters hatte mich einmal angesprungen und umgeworfen. Es war eine Hündin; sie biss mich zum Glück nicht, aber sie knurrte mich mit furchtbar gefletschten Zähnen an. Ich schrie um Hilfe, war aber ansonsten vor Entsetzen wie gelähmt. Ich machte mir sogar in die Hose und weiß noch heute, wie meine Brüder mich auslachten und ein kleines Baby nannten, das besser Windeln tragen sollte.

»Ich kann Hunde auch nicht ausstehen«, sagte Clara, »aber der, den wir hier haben, ist eigentlich gar kein Hund. Der ist was anderes.«

Das fand ich nun wieder interessant, aber es nahm mir nicht die bange Ahnung, mit der ich der Begegnung entgegensah.

»Wenn du dich erst noch ein bisschen frisch machen willst, begleite ich dich zum Wasch- und Toilettenhaus, nur für den Fall, dass der Hund draußen herumstreicht«, sagte sie.

Ich nickte. Ich war müde und überreizt. Die lange Fahrt zeigte jetzt ihre Wirkung. Clara führte mich durch einen anderen Flur und dann durch die Hintertür ins Freie. Ich sah zwei kleine Gebäude in einiger Entfernung vom Haupthaus.

»Das ist mein Übungsraum«, sagte sie und deutete auf das eine der beiden. »Da hast du auch keinen Zutritt. Jedenfalls so lange nicht, bis ich dich irgendwann mal einlade.«

»Und da übst du die Kampfkünste?«

»Genau«, erwiderte sie knapp. »Das andere da ist das Waschhaus. Ich warte im Wohnzimmer auf dich. Wir können da ein paar Brote essen, wenn du fertig bist. Aber mach dir keine falschen Vorstellungen, was dein Haar angeht« – sie schien meine Gedanken zu erraten –, »wir haben hier keine Spiegel. Spiegel sind wie Uhren, sie zeigen die verstreichende Zeit. Es kommt aber darauf an, die Zeit umzukehren.«

Ich wollte noch fragen, was sie mit dem Umkehren der Zeit meine, aber sie schob mich sanft in Richtung Waschhaus. Drinnen sah ich mehrere Türen. Da Clara keinerlei Anweisungen oder Verbote ausgesprochen hatte und ich nicht wusste, wo die Toilette war, untersuchte ich alles. Auf der einen Seite des Hauptraums waren sechs kleine Wasserklosetts, alle mit einer niedrigen hölzernen Hocktoilette. Ungewöhnlich war an ihnen, dass sie weder den charakteristischen Geruch von Komposttoiletten noch den entsetzlichen Gestank von Plumpsklos verströmten. Ich hörte unten Wasser laufen, fand aber nicht heraus, wie es eingeleitet wurde.

Auf der gegenüberliegenden Seite befanden sich drei identische, wunderbar gekachelte Bäder. In jedem gab es eine freistehende altmodische Badewanne und einen langen Waschtisch, darauf standen ein Krug mit Wasser und eine dazu passende Porzellanschüssel. Es gab tatsächlich keinen einzigen Spiegel, nicht einmal irgendwelche Stahl- oder Chromarmaturen, in denen ich mich hätte betrachten können. Ich fand überhaupt nichts an Installation.

Ich goss Wasser in eine Schüssel und wusch mir das Gesicht. Dann fuhr ich mir mit nassen Händen durch das strähnige Haar. Um keines der weichen weißen Frotteehandtücher schmutzig zu machen, trocknete ich mir die Hände mit ein paar Papiertüchern aus einer Schachtel auf dem Tisch ab. Ich atmete ein paar Mal tief durch und rieb mir den steifen Nacken, bevor ich zu Clara zurückging.

Ich traf sie im Wohnzimmer, wo sie gerade Blumen in einer blau-weißen chinesischen Vase arrangierte. Die Zeitschriften lagen jetzt säuberlich gestapelt da und daneben stand ein Teller mit ein paar Kleinigkeiten zu essen. Sie lächelte, als sie mich sah.

»Du siehst aus wie der junge Tag«, sagte sie. »Greif zu. Die Dämmerung steht kurz bevor. Wir haben keine Zeit zu verlieren.«

3

Nachdem ich ein halbes Schinkenbrot verschlungen hatte, zog ich mir schnell die Jacke und die Stiefel an, die Clara mir gegeben hatte, und so verließen wir das Haus, beide mit einer starken Taschenlampe in der Hand. Die Schuhe waren zu eng und der linke rieb auch noch an meiner Ferse. Das gibt bestimmt eine Blase, dachte ich. Dankbar war ich hingegen für die Jacke, denn der Abend war kalt. Ich zog den Reißverschluss hoch und schmiegte den Kragen ganz eng in den Nacken.

»Wir werden ein bisschen höher hinaufsteigen«, sagte Clara. »Ich möchte, dass du das Haus aus einiger Entfernung und im letzten Licht siehst. Ich werde dich auf Dinge aufmerksam machen, die du dir einprägen solltest, also pass gut auf.«

Wir folgten einem schmalen Pfad. Fern im Osten sah ich den dunklen, gezackten Umriss der Berge vor dem purpurnen Himmel. Ich sagte, dass sie auf mich finster und bedrohlich wirkten und Clara erwiderte, das liege daran, dass ihre ätherische Essenz so alt sei.

Sie erklärte mir, dass alles im Bereich des Sichtbaren und Unsichtbaren seine eigene ätherische Essenz habe, und man müsse dafür empfänglich sein, um zu wissen, wie im Weiteren vorzugehen sei. Was sie sagte, erinnerte mich stark an meine eigene Methode, auf den südlichen Horizont zu schauen, um Einsichten zu gewinnen.

Bevor ich etwas fragen konnte, erzählte sie weiter über Berge und Bäume und die ätherische Essenz der Steine. Mir schien, Clara habe sich die chinesische Kultur so sehr zu Eigen gemacht, dass sie in Rätseln sprach, wie man es von den Weisen in der östlichen Literatur gewohnt ist. Dabei fiel mir auf, dass ich mich eigentlich den ganzen Tag unterschwellig über Clara lustig gemacht hatte. Das war ein seltsames Gefühl, denn Clara war gewiss der letzte Mensch, den ich von oben herab behandeln konnte oder wollte. Ich hatte mich auf der Schule oder bei der Arbeit immer über schwache oder aufgeblasene Leute lustig gemacht, aber Clara war weder schwach noch aufgeblasen.

»Das ist die Stelle«, sagte Clara und deutete auf eine ebene, offene Fläche abseits des Weges. »Von dort aus kannst du das Haus sehen.«

Wir verließen den Pfad und gingen hinüber. Der Blick über das Tal war geradezu atemberaubend. Ich sah eine Gruppe hoher grüner Bäume, umgeben von dunkleren braunen Flächen, aber das Haus selbst konnte ich nicht erkennen, so vollkommen war es von Bäumen und Büschen verdeckt.

»Das Haus ist genau nach den vier Himmelsrichtungen ausgerichtet«, sagte sie und deutete auf eine dicht belaubte grüne Stelle. »Dein Schlafzimmer liegt nach Norden, und der für dich verbotene Teil des Hauses bildet die Südseite. Der Vordereingang liegt im Osten, Hintertür und Patio liegen im Westen.«

Ihre Hand folgte den Worten von einem Teil des Hauses zum nächsten, aber ich konnte mich anstrengen, wie ich wollte, ich sah einfach nichts von dem, was sie aufzählte, nur diesen großen dunkelgrünen Fleck.

»Da braucht man ja Röntgenaugen«, sagte ich ein wenig brummig. »Ich sehe nur Bäume.«

»Und zwar ganz außerordentliche Bäume«, schwärmte Clara, ohne auf meine mürrische Laune einzugehen. »Jeder Einzelne ist ein individuelles Wesen mit seiner ganz eigenen Bestimmung im Leben.«

»Aber versteht sich das nicht von selbst, dass jedes Lebewesen auf der Erde seine ganz eigene Bestimmung hat?«, wandte ich etwas gereizt ein.

Irgendetwas wurmte mich an der Begeisterung, mit der Clara ihren Besitz vorführte. Und dass ich nichts von dem sehen konnte, was sie mir da zeigte, machte die Sache nur noch ärger. Ein Windstoß blähte meine Jacke und da kam mir der Gedanke, ob nicht der ganze Ärger vielleicht aus purem Neid bestand.

»Oje, nein, so platt sollte das eigentlich nicht klingen«, sagte

Clara entschuldigend. »Ich wollte sagen, dass jedes Ding und jeder Mensch in unserem Haus aus einem ganz bestimmten Grund hier ist. Das betrifft die Bäume und mich und dich natürlich auch.«

Ich wollte gern das Thema wechseln, und da mir nichts Besseres einfiel, fragte ich: »Habt ihr dieses Haus gekauft, Clara?«

»Nein. Wir haben es geerbt. Es ist seit Generationen in der Familie; allerdings ist es in den wilden Zeiten, die Mexiko erlebt hat, oft zerstört und wieder aufgebaut worden.«

Ich fühlte mich einfach viel besser, wenn ich simple, direkte Fragen stellen konnte und Clara direkte Antworten gab. Was sie über die ätherische Essenz gesagt hatte, war für mich so abstrakt, dass ich mich erst wieder bei ganz diesseitigen Dingen erholen musste. Doch zu meinem Bedauern schnitt Clara dieses so herrlich normale Gespräch gleich wieder ab und fuhr mit ihren mysteriösen Andeutungen fort.

»Das Haus gibt das Muster vor, nach dem die Menschen, die hier leben, handeln«, sagte sie in fast ehrfürchtigem Ton. »Und das Beste an ihm ist seine Tarnung. Es steht da, keinem Blick verborgen, und niemand sieht es. Mach dir das klar. Es ist sehr wichtig!«

Wie könnte ich das übersehen, dachte ich. Seit zwanzig Minuten gucke ich mir in diesem Halbdunkel die Augen aus, um das Haus zu sehen. Hätte ich doch nur ein Fernglas bei mir, um meine Neugier zu befriedigen! Bevor ich etwas sagen konnte, stieg Clara schon wieder den Hügel hinab. Ich wäre gern noch geblieben, um die frische Nachtluft zu atmen. Aber ich hatte Angst, ich könnte vielleicht den Rückweg im Dunkeln nicht finden. Ich nahm mir vor, am Tag noch einmal herzukommen, um selbst herauszufinden, ob es wirklich möglich war, das Haus so zu sehen, wie Clara gesagt hatte.

Wir erreichten den rückwärtigen Zugang zum Grundstück verblüffend schnell. Es war jetzt stockdunkel und ich sah nur noch das, was die Lichtkegel unserer Lampen zeigten. Clara richtete ihre Lampe auf eine Holzbank und sagte, dorthin könne ich mich setzen, um die Stiefel auszuziehen und Jacke und Schuhe dann an einem Gestell neben der Tür aufzuhängen. Ich war völlig ausgehungert. Ich konnte mich nicht erinnern, jemals derart hungrig gewesen zu sein, aber ich dachte mir, es sei vielleicht doch unhöflich, Clara direkt zu fragen, ob es noch ein Abendessen geben würde. Vielleicht dachte sie ja, unser recht üppiges Mittagessen in Guaymas sei genug für diesen Tag. Allerdings, wenn ich sie so ansah, gehörte sie auch nicht unbedingt zu den Kostverächtern.

»Sehen wir mal, was wir in der Küche noch zu essen auftreiben können«, begann sie dann auch selbst. »Vorher muss ich dir aber noch zeigen, wo die Lichtmaschine ist und wie man sie anwirft.«

Sie ging mit ihrer Taschenlampe voran einen Pfad entlang, der um eine Mauer zu einem Ziegelschuppen mit rostigem Blechdach führte. In diesem Schuppen stand ein kleiner Dieselgenerator. Ich wusste, wie man ihn anlässt, denn ich hatte in einem Haus auf dem Land gelebt, das einen ähnlichen Generator als Notstromaggregat besaß. Als ich den Hebel betätigte, sah ich durch das Schuppenfenster, dass offenbar nur eine Seite des Haupthauses und ein Teil des Korridors verkabelt waren, denn alles Übrige blieb dunkel.

»Wieso habt ihr nicht das ganze Haus angeschlossen?«, fragte ich Clara. »Es hat doch wenig Sinn, wenn der größte Teil dunkel bleibt.« Und einem plötzlichen Impuls folgend, fügte ich hinzu: »Ich kann die Kabel legen, wenn du willst.«

Sie sah mich überrascht an. »Hör ich recht? Und du bist sicher, dass du den Laden nicht abfackeln würdest?«

»Keine Bange. Schon zu Hause haben alle gesagt, dass ich ein Händchen für handwerkliche Sachen habe. Ich hatte sogar eine Lehrstelle bei einem Elektriker, aber die gab ich schnell wieder auf, nachdem der Typ zudringlich geworden war.«

»Was hast du gemacht?«, fragte Clara.

»Ich sagte ihm, er könne sich seine Kabel sonst wohin schieben und kündigte.«

Clara lachte. Ich wusste nicht, was sie daran komisch fand – die Vorstellung, dass ich als Elektrikerin gearbeitet hatte oder dass ich begrapscht worden war.

»Danke für das Angebot«, sagte Clara, »aber das Haus ist genau so verkabelt, wie wir es wollten. Wir benutzen nur da Strom, wo es wirklich nötig ist.«

Ich dachte mir, das müsse wohl vor allem die Küche sein, die sicherlich im angeschlossenen Teil des Hauses lag. Wie selbstverständlich ging ich in diese Richtung. Clara hielt mich am Ärmel fest.

»Wo willst du hin?«

»Zur Küche.«

»Da gehst du in die falsche Richtung. Wir sind hier auf dem Land, und zwar in Mexiko. Küche und Bad hat man hier nicht im Haupthaus. Was stellst du dir da überhaupt vor? Kühlschränke und Gasherde?«

Sie führte mich seitlich am Haus entlang und an ihrem Übungsraum vorbei zu einem anderen kleinen Gebäude, das ich bisher noch nicht gesehen hatte. Es war fast ganz hinter stachligen blühenden Bäumen versteckt. Innen ein einziger großer Raum mit Terrakotta-Bodenfliesen, frisch geweißten Wänden und an der Decke eine Lichtleiste mit etlichen Strahlern. Jemand hatte sich hier viel Arbeit gemacht, um moderne Installationen zu schaffen, aber die Gerätschaften und Vorrichtungen selbst waren alt, vielfach geradezu Antiquitäten. An der einen Seite des Raumes stand ein gewaltiger eiserner Holzherd, der erstaunlicherweise eingeheizt zu sein schien. Er hatte einen Tretblasebalg und das Ofenrohr ging durch ein Loch in der Decke nach draußen.

Gegenüber standen zwei lange Tische mit Bänken auf beiden Seiten. Daneben ein Arbeitstisch mit einer sehr starken Platte, ähnlich einem Hackblock in der Fleischerei. Die Holzoberfläche ließ ahnen, dass hier viel geschnitten und gehackt wurde. An strategisch an den Wänden platzierten Haken hingen Körbe, eiserne Töpfe, Pfannen und andere Küchenutensilien. Der ganze Raum machte einen rustikalen, aber doch gut eingerichteten und ausgerüsteten Eindruck, der mich an Küchen erinnerte, wie man sie in gewissen Magazinen sieht.

Auf dem Herd standen drei Tontöpfe mit Deckeln. Clara sagte, ich solle an einem der Tische Platz nehmen. Sie selbst ging zum Herd, wo sie mit dem Rücken zu mir stand und rührte und löffelte. Es dauerte kaum ein paar Minuten, bis ein dampfendes Ragout mit Reis und Bohnen vor mir stand.

»Wann hast du das denn alles hergerichtet?«, fragte ich verdattert, denn die Zeit dazu hatte sie an diesem Tag ganz bestimmt nicht gehabt.

»Schnell zusammengerührt und in den Backofen gestellt, bevor wir los sind«, sagte sie mit Unschuldsmiene.

Für wie leichtgläubig hält sie mich eigentlich, dachte ich. Für so ein Essen braucht man sicherlich Stunden. Sie lachte verlegen angesichts meines ungläubigen Stirnrunzelns.

»Du hast ja Recht«, sagte sie, als gebe sie sich geschlagen. »Wir haben hier einen Hausmeister, der manchmal für uns kocht.«

»Ist er jetzt da?«

»Nein, nein. Er war wohl am Vormittag hier, aber jetzt ist er weg. Iss einfach und kümmere dich nicht darum, wo das Essen herkommt und derlei unwichtige Dinge.«

Clara und ihr Haus sind voller Überraschungen, dachte ich, aber ich war zu müde und zu hungrig, um noch weitere Fragen zu stellen oder mir Gedanken zu machen über Dinge, die nicht unmittelbar anstanden. Ich aß heißhungrig, als hätte ich mich nicht erst vor ein paar Stunden mit Garnelen und Karamellpudding voll gestopft.

Für jemanden, der mit dem Essen so heikel war wie ich, grenzte das schon an Gefräßigkeit. In der Kindheit hatten ständige Spannungen mir die Freude an den gemeinsamen Mahlzeiten verdorben. Immer musste ich an das ganze Geschirr denken, das ich anschließend würde spülen müssen. Ich zuckte jedes Mal zusammen, wenn einer meiner Brüder eigens noch einen Teller oder Löffel nahm, der gar nicht nötig gewesen wäre. Ich war völlig sicher, dass sie es nur taten, damit ich ordentlich zu tun hatte. Und obendrein nutzte mein Vater bei jedem Essen die Gelegenheit, meine Mutter in unerfreuliche Aussprachen zu verwickeln. Er wusste, dass ihre guten Manieren ihr nicht aufzustehen erlaubten, bevor alle mit dem Essen fertig waren, und so breitete er alles, was ihm nicht passte, genüsslich aus.

Ich bot meine Hilfe beim Abwasch an, aber Clara sagte, das sei nicht nötig. Wir gingen ins Wohnzimmer. Das war offenbar einer der Räume, für die Elektrizität als nicht nötig befunden wurde; jedenfalls war es hier stockdunkel. Clara zündete eine Benzinlampe an. Ich hatte noch nie das Licht einer solchen Lampe gesehen. Es war hell und auch unheimlich, aber zugleich voll und weich. Überall waren tanzende Schatten. Ich fühlte mich wie in einer Traumwelt, fern jener Wirklichkeit, die elektrisches Licht schafft. Clara, das Haus, dieses Zimmer – alles schien einer anderen Zeit, einer anderen Welt anzugehören.

»Ich hab dir ja schon versprochen, dass ich dich unserem Hund vorstellen werde«, sagte Clara und setzte sich auf die Couch. »Er ist ein vollwertiges Mitglied dieses Haushalts. Sieh zu, dass du in seiner Nähe deine Gefühle im Zaum hast und gib bitte auf deine Worte Acht.«

Ich setzte mich neben sie. »Ist das ein sensibler, neurotischer Hund?«, fragte ich in banger Erwartung.

»Sensibel ja, neurotisch nein. Ich bin ernsthaft der Meinung, dass dieser Hund ein hoch entwickeltes Geschöpf ist; aber ein Hund bleibt er trotzdem und so ist es für ihn sehr schwer, wenn nicht unmöglich, die Vorstellung seines Selbst zu transzendieren. Arme Seele.«

Ich musste laut auflachen bei dem Bild eines Hundes, der eine Selbstvorstellung besaß. Ich sagte Clara ganz direkt, dergleichen sei für mich einfach absurd.

»Du hast Recht«, gab sie zu. »Ich sollte vielleicht das Wort ›Selbst‹ nicht benutzen. Sagen wir also einfach, dass er nicht anders kann, als sich wichtig vorzukommen.«

Ich merkte, dass sie mich auf den Arm nahm. Mein Lachen war nicht mehr ganz so selbstsicher.

»Lach nur, aber ich meine das ganz ernst.« Ihre Stimme wurde leiser. »Du kannst dir dein Urteil selbst bilden.« Sie beugte sich zu mir herüber und flüsterte jetzt beinahe: »Hinter seinem Rücken nennen wir ihn *Sapo,* das ist das spanische Wort für ›Kröte‹. Er sieht nämlich wirklich aus wie eine Riesenkröte. Aber sag ihm das Wort nur ja nie ins Gesicht; er wird dich augenblicklich anfallen und in Stücke reißen. Solltest du mir aber nicht glauben und tollkühn oder dumm genug sein, es doch zu versuchen, dann gibt es, wenn der Hund wütend wird, nur noch eine Rettung.«

»Und die wäre?«, fragte ich, immer noch im Tonfall der Belustigung, aber schon mit einem etwas bangen Beiklang.

»Du sagst ganz schnell, dass ich diejenige sei, die wie eine weiße Kröte aussieht. Das hört er gern.«

Auf solchen Blödsinn, dachte ich, falle ich nun wirklich nicht rein, dazu bin ich dann doch ein bisschen zu aufgeklärt. »Du hast den Hund bestimmt darauf dressiert, auf das Wort *Sapo* oder ›Kröte‹ zu reagieren und wütend zu werden«, sagte ich. »Ich kenn mich ein bisschen aus mit dem Abrichten von Hunden. Ich bin mir ganz sicher, dass Hunde nicht intelligent genug sind, um zu wissen, was man über sie sagt, und dann womöglich auch noch beleidigt zu sein.«

»Dann machen wir doch einfach Folgendes«, schlug Clara vor. »Ich stelle dich ihm vor und dann blättern wir in einem Zoologiebuch und suchen nach Kröten und reden über Kröten. Und wenn wir eine ganze Weile über Kröten geredet haben, sagst du ganz leise zu mir: ›Er sieht wirklich aus wie eine Kröte‹, und dann sehen wir mal, was passiert.«

Bevor ich ihren Vorschlag annehmen oder ablehnen konnte, stand Clara auf und verließ den Raum durch die Seitentür. Ich hatte einen Augenblick Zeit, mir zu versichern, dass ich die Lage voll unter Kontrolle hatte und mir von dieser Frau keinen Unsinn einreden lassen würde, wie etwa von Hunden mit hoch entwickeltem Bewusstsein.

Ich war noch dabei, mich zu einem etwas selbstbewussteren Auftreten zu animieren, als Clara mit dem größten Hund, den ich je gesehen hatte, hereinkam. Es war ein Rüde, ein massiges Tier mit Pfoten wie Untertassen. Sein Fell war schwarz und glänzend und in seinen gelben Augen lag etwas von tödlichem Lebensüberdruss. Er hatte runde Ohren und das Gesicht lag wie platt gedrückt in Falten. Clara hatte Recht, er sah tatsächlich einer Riesenkröte ähnlich.

Er lief schnurstracks auf mich zu und blieb vor mir stehen.

Dann drehte er sich zu Clara um, als wartete er darauf, dass sie etwas sagte. Sie tat es: »Taisha, darf ich dir meinen Freund Manfred vorstellen? Manfred, das ist Taisha.«

Ich war versucht, die Hand auszustrecken, um ihm die Pfote zu schütteln, aber Clara gab mir mit einer Kopfbewegung ein »Bloß nicht«-Zeichen.

»Sehr erfreut, Manfred«, sagte ich und gab mir Mühe, weder zu lachen noch Angst zu haben.

Der Hund kam noch näher und steckte seine Nase zwischen meine Schenkel. Entsetzt sprang ich zurück, aber in dem Augenblick drehte er sich um und rempelte mich mit seinem Hinterteil an. Er traf mich genau in der Kniekehle, so dass mir das Bein wegknickte und ich das Gleichgewicht verlor. Im nächsten Moment war ich auf allen Vieren am Boden und dieses Viech leckte mir das Gesicht, und bevor ich aufspringen oder mich auch nur zur Seite werfen konnte, furzte er mir direkt vor die Nase.

Im Nu war ich auf den Beinen, fuchsteufelswild. Clara lachte derart, dass sie kein Wort sagen konnte, und ich hätte schwören können, dass auch Manfred lachte. Er war dermaßen erheitert, dass er, an Clara gelehnt und mir schiefe Blicke zuwerfend, mit seinen riesigen Pfoten am Boden scharrte.

Ich kannte mich selbst nicht mehr vor Wut und schrie: »Du verdammte stinkende Krötentöle!«

Im gleichen Augenblick tat der Hund einen Satz und rannte mit dem Kopf gegen mich an. Ich fiel rücklings auf den Boden und schon war der Hund über mir. Seine Schnauze war direkt vor meinem Gesicht und ich sah die rasende Wut in seinen gelben Augen. Sein stinkender Atem traf mich voll und mir wurde speiübel. Je lauter ich nach Clara schrie, sie solle den verdammten Köter wegnehmen, desto mörderischer wurde sein Knurren. Eben wollte es mir schwarz vor Augen werden, als ich Clara durch das Höllengetöse dieses Knurrens und meiner Schreie brüllen hörte: »Sag ihm, was ich dir gesagt hab, schnell!«

Aber ich war vor Entsetzen unfähig, etwas zu sagen. Ärgerlich versuchte sie den Hund an den Ohren von mir herunterzuziehen, aber das brachte ihn nur noch mehr in Rage.

»Sag's ihm, los, sag's ihm!«, hörte ich sie wieder schreien.

Ich war wie betäubt und mir fiel einfach nicht ein, was ich sagen musste. Dann, schon halb ohnmächtig, hörte ich meine Stimme kreischen: »Entschuldigung. Clara ist doch die, die wie eine Kröte aussieht!«

Augenblicklich hörte der Hund auf zu knurren und ließ von mir ab. Clara half mir auf und führte mich zur Couch. Der Hund ging neben uns, als wollte er uns behilflich sein. Clara ließ mich warmes Wasser trinken, das aber die Übelkeit nur verstärkte. Mit Mühe schaffte ich es noch bis zum Waschhaus, bevor ich mich heftig erbrach.

Später, als ich mich im Wohnzimmer langsam erholte, sagte Clara, wir sollten uns jetzt zusammen mit Manfred das Krötenbuch ansehen, damit ich wiederholen konnte, dass Clara diejenige sei, die wie eine Kröte aussehe. Sie sagte, was das anginge, müsse ich Manfred unbedingt alle Zweifel nehmen.

»Als Hund ist er nun mal sehr empfindlich und kleinlich«, erläuterte sie. »Arme Seele! Er möchte nicht so sein, aber er kann einfach nicht anders. Er regt sich furchtbar auf, wenn er das Gefühl hat, dass man sich über ihn lustig macht.«

Ich wandte ein, in meinem Zustand sei ich keine besonders geeignete Probandin für weitere Experimente in Hundepsychologie. Aber Clara beharrte darauf, dass ich die Sache jetzt zu Ende bringen müsste. Sie hatte das Buch kaum aufgeschlagen, als Manfred auch schon kam, um sich die Bilder anzusehen. Clara sprühte vor neckischen Bemerkungen über das wunderliche Aussehen der Kröten und stellte auch fest, dass manche regelrecht hässlich seien. Ich spielte meinen Part und gebrauchte das Wort »Kröte« oder *Sapo* in unserer absurden Unterhaltung so oft und so laut wie möglich. Manfred zeigte keinerlei Reaktion. Er wirkte so unsäglich gelangweilt wie ganz am Anfang.

Als ich dann aber wie verabredet laut verkündete, dass Clara wirklich wie eine weiße Kröte aussehe, begann Manfred augenblicklich mit dem Schwanz zu wedeln und wurde entschieden lebhafter. Ich wiederholte den Schlüsselsatz mehrmals und mit jedem Mal wuchs ganz offensichtlich sein Vergnügen. Einem Geistesblitz folgend beschrieb ich mich selbst als eine spindeldürre Kröte, die sich mühte, wie Clara zu werden. Manfred sprang auf, als hätte er einen elektrischen Schlag bekommen, und während ich Clara sagen hörte: »Also, jetzt treibst du es aber ein bisschen zu weit«, hatte ich ganz deutlich das Gefühl, dass Manfred so begeistert war, dass er es einfach nicht mehr aushielt. Er lief aus dem Zimmer.

Ich ließ mich in die Polster zurückfallen, da mir schwindlig wurde. Ganz in der Tiefe und gegen allen Augenschein konnte ich immer noch nicht glauben, dass ein Hund tatsächlich auf einen Schimpfnamen so reagieren konnte, wie Manfred es ganz offenbar tat.

»Sag mir doch, worin der Trick besteht«, bat ich Clara. »Wie hast du dem Hund beigebracht, so zu reagieren?«

»Da ist kein Trick«, erwiderte sie. »Manfred ist ein Mysterium, ein unbekanntes Wesen. Es gibt nur einen einzigen Menschen auf der Welt, der ihn *Sapo* oder *Sapito*, Krötchen, nennen darf, ohne dass er wütend wird. Du wirst diesen Mann irgendwann kennen lernen. Er ist es, der für Manfreds Geheimnis verantwortlich ist. Deshalb ist er auch der Einzige, der es dir erklären kann.«

Unvermittelt stand sie auf und sagte: »Du hattest einen langen Tag. Ich glaube, es wird Zeit, dass du ins Bett gehst.« Sie gab mir die Benzinlampe.

Sie führte mich zu dem Zimmer, das sie mir zugewiesen hatte. »Hier findest du alles, was du brauchst. Der Nachttopf steht unter dem Bett, falls es dir nicht geheuer ist, zum Waschhaus zu gehen. Ich hoffe, du kannst es dir gemütlich machen.«

Sie gab mir einen leichten Klaps auf den Arm und entfernte sich den dunklen Gang hinab. Wo mochte ihr Schlafzimmer sein? Vielleicht in dem Flügel des Hauses, den ich nicht betreten durfte? Sie hatte mir auf so seltsame Weise gute Nacht gesagt, dass ich noch für einen Moment einfach so stehen blieb, den Türknauf in der Hand, und allen möglichen Vermutungen nachging.

Dann trat ich ein. Die Benzinlampe jagte huschende Schatten durch mein Zimmer. Die mit Schnitzereien verzierte Holztruhe war eine Masse wogender Grautöne; die Bettpfosten wanden sich wie Schlangen an den Wänden hoch. Mit einem Schlag wurde mir klar, weshalb diese Etagere mit all den Porzellanfiguren und Cloisonné-Gegenständen hier stand. Das Licht der Laterne hatte sie vollkommen verwandelt und eine Phantasiewelt geschaffen. Cloisonné und Porzellan sind nicht für elektrisches Licht gemacht, dachte ich.

Gern hätte ich das Zimmer noch weiter erkundet, aber ich war zum Umfallen müde. Ich stellte die Laterne auf den Nachttisch und zog mich aus. Über einer Stuhllehne hing ein Nachthemd aus weißem Musselin, das ich anzog. Es schien zu passen; zumindest schleifte es nicht über den Boden.

Ich kletterte in das weiche Bett und blieb, die Kissen unter den Rücken gestopft, noch eine Weile halb aufrecht sitzen. Ich löschte das Licht nicht sofort; diese surrealen Schatten waren einfach zu faszinierend. Ein Luftzug vom halb offenen Fenster her versetzte die Schatten in unruhige Bewegung. In meiner Erschöpfung glaubte ich, Tiere, Bäume und fliegende Vögel zu sehen. In einem Fleck grauen Lichts sah ich schemenhaft ein Hundegesicht mit runden Ohren und einer gedrungenen, faltigen Schnauze. Mir war, als sähe ich ein Augenzwinkern. Das konnte nur Manfred sein.

Seltsame Empfindungen und Fragen bestürmten mich. Wie sollte ich jemals die Ereignisse dieses Tages einordnen? So gut wie nichts konnte ich mir zu meiner Zufriedenheit erklären. Und das Erstaunlichste: Ich hatte nicht den leisesten Zweifel, dass ich mit dem Satz, ich sei eine spindeldürre Kröte, die wie Clara werden wolle, ein Band tiefen Vertrauens zwischen Manfred und mir geknüpft hatte. Ebenso gewiss war, dass ich Manfred nicht mehr für einen gewöhnlichen Hund halten konnte und dass ich keine Angst mehr vor ihm hatte. Obwohl ich dergleichen eigentlich nicht glauben konnte, schien er doch eine besondere Intelligenz zu besitzen, die ihm erschloss, was Clara und ich sagten.

Der Wind öffnete plötzlich die Vorhänge und verwischte die Schattenbilder. Das Hundegesicht verschmolz mit all den anderen Dingen an der Wand, in denen ich lauter magische Beschützer sah, die mir die Kraft geben würden, mich der Nacht anzuvertrauen. Seltsam, dachte ich, dass unser Geist seine Erfahrungen auf eine leere Wand projizieren kann wie eine Kamera mit endlosem Filmvorrat.

Noch einmal flackerten die Schatten, als ich den Docht herunterdrehte, bis auch der letzte Rest von Licht in vollkommener Schwärze verschwand. Ich hatte keine Angst vor der Dunkelheit. Ich war in einem fremden Haus und lag in einem fremden Bett, aber es störte mich nicht. Clara hatte gesagt, das hier sei mein Zimmer, und tatsächlich fühlte ich mich hier schon nach so kurzer Zeit wie zu Hause. Ich empfand sehr deutlich, dass ich beschützt war.

Während ich noch in die Schwärze vor mir starrte, hatte ich den Eindruck, dass die Luft im Zimmer irgendwie zu vibrieren begann. Ich erinnerte mich an Claras Worte, dass dieses Haus mit einer kaum wahrnehmbaren Energie aufgeladen sei, ähnlich einem elektrischen Strom, der durch ein Kabel fließt. Bis jetzt hatte ich nichts davon bemerkt, zu viel anderes war den ganzen Tag über geschehen. Aber jetzt, in dieser vollkommenen Stille, war deutlich so etwas wie ein weiches Brummen zu hören. Dann sah ich winzige Bläschen blitzschnell im Zimmer herumspringen. Unentwegt prallten sie gegeneinander und erzeugten ein Summen wie von abertausend Bienen. Dieses Zimmer, das ganze Haus schien von einem subtilen Energiestrom durchdrungen, der auch mich ganz und gar erfüllte.

4

»Hast du gut geschlafen?«, fragte Clara, als ich in die Küche kam. Sie wollte sich eben zum Frühstück an den Tisch setzen. Ich sah, dass auch für mich gedeckt war, obwohl wir uns nicht für eine bestimmte Zeit verabredet hatten.

»Wie ein Bär«, sagte ich wahrheitsgemäß.

Sie ließ mich Platz nehmen und lud mir eine Portion in feine Streifen geschnittenes und kräftig gewürztes Fleisch auf den Teller. Ich erzählte ihr, dass das Aufwachen in einem fremden Bett immer ein schwieriger Augenblick für mich gewesen sei. Mein Vater hatte häufig die Arbeitsstelle gewechselt und so war die ganze Familie immer wieder umgezogen. Mir graute jedes Mal vor dem ersten Aufwachen in einem fremden Haus. Diesmal merkte ich nichts davon. Ich war vielmehr mit dem Gefühl aufgewacht, das hier sei schon immer mein Zimmer und mein Bett gewesen.

Clara hörte aufmerksam zu und nickte: »Das kommt daher«, sagte sie, »dass du im Einklang mit der Person bist, der das Zimmer gehört.«

»Wem gehört es denn?«

»Du wirst es eines Tages erfahren«, antwortete sie und lud mir ordentlich Reis neben das Fleisch auf den Teller. Sie reichte mir eine Gabel. »Iss auf. Heute wirst du deine ganze Kraft brauchen.«

Sie ließ mich nicht mehr zu Wort kommen, bis ich alles aufgegessen hatte.

»Was haben wir denn vor?«, fragte ich, während sie das Geschirr abräumte.

»Nicht wir«, korrigierte sie. »Du wirst eine Höhle aufsuchen, um mit deiner Rekapitulation zu beginnen.«

»Mit meiner was, Clara?«

»Ich habe dir ja gestern Abend gesagt, dass nichts und niemand ohne Grund in diesem Haus ist, und das gilt auch für dich.«

»Was ist denn bei mir der Grund, Clara?«

»Das kann ich dir nur stufenweise erklären«, sagte sie. »Der einfachste Grund ist der, dass du hier bist, weil du gern hier bist, unabhängig davon, was du vielleicht denkst. Ein zweiter, schon etwas komplexerer Grund liegt darin, dass du eine faszinierende Übung namens Rekapitulation zu lernen und zu praktizieren hast.«

»Was ist das für eine Übung? Worin besteht sie?«

»Das erzähle ich dir, wenn wir bei der Höhle sind.«

»Warum nicht jetzt gleich?«

»Hab Geduld mit mir, Taisha. Ich kann nicht all deine Fragen gleich beantworten, weil du noch nicht genug Energie hast, um mit den Antworten etwas anfangen zu können. Später wirst du selbst begreifen, weshalb es so schwierig ist, gewisse Dinge zu erklären. Jetzt zieh deine Schuhe an und los geht's.«

Hinter dem Haus folgten wir wie am Vorabend dem Pfad, der in die östlich gelegenen Hügel führte. Nach kurzer Strecke erkannte ich die ebene offene Stelle, die ich ohnehin wieder aufsuchen wollte, und ohne erst auf Claras Signal zu warten, ging ich hin, um zu sehen, ob man das Haus bei Tageslicht erkennen konnte.

Ich spähte in die dicht bewachsene grüne Senke zwischen den Hügeln hinab, aber obwohl es ein klarer, sonniger Tag war, sah ich nichts, was auf ein Gebäude schließen ließ. Ich bemerkte aber, dass mehr hohe Bäume dort unten standen, als ich am Abend gesehen hatte.

»Das Waschhaus kannst du doch bestimmt erkennen«, sagte Clara. »Der rötliche Fleck da bei den Mesquite-Bäumen.« Ich zuckte unwillkürlich zusammen. Ich hatte so versunken ins Tal geschaut, dass ich nicht bemerkte, wie sie näher kam.

Sie zeigte auf einen undefinierbaren Teil des Grüns da unten. Fast war ich aus Höflichkeit versucht, so zu tun, als sähe ich etwas, wie ich überhaupt dazu neigte, anderen zuzustimmen; aber diesmal mochte ich den Tag nicht mit scheinheiliger Anpassung beginnen. Ich schwieg. Zudem war in diesem verwunschenen Tal etwas Eigenartiges, etwas Unsagbares, das mir fast den Atem nahm. Ich starrte so vollkommen versunken hinab, dass eine Art Schlaftrunkenheit über mich kam; ich lehnte mich an einen Felsen und ließ mich forttragen von dem, was da im Tal war. Und es trug mich wirklich fort. Ich hatte das Gefühl, mitten in einer höchst lebhaften Picknickgesellschaft zu sein, ich hörte Gelächter und ...

Clara griff mir unter die Arme und riss mich förmlich auf die Beine. »Du meine Güte, Taisha!«, rief sie. »Du bist ja noch komischer, als ich dachte. Für einen Moment dachte ich, ich hätte dich verloren.«

Ich war mir sicher, dass ich kurz eingenickt war, und wollte ihr meinen Traum erzählen. Aber sie war offenbar nicht daran interessiert und ging weiter.

Sie hatte den festen, zielstrebigen Schritt eines Menschen, der genau weiß, wohin er will. Ich dagegen trottete eher ziellos hinter ihr her und versuchte Schritt zu halten, ohne zu stolpern. Wir gingen schweigend. Eine gute halbe Stunde später kamen wir an einigen Felsen vorbei, die mir bekannt vorkamen.

»Sind wir hier nicht schon mal gewesen?«, fragte ich.

Clara nickte. »Wir gehen im Kreis«, gab sie zu. »Irgendwas schleicht dir nach, und wenn wir es nicht abschütteln, kommt es mit bis zur Höhle.«

Ich drehte mich um, aber ich sah nur Sträucher und die krummen Äste der Bäume. Dann beeilte ich mich, Clara wieder einzuholen, und stolperte. Angesichts des unvermeidlichen Sturzes schrie ich erschrocken auf. Mit einer unglaublich schnellen Bewegung wirbelte Clara herum, packte mich am Arm und fing den Sturz mit einem Bein ab.

»Du bist nicht gerade ein Wandervogel, hm?«

Ich erzählte ihr, dass ich mir nie etwas aus Naturerlebnissen gemacht hatte; seit meiner Jugend hatte ich Wandern und Zelten als Dinge angesehen, die vielleicht etwas für Hinterwäldler waren, aber nicht für gebildete Städter. In den Ausläufern der Berge herumzustiefeln war für mich alles andere als ein Vergnügen. Und mit Ausnahme des Ausblicks auf Claras Anwesen sagten mir all die Naturschönheiten, die andere atemberaubend finden würden, gar nichts.

»Macht nichts«, sagte Clara. »Du bist ja auch nicht hier, um die Landschaft zu bewundern. Bleib mit deiner Aufmerksamkeit auf dem Weg. Und nimm dich vor Schlangen in Acht.«

Diese Worte sorgten dafür, dass ich sehr genau auf den Weg achtete, mochte es in dieser Gegend Schlangen geben oder nicht. Aber ich geriet immer mehr außer Atem. Die Wanderschuhe, mit denen Clara mich ausgerüstet hatte, hingen wie Bleigewichte an mir. Es kostete mich große Mühe, die Beine zu heben und einen Fuß vor den anderen zu setzen.

»Ist diese Wanderung wirklich nötig?«, fragte ich schließlich.

Clara blieb stehen und sah mich an. »Bevor wir überhaupt sinnvoll miteinander reden können, musst du zumindest erst mal auf dein bunt gemischtes Gefolge aufmerksam geworden sein. Ich gebe mir alle Mühe, dir genau dazu zu verhelfen.«

»Wovon redest du?«, wollte ich wissen. »Was denn für ein Gefolge?«

Die übliche Übellaunigkeit ergriff wieder Besitz von mir.

»Ich rede von dem Gewimmel deiner alltäglichen Gefühle und Gedanken, von deiner persönlichen Geschichte. Das ist all das, was dich zu dem macht, was du zu sein glaubst: ein einzigartiger und besonderer Mensch.«

»Was ist denn an meinen alltäglichen Gefühlen und Gedanken auszusetzen?«, fragte ich. Ihre rätselhaften Behauptungen regten mich ziemlich auf.

»Die alltäglichen Gefühle und Gedanken sind die Wurzel all unserer Probleme«, sagte sie.

Je mehr sie in Rätseln sprach, desto gereizter wurde ich. In diesem Augenblick hätte ich mich ohrfeigen können, dass ich mich von dieser Frau zu einem Besuch hatte überreden lassen. Das war eine verzögerte Reaktion. Ängste, die in mir geschwelt hatten, flackerten jetzt auf. Vielleicht war sie ja eine Geisteskranke, die jeden Moment ein Messer zücken und mich umbringen konnte. Aber da sie ja offenbar in den Kampfkünsten ausgebildet war, würde sie wohl kaum ein Messer brauchen. Ein Stoß dieser muskelbepackten Beine und es wäre um mich geschehen. Ich war kein Gegner für sie. Sie war zwar älter als ich, aber ganz sicher weitaus stärker. Ich sah mich schon in einer Vermisstenstatistik enden. Ich ging bewusst langsamer, damit der Abstand zwischen uns größer wurde.

»Lass dich doch nicht so von deinen Gedanken und Stimmungen runterziehen«, sagte Clara, die ganz offensichtlich mitgehört hatte. »Dass ich dich hierher führe, hat keinen anderen Sinn, als dass ich dich dazu bringen möchte, dem Leben mit ein bisschen mehr Haltung zu begegnen. Aber anscheinend habe ich nichts weiter erreicht, als eine Lawine finsterer Verdächtigungen und Ängste loszutreten.«

Plötzlich waren meine schaurigen Gedanken mir sehr peinlich. Ich war bestürzt, wie genau sie meine Verdächtigungen und Ängste erkannt hatte und wie sie meinen inneren Aufruhr mit einem Handgriff anhielt. Ich wünschte mir, ich könnte mich entschuldigen und ihr einfach sagen, was in mir vorging, aber dazu war ich noch nicht bereit; es hätte mich noch weiter ins Hintertreffen gebracht. »Du hast eine seltsame Gabe, innere Wogen zu glätten, Clara«, sagte ich stattdessen. »Hast du das im Orient gelernt?«

»Das ist keine große Sache«, gab sie zurück. »Nicht weil du leicht zu besänftigen wärst, sondern weil wir alle gleich sind. Um dich zu kennen, brauche ich nur mich selbst genau zu kennen. Und das tu ich, so viel kann ich dir versichern. Aber gehen wir weiter. Ich möchte bei der Höhle sein, bevor du ganz zusammenklappst.«

»Sag mir doch mal, Clara, was haben wir da vor in der Höhle?« Ich mochte einfach noch nicht weitergehen.

»Ich werde dich unvorstellbare Dinge lehren.«

»Was für unvorstellbare Dinge?«

»Du wirst es bald wissen«, sagte sie und sah mich mit großen Augen an.

Ich wollte noch mehr hören, aber bevor ich sie in ein Gespräch verwickeln konnte, war sie schon halb den nächsten Hang hinauf. Noch mal schleppte ich mich etliche hundert Meter hinter ihr her, bis wir uns endlich an einem Bach hinsetzten. Das Laub der Bäume war hier so dicht, dass ich den Himmel nicht mehr sah. Ich zog die Stiefel aus. An der Ferse war eine Blase.

Clara nahm einen Stock und drückte mit der harten Spitze auf eine Stelle zwischen dem großen und dem zweiten Zeh. Eine Art leichter Stromschlag schoss mir die Beine hoch und an den Innenseiten der Schenkel entlang. Dann ließ sie mich hinknien und auf allen vieren gehen, nahm erst den einen, dann den anderen Fuß und bohrte mit ihrem Stock gleich unterhalb des Großzehenballens. Ich schrie auf.

»So schlimm war das doch gar nicht«, sagte sie wie jemand, der es gewohnt ist, Kranke zu behandeln. »Die klassischen chinesischen Ärzte haben diese Technik angewendet, um sehr geschwächte Menschen wieder zu beleben oder einen ganz besonderen Zustand der Aufmerksamkeit herbeizuführen. Leider stirbt dieses Wissen heute aus.«

»Wie kommt das, Clara?«

»Weil die materialistische Ausrichtung den Menschen von den esoterischen Dingen abgebracht hat.«

»Hast du das gemeint in der Wüste, als du sagtest, dass die Verbindung zur Vergangenheit abgeschnitten ist?«

»Ja. Große Umwälzungen bringen immer tiefe Veränderungen im energetischen Aufbau der Dinge mit sich. Und solche Veränderungen sind nicht immer zum Besseren.«

Sie ließ mich die Füße in den Bach halten und die glatten Steine am Grund spüren. Das Wasser war eiskalt, so dass mir ein Schauer über den Körper lief.

»Lass die Füße vom Fußgelenk her im Uhrzeigersinn kreisen«, wies sie mich an. »Lass das Wasser deine ganze Erschöpfung mitnehmen.«

Nach einigen Minuten Fußkreisen fühlte ich mich wieder frischer, aber meine Füße waren eiskalt.

»Jetzt versuch zu fühlen, dass alle Spannung nach unten in deine Füße fließt; dann wirfst du sie mit einem seitlichen Schlenker des Fußgelenks raus«, sagte Clara. »So wirst du auch die Kälte los.«

Ich ließ meine Füße im Wasser schnellen, bis sie taub waren. »Ich glaube, es funktioniert nicht, Clara«, sagte ich und zog die Füße heraus.

»Ja, weil du die Spannung nicht von dir weg leitest. Fließendes Wasser nimmt Müdigkeit, Kälte, Krankheit und alles andere Unerwünschte weg, aber du musst das auch *beabsichtigen*. Ansonsten kannst du mit den Füßen schnalzen, bis der Bach austrocknet, und es passiert gar nichts.« Dann sagte sie noch, wenn man diese Übung im Bett machen wolle, müsse man sich einen strömenden Bach bildlich vorstellen.

»Was genau meinst du mit *beabsichtigen*?«, fragte ich, während ich mir die Füße mit der Jacke abtrocknete. Nachdem ich sie kräftig abgerieben hatte, wurden sie endlich wieder warm.

»*Absicht* ist die Kraft, die das Universum erhält«, sagte sie. »Sie gibt allen Dingen ihre Ausrichtung. Sie lässt die Welt erst stattfinden.«

Ich konnte kaum glauben, dass ich mir das alles anhörte. Irgendetwas musste sich tatsächlich geändert haben, jedenfalls war meine übliche gelangweilte Indifferenz in ungewöhnlich wache Aufnahmebereitschaft verwandelt. Nicht dass ich verstanden hätte, was Clara da sagte; aber ich konnte ihr zuhören, ohne ungehalten zu werden oder mich ablenken zu lassen, und das war neu für mich.

»Kannst du diese Kraft näher beschreiben?«, fragte ich.

»Eigentlich kann man darüber nur metaphorisch reden«, sagte sie. Sie schob mit dem Fuß trockenes Laub beiseite. »Unter dem trockenen Laub ist der Boden, die unermessliche Erde. Und die *Absicht* ist das, was allem zugrunde liegt.«

Sie schöpfte mit beiden Händen Wasser aus dem Bach und benetzte ihr Gesicht. Wieder musste ich staunen, dass ihr Gesicht so ganz ohne Falten war. Diesmal äußerte ich mich sogar zu ihrer jugendlichen Erscheinung.

»Mein Aussehen hat damit zu tun, dass ich im Gleichgewicht mit meiner Umgebung bin«, sagte sie und schüttelte das Wasser von den Händen. »Alles, was wir tun, hängt von dieser Balance ab. Wir können jung und voller Leben sein wie dieser Bach oder alt und zerklüftet wie die Lavaberge von Arizona. Es liegt ganz bei uns.«

Zu meiner eigenen Überraschung hörte ich mich fragen – als

glaubte ich, was sie da sagte –, ob auch ich diese Balance finden könne.

Sie nickte. »Ganz bestimmt kannst du das. Und du wirst es auch, nämlich mit Hilfe der Übung, in die ich dich einführen werde: die Rekapitulation.«

»Ich kann es kaum erwarten«, sagte ich aufgeregt und zog mir die Stiefel wieder an. Plötzlich hatte ich keine Ruhe mehr und sprang auf. »Sollten wir nicht sehen, dass wir weiterkommen?«

»Wir sind schon da«, sagte Clara und deutete auf eine kleine Höhle in einer Felswand.

Ich spähte hinüber und die ganze Begeisterung verflog. Es war etwas Bedeutungsschweres, wenn nicht gar Bedrohliches an diesem klaffenden Loch, aber es wirkte auch einladend. Ich spürte ganz deutlich den Drang, es zu erkunden, und zugleich war mir bange vor dem, was ich dort finden mochte.

Mir kam der Verdacht, dass wir ganz in der Nähe des Hauses waren, und dieser Gedanke tröstete mich. Clara sagte, dies sei ein Ort der Kraft, eine Stelle, welche die Geomanten des alten China, die Adepten des Feng-Shui, ganz gewiss als Standort eines Tempels gewählt hätten.

»Die Elemente Wasser, Holz und Luft sind hier in vollkommener Harmonie und Energie zirkuliert hier überreichlich. Du wirst sehen, was ich meine, wenn du in der Höhle bist. Du musst die Energie dieses unvergleichlichen Ortes nutzen, um dich zu läutern.«

»Willst du damit sagen, dass ich hier bleiben muss?«

»Hast du nicht gewusst, dass Mönche und Gelehrte im Osten sich schon immer in Höhlen zurückgezogen haben? So von der Erde geborgen, konnten sie besser meditieren.«

Sie ließ mich hineinkriechen. Beherzt, wenn auch langsam schob ich mich hinein und verbannte alle Gedanken an Fledermäuse und Spinnen aus meinem Bewusstsein. Innen war es dunkel und kühl und es gab gerade Platz genug für eine Person. Clara sagte, ich solle mit überkreuzten Beinen sitzen und mich an die Wand lehnen. Ich zögerte kurz, weil ich meine Jacke nicht schmutzig machen wollte, aber als ich mich angelehnt hatte, bemerkte ich mit Erleichterung, dass ich hier entspannt sitzen konnte. Die Decke der Höhle war zwar knapp über meinem Kopf und der Boden sehr hart, aber ich empfand die Enge nicht als beängstigend. Ein ganz leichter, kaum wahrnehmbarer Luftstrom bewegte sich in der Höhle. Ich fühlte mich wie aufgeladen, genau wie Clara gesagt hatte. Eben wollte ich meine Jacke ausziehen, um mich darauf zu setzen, als Clara, die vor dem Eingang kauerte, zu sprechen begann.

»Die höchste Stufe der besonderen Kunst, die ich dich lehren möchte«, sagte sie, »wird abstrakter Flug genannt und das Mittel, mit dem man dorthin gelangt, nennen wir Rekapitulation.« Sie langte mit einer Hand hinein und berührte mich rechts und dann links an der Stirn. »Die Bewusstheit muss von hier nach da verlagert werden. Als Kinder können wir das ohne weiteres, aber wenn das Siegel des Körpers erst einmal durch Unmäßigkeit zerbrochen ist, kann die vergeudete Energie – die Energie, die für diese Verlagerung nötig wäre – nur durch eine spezielle Manipulation des Bewusstseins, durch richtige Lebensweise und sexuelle Enthaltsamkeit wieder aufgefüllt werden.«

Ich verstand ganz genau, was sie sagte. Ich empfand sogar, dass Bewusstsein eine Art Energiestrom war, der von der einen Seite der Stirn zur anderen gehen konnte. Ich sah die Kluft zwischen den beiden Punkten als einen weiten Raum, eine Leere, die den Übergang verhindert.

Ich hörte gespannt zu. Sie sagte: »Der Körper muss ungeheuer stark sein, nur dann wird das Bewusstsein fein und beweglich genug, um in einem Augenblick von einer Seite des Abgrunds auf die andere zu springen.«

Während sie sprach, geschah etwas sehr Merkwürdiges. Ich bekam die absolute Gewissheit, dass ich bei Clara in Mexiko bleiben würde. Eigentlich wollte ich empfinden, dass ich in wenigen Tagen nach Arizona zurückkehren würde, aber tatsächlich fühlte ich, dass ich nicht zurückgehen würde. Und das war, wie ich ebenfalls wusste, nicht nur ein Annehmen dessen, was Clara von Anfang an mit mir vorgehabt hatte; ich konnte mich ihrem Vorhaben vielmehr deshalb nicht widersetzen, weil die Kraft, die mich lenkte, nicht allein ihre war.

»Von jetzt an wirst du ein Leben führen, in dem Bewusstheit ganz obenan steht«, sagte sie, als wüsste sie, dass ich still für mich die Verpflichtung eingegangen war, bei ihr zu bleiben. »Du musst alles vermeiden, was Körper oder Geist schwächen oder schädigen kann. Außerdem ist es wichtig, dass du erst einmal alle äußeren und inneren Verbindungen zur Welt kappst.«

»Weshalb ist das wichtig?«

»Weil du vor allem anderen erst einmal wieder ganz werden musst.«

Sie erklärte, wir seien überzeugt, dass in uns ein Dualismus bestehe; der Geist sei der substanzlose und der Körper der greifbare Teil unserer selbst. Diese Trennung halte unsere Energie in einem Zustand chaotischer Gespaltenheit, so dass sie nicht zu einem Ganzen zusammenfließen könne.

»Gespalten zu sein ist ein Zug unseres Menschseins«, räumte sie ein. »Aber die Spaltung besteht nicht zwischen Geist und Körper, sondern zwischen dem Körper als der Behausung des Geistes oder des Ich und dem Doppelgänger, dem Behältnis unserer Grundenergie.«

Diese dem Menschen auferlegte Dualität, fuhr sie fort, bestehe vor der Geburt nicht, aber von der Geburt an würden die beiden Teile durch die menschliche *Absicht* auseinander gezogen. Ein Teil wendet sich nach außen und wird der materielle Körper; der andere wendet sich nach innen und wird der Doppelgänger. Wenn der Tod eintritt, kehrt der schwere Teil, der Körper, zur Erde zurück und wird von ihr aufgesogen, und der leichte Teil, der Doppelgänger, wird frei. Da dieses Doppel aber nie vervollkommnet wurde, erfährt es die Freiheit nur für einen Augenblick, bevor es im Universum verstreut wird.

»Wenn wir sterben, ohne den falschen Dualismus von Körper und Geist überwunden zu haben, sterben wir einen gewöhnlichen Tod«, sagte sie.

»Wie kann man denn sonst noch sterben?«

Clara sah mich mit hochgezogenen Brauen an. Aber sie beantwortete meine Frage nicht direkt, sondern sagte im Tonfall einer vertraulichen Mitteilung, dass wir nur sterben, weil die Möglichkeit der Verwandlung uns noch nicht aufgegangen ist. Diese Verwandlung, sagte sie mit Nachdruck, müssten wir im Laufe unseres Lebens erreichen und diese Aufgabe sei der einzige Lebenszweck, den ein Mensch haben könne. Alle anderen Errungenschaften sind vergänglich, da der Tod sie zunichte macht.

»Und was bedeutet diese Verwandlung?«, fragte ich.

»Sie bedeutet eben das, einen tief greifenden, vollkommenen Wandel«, sagte sie. »Und dazu führt uns die Rekapitulation; sie ist der Grundstein für die Kunst der Freiheit. Die Kunst, in die ich dich einführen möchte, wird Kunst der Freiheit genannt. Die Ausübung dieser Kunst ist unendlich schwierig, aber sie zu erklären ist noch schwieriger.«

Sie sagte, dass jede Methode, die sie mir zeigen, und jede Aufgabe, die sie mir stellen würde, wie gewöhnlich sie mir auch erscheinen mögen, ein Schritt seien, der mich dem höchsten Ziel der Kunst der Freiheit näher bringe: dem abstrakten Flug.

»Zuerst werde ich dir einfache Bewegungen zeigen, die du täglich üben musst«, fuhr sie fort. »Du musst sie für lebenswichtig halten. Als Erstes zeige ich dir eine Atemtechnik, die jahrhundertelang als Geheimnis gehütet wurde. Dieser Atem ist ein Abbild der beiden Kräfte von Schöpfung und Zerstörung, Licht und Dunkel, Sein und Nichtsein.«

Ich musste die Höhle nun wieder verlassen und mich draußen hinsetzen. Mit sanfter Führung brachte sie mich in die richtige Haltung: leicht vorgebeugt und die Knie so hoch wie möglich an die Brust gezogen. Die Füße blieben am Boden und mit den Armen musste ich die Unterschenkel umfassen und die Hände vor den Knien fest verschränken; wenn ich wollte, konnte ich auch den jeweils gegenüberliegenden Ellbogen fassen. Dann drückte sie mir behutsam den Kopf herunter, bis mein Kinn die Brust berührte.

Ich musste die Armmuskeln anspannen, damit die Knie nicht seitwärts ausbrachen. Brust und Bauch waren wie eingeschnürt und zusammengepresst. Im Genick knackte es, als ich das Kinn anzog.

»Das ist ein Kraftatem«, sagte sie. »Er kann dich umhauen

oder einschlafen lassen. Sollte das passieren, dann kommst du einfach zum Haus zurück, wenn du wieder aufwachst. Die Höhle liegt übrigens gleich hinter dem Haus. Folge dem Weg und du bist in zwei Minuten da.«

Clara wies mich an, in kurzen und flachen Zügen zu atmen. Ich sagte, die Anweisung erübrige sich, da ich in dieser Haltung ohnehin nur so atmen könne. Sie meinte, wenn ich den Druck der Arme nur ein wenig verminderte, würde der Atem sofort wieder normal werden. Aber darum ginge es nicht; ich solle für mindestens zehn Minuten bei dieser flachen Atmung bleiben.

Ich blieb vielleicht eine halbe Stunde in dieser Haltung, ganz flach atmend, wie sie gesagt hatte. Als die anfänglichen Verkrampfungen in Bauch und Beinen nachließen, schien der Atem mein Inneres zu erweichen und zu lösen. Dann, nach quälend langer Zeit, gab Clara mir einen Stoß, der mich hintenüberkippen ließ, so dass ich auf dem Rücken lag – aber ich durfte den Druck der Arme noch nicht lockern. Es war ein Gefühl der Erlösung, als mein Rücken den Boden berührte, aber erst als sie mich dann die Hände öffnen und die Beine ausstrecken ließ, empfand ich ein Gefühl vollkommener Lösung in Bauch und Brust. Ich kann die Empfindung nur so beschreiben, dass etwas in mir durch den Atem aufgebrochen und dann gelöst oder freigesetzt worden war. Wie Clara vorausgesagt hatte, wurde ich so schläfrig, dass ich zurück in die Höhle kroch und sofort einschlief.

Ich muss einige Stunden in der Höhle geschlafen haben, und da ich in der gleichen Haltung aufwachte, in der ich eingeschlafen war, hatte ich offenbar keinen Muskel gerührt. Ich nahm an, es lag einfach daran, dass in der Höhle nicht genug Platz war, um sich zu drehen und auszustrecken, aber möglicherweise war ich auch so vollkommen entspannt, dass es keiner Bewegungen bedurfte.

Ich ging den Weg, den Clara mir gezeigt hatte, zum Haus zurück. Sie saß in einem Rattansessel auf dem Patio. Ich hatte das Gefühl, dass eine andere Frau hier bei ihr gesessen und sich schnell entfernt hatte, als sie mich kommen hörten.

»Ah, du siehst viel entspannter aus«, sagte Clara. »Der Atem und die Haltung wirken wahre Wunder an uns.«

Wenn man diesen Atem regelmäßig ruhig und gesammelt übte, sagte sie, bringe er allmählich die innere Energie ins Gleichgewicht.

Bevor ich erzählen konnte, wie erfrischt ich mich fühlte, sagte sie, ich solle mich setzen, sie wolle mir noch eine andere Übung zeigen, die sehr wichtig sei für die Überwindung des falschen Dualismus. Ich musste mit geradem Rücken sitzen, den Blick leicht gesenkt, so dass ich meine Nasenspitze sehen konnte.

»Diese Atemübung soll eigentlich ohne alle beengende Kleidung gemacht werden«, sagte sie, »aber wir werden wohl eine Ausnahme machen, schließlich kannst du dich hier am helllichten Tag schlecht nackt präsentieren. Zuerst atmest du tief ein, und zwar so, als atmetest du durch deine Vagina. Du ziehst den Bauch ein und saugst die Luft an deiner Wirbelsäule hoch, an den Nieren vorbei bis zu einem Punkt zwischen den Schulterblättern. Da hältst du die Luft einen Augenblick fest und ziehst sie dann weiter hoch bis zum Hinterkopf, dann über den Scheitel bis zu dem Punkt zwischen den Augenbrauen.«

Nachdem ich den Atem da für einen Augenblick gehalten hatte, sollte ich durch die Nase ausatmen und mir dabei vorstellen, wie die Luft an der Vorderseite meines Körpers abwärts strömte, zuerst zu einem Punkt direkt unterhalb des Nabels und dann zurück in die Scheide, wo der Zyklus begonnen hatte.

Ich begann zu üben. Clara berührte das untere Ende meiner Wirbelsäule und zog dann eine Linie den Rücken hinauf und über den Kopf bis zur Stirn, wo sie mit leichtem Druck auf dem Punkt zwischen den Brauen verweilte. »Versuche den Atem hierher zu bringen«, sagte sie. »Die Augen bleiben halb geöffnet, damit du dich auf den Nasenrücken konzentrieren kannst, während du die Luft den Rücken hinauf und über den Kopf bis zu diesem Punkt ziehst, und damit du die Luft mit dem Blick an deiner Vorderseite nach unten bis in die Geschlechtsteile lenken kannst.«

Wenn man den Atem auf diese Weise zirkulieren lässt, sagte sie, entsteht ein undurchdringlicher Schutzschild, der verhindert, dass störende Einflüsse von außen in das Energiefeld des Körpers eindringen; so wird auch verhindert, dass innere Lebensenergie nach außen entweicht. Das Einatmen und Ausatmen, sagte sie, solle unhörbar fein sein und man könne im Stehen, Sitzen oder Liegen üben, wenngleich es anfangs leichter sei, wenn man auf einem Kissen oder Stuhl sitze.

»So«, sagte sie und rückte ihren Sessel näher zu mir, »und jetzt reden wir über das, wovon wir heute früh angefangen haben: die Rekapitulation.«

Ein Schauer durchrieselte mich. Ich sagte, ich habe zwar keine Ahnung, wovon die Rede sei, wisse aber trotzdem, dass es etwas Gewaltiges sein müsse, und sei mir nicht sicher, ob ich es überhaupt hören wolle. Sie erwiderte, ich sei nervös, weil ich irgendwo spürte, dass sie mich in die wohl wichtigste Technik der Selbsterneuerung einführen wolle. Geduldig erklärte sie, die Rekapitulation sei das Zurückholen der Energie, die wir durch unser bisheriges Handeln bereits verausgabt haben. Zur Rekapitulation, sagte sie, gehöre es, uns an alle Menschen zu erinnern, denen wir je begegnet sind; an alle Orte, an denen wir je gewesen sind; an alle Gefühle, die wir je gehabt haben. Von der Gegenwart geht man zurück bis zu den allerersten Erinnerungen, dann werden sie eine nach der anderen mit dem »Fegeatem« sauber gefegt.

Ich hörte ihr wie gebannt zu, wenn ich auch nicht verhehlen konnte, dass ihre Worte mir völlig unsinnig erschienen. Aber bevor ich irgendetwas sagen konnte, nahm sie mein Kinn fest in die Hand und sagte, während sie mir den Kopf nach links drehte, ich solle durch die Nase einatmen, und dann, als sie ihn nach rechts drehte, sollte ich wieder ausatmen. Danach musste ich meinen Kopf in einer durchgehenden Bewegung nach links und nach rechts wenden, ohne dabei zu atmen. Sie sagte, das sei eine geheimnisvolle Art des Atmens und der Schlüssel zur Rekapitulation, denn das Einatmen erlaube uns, verlorene Energie zurückzuholen, während wir mit dem Ausatmen fremde und unerwünschte Energien loswürden, die sich durch den Austausch mit anderen in uns angesammelt hatten.

»Wir brauchen Energie, um leben und interagieren zu können«, fuhr Clara fort. »Normalerweise geht uns die im Laufe des Lebens verausgabte Energie für immer verloren. Ohne die Rekapitulation hätten wir keinerlei Chance, uns zu regenerieren. Die Rekapitulation unseres Lebens und das Sauberfegen unserer Vergangenheit durch den Fegeatem sind ein einziger Vorgang.«

Mich an jeden Menschen und jede Empfindung in meinem Leben zu erinnern erschien mir als eine geradezu absurde Aufgabe. »Das dauert doch eine Ewigkeit«, sagte ich in der Hoffnung, solch ein praktischer Einwand könne Clara von ihren abwegigen Plänen abbringen.

»Allerdings. Aber ich versichere dir, Taisha, dass du dadurch nur gewinnen und nichts verlieren kannst.«

Um ihr zu zeigen, dass ich bereit war und aufpasste, tat ich ein paar tiefe Atemzüge und bewegte den Kopf in der gezeigten Weise.

Sie verzog das Gesicht zu einem schiefen Lächeln und sagte, die Rekapitulation sei keine Übung, die man einfach so oder nach Lust und Laune mache. »Versuche beim Rekapitulieren lange dehnbare Fasern zu spüren, die von deiner Körpermitte ausgehen. Harmonisiere die Kopfdrehungen mit der Bewegung dieser schwer fassbaren Fasern. Sie sind die Leitungen, durch die die Energie, die du überall gelassen hast, zu dir zurückfließt. Um unsere Kraft und Ganzheit wiederherzustellen, müssen wir unsere von der Welt gebundene Energie befreien und zu uns zurückziehen.«

Bei der Rekapitulation, versicherte sie, strecken wir diese dehnbaren Fasern durch Raum und Zeit aus zu den Menschen, Orten und Ereignissen, die wir uns jeweils vor Augen führen. Dadurch können wir zu jedem Augenblick unseres Lebens zurückkehren und so handeln, als wären wir wirklich dort.

Diese Möglichkeit ließ mir einen Schauer über den Rücken laufen. Ich fand Claras Darstellung zwar faszinierend, aber mir lag überhaupt nichts daran, zu meiner höchst unbefriedigenden Vergangenheit zurückzukehren, sei es auch nur in Gedanken. Wenn ich überhaupt auf etwas stolz war, dann darauf, dass ich einem unerträglichen Leben entronnen war. All das noch einmal zu durchleben, was ich so erbittert zu vergessen versucht hatte, danach stand mir nun wirklich nicht der Sinn. Aber Clara wirkte beim Erläutern der Technik so vollkommen ernst und aufrichtig, dass ich meine Einwände für den Moment zurückstellte und mich ganz auf das konzentrierte, was sie sagte.

Ich fragte, ob es eine Rolle spiele, in welcher Reihenfolge man sich das Vergangene ins Gedächtnis rufe. Sie sagte, das Wichtigste sei, sich an alle Ereignisse und Gefühle so detailliert wie möglich zu erinnern und alles mit dem Fegeatem zu berühren, um die darin gefangene Energie zu befreien.

»Gehört die Übung zur buddhistischen Tradition?«, fragte ich. Sie antwortete mit feierlichem Ernst: »Nein. Sie gehört zu einer anderen Tradition. Du wirst bald wissen, welche das ist.«

5

Ich sah Clara erst wieder am nächsten Morgen beim Frühstück. Am Nachmittag des Vortags hatte sie mitten in unserem Gespräch auf dem Patio plötzlich einen wie geistesabwesend fernen Blick bekommen, als hätte sie seitlich am Haus irgendetwas oder jemanden gesehen. Sie war hastig aufgestanden und hatte sich entschuldigt und so blieb ich allein und grübelte über die Bedeutung all dessen, was sie gesagt hatte.

Als wir uns jetzt zu unserem Frühstück aus Fleisch und Reis hinsetzten, sprach ich davon, wie ich gestern auf dem Rückweg feststellen konnte, dass die Höhle tatsächlich ziemlich nah beim Haus war. »Weshalb haben wir auf dem Hinweg so viele Umwege gemacht, Clara?«, fragte ich.

Clara prustete lachend: »Ich wollte dich nur dazu bringen, dass du die Schuhe ausziehst. Deshalb sind wir am Fluss vorbeigegangen.«

»Warum sollte ich denn meine Schuhe ausziehen? Wegen der Blase?«

»Nein, nicht wegen der Blase«, sagte sie bedeutungsvoll. »Ich musste diese sehr wichtigen Punkte an deinen Füßen drücken, um dich aus deiner lebenslangen Lethargie zu wecken. Sonst hättest du mir nicht richtig zugehört.«

»Ist das nicht ein bisschen übertrieben? Ich hätte dir auch ohne das zugehört.«

Sie schüttelte den Kopf und lächelte wissend. »Wir alle leben durch unsere Erziehung in einer Art Hölle, in der nichts zählt als die unmittelbare Befriedigung unserer armseligen kleinen Bedürfnisse«, sagte sie. »Und Frauen sind darin Meister. Durch nichts anderes als die Rekapitulation können wir unsere Konditionierung abschütteln. Und da wir gerade von Rekapitulation reden ...«

Sie lachte über meine säuerliche Miene und ich kam ihr mit der Frage zuvor: »Muss ich in die Höhle zurück, Clara? Ich würde viel lieber hier bei dir bleiben. Wenn du mir Modell sitzt, kann ich ein paar Skizzen machen und dann dein Porträt malen.«

»Nein, vielen Dank«, sagte sie, offenbar ohne jedes Interesse. »Ich werde dir ein paar einleitende Anweisungen geben, wie man bei der Rekapitulation vorgeht.«

Als wir mit dem Essen fertig waren, reichte Clara mir Schreibblock und Bleistift. Erst dachte ich, sie habe sich das mit den Skizzen doch noch anders überlegt. Doch dann sagte sie, der erste Schritt bestehe darin, eine Liste aller Menschen anzulegen, denen ich je begegnet war – angefangen von der Gegenwart bis zurück zu meinen frühesten Erinnerungen.

»Das ist unmöglich!«, stieß ich hervor. »Wie um alles in der Welt soll ich mich denn an jeden erinnern, mit dem ich je zu tun hatte, vom ersten Tag an?«

Clara schob die Teller beiseite, damit ich Platz zum Schreiben hatte.

»Schwierig ist es, keine Frage«, sagte sie, »aber nicht unmöglich. Und ein absolut notwendiger Teil der Rekapitulation. Die Liste stellt ein Gerüst dar, an das unser Geist sich halten kann.«

Die Anfangsphase, sagte sie, bestehe aus zweierlei. Das Erste sei die Liste, das Zweite die Inszenierung. Und die Inszenierung besteht darin, dass man sich alle Details der Ereignisse, an die man sich erinnert, bildlich vor Augen führt.

»Wenn du alle Elemente beisammen hast, wendest du den Fegeatem an. Die Kopfbewegung fungiert wie ein Fächer, der alles in dieser Szene in Bewegung setzt. Wenn du dich zum Beispiel an ein bestimmtes Zimmer erinnerst, dann atmest du alles ein, was du da siehst, die Wände, die Decke, die Möbel, die Leute. Und hör nicht auf, bevor auch der letzte Rest der Energie absorbiert ist, die du dagelassen hast.«

»Woher weiß ich, wann das der Fall ist?«, fragte ich.

»Dein Körper sagt dir, wann es reicht«, versicherte sie. »Denk nur daran: Du musst *beabsichtigen*, all die Energie, die du in der jeweiligen Szene gelassen hast, einzuatmen, und du musst *beab-*

sichtigen, alle fremde Energie, die andere in dir zurückgelassen haben, auszuatmen.«

Ich fühlte mich wie erdrückt von der Aufgabe, eine Liste anzulegen und mit der Rekapitulation zu beginnen, und konnte überhaupt nicht denken. Mein Verstand reagierte unwillkürlich auf die denkbar sinnloseste Weise: Er stand zuerst völlig still und ließ dann einen Schwall von Gedanken los, in dem ich nicht die geringste Chance hatte, irgendeinen Anfang zu finden. Clara sagte, die Rekapitulation müsse damit anfangen, dass wir die Aufmerksamkeit auf unser bisheriges Geschlechtsleben richten.

»Warum muss man gerade da anfangen?«, fragte ich sie daraufhin argwöhnisch.

»Weil da der Löwenanteil unserer Energie festsitzt«, erklärte sie. »Deshalb müssen wir diese Erinnerungen zuerst befreien.«

»Ich glaube nicht, dass meine sexuellen Begegnungen so wahnsinnig wichtig waren.«

»Spielt keine Rolle. Ob du zu Tode gelangweilt an die Decke gestarrt oder Sternschnuppen und ein Feuerwerk gesehen hast – irgendwer hat jedenfalls seine Energie in dir hinterlassen und sich mit einer Tonne von deiner davongemacht.«

Was sie sagte, gefiel mir gar nicht. Zu meinen sexuellen Erfahrungen zurückzugehen widerstrebte mir gewaltig. »Kindheitserfahrungen noch einmal zu durchleben ist ja schon schlimm genug«, sagte ich, »aber noch mal durchkauen, was ich mit Männern erlebt habe – nein danke!«

Clara sah mich mit einer hochgezogenen Braue an.

»Und dann erwartest du wohl auch noch, dass ich dir Bericht erstatte«, setzte ich meine Argumentation fort. »Und ich finde wirklich, Clara, dass meine Geschichten mit Männern niemanden was angehen.«

Ich dachte, dass ich die Sache damit geklärt hätte. Aber Clara schüttelte energisch den Kopf und sagte: »Willst du denn, dass die Männer, die dich gehabt haben, sich immer weiter von deiner Energie ernähren? Willst du, dass sie stärker werden, wenn du stärker wirst? Willst du für den Rest deines Lebens eine Energiequelle für andere sein? Wohl kaum. Mir scheint, du verstehst die Bedeutung des Geschlechtsakts und der Rekapitulation nicht.«

»Ganz recht, Clara. Ich verstehe die Gründe nicht. Was soll das heißen, dass die Männer stärker werden, weil ich ihre Energiequelle bin? Ich bin für niemanden eine Energiequelle oder ein Ernährer, das kannst du mir glauben.«

Sie lächelte und sagte, es sei wohl ein Fehler von ihr gewesen, jetzt schon eine Konfrontation der Ideologien anzuzetteln. »Sei bitte nachsichtig«, bat sie. »Das ist eine Überzeugung, zu der ich persönlich gelangt bin. Wenn du mit der Rekapitulation Fortschritte machst, werde ich dir erklären, wie ich dazu gekommen bin. Einstweilen mag es genügen, wenn ich dir sage, dass sie ein ganz entscheidender Punkt der Kunst ist, in die ich dich einführen möchte.«

»Wenn sie so wichtig ist, Clara, wäre es sicher besser, wenn du mir jetzt etwas darüber sagst. Bevor ich mit der Rekapitulation loslege, wüsste ich ganz gern, auf was ich mich da einlasse.«

»Na gut, wenn du darauf bestehst«, sagte sie und nickte.

Sie goss Kamillentee in unsere Becher und süßte ihren mit Honig. Im gewichtigen Tonfall einer Lehrerin, die eine Anfängerin einführt, erläuterte sie, dass die Frauen die eigentlichen Träger der Gesellschaftsordnung seien; und damit sie diese Rolle spielen können, werden sie überall auf der Welt in gleicher Weise zu Dienerinnen des Mannes erzogen.

»Es macht keinen Unterschied, ob sie auf dem Sklavenmarkt gekauft oder umworben und geliebt werden«, betonte sie. »Ihre Bestimmung und ihr Schicksal ist immer gleich: die Männer nähren und bergen und ihnen dienen.«

Clara sah mich an, um, wie ich annahm, zu sehen, ob ich ihrem Gedankengang folgte. Das tat ich zwar, aber meine erste Reaktion war zu glauben, dass die ganze Sache von ihrer Grundannahme her falsch war.

»Das mag in manchen Fällen so sein«, sagte ich, »aber ich glaube, man kann nicht einfach sämtliche Frauen über einen Kamm scheren.«

Das sah Clara offenbar ganz anders. »Das Teuflische an der

Servilität der Frauen liegt darin, dass sie nicht einfach nur durch den Druck der Gesellschaft zustande kommt, sondern einem fundamentalen biologischen Imperativ folgt.«

»Halt, Moment, Clara. Wie willst du das begründen?«

Jede Spezies, erklärte sie, unterliegt dem biologischen Imperativ, sich selbst zu erhalten, und die Natur hat für Einrichtungen gesorgt, die sicherstellen, dass das Verschmelzen von weiblicher und männlicher Energie auf sehr effektive Weise geschieht. Beim Menschen, sagte sie, sei zwar die Fortpflanzung die Hauptfunktion des Geschlechtsverkehrs, aber es gebe da noch eine versteckte Nebenfunktion, nämlich dafür zu sorgen, dass beständig Energie von der Frau zum Mann fließe.

Clara betonte »Mann« so heftig, dass ich fragen musste: »Warum drückst du das so aus, als ginge es nur in eine Richtung? Ist der Geschlechtsakt nicht ein Austausch von Energie?«

»Nein«, erwiderte sie ganz entschieden. »Männer lassen bestimmte Energiestränge im Körper der Frau zurück. Die sind wie leuchtende Bandwürmer, die sich in ihrer Gebärmutter einnisten und Energie schlürfen.«

»Das klingt ja richtig unheimlich«, ging ich auf ihre Darstellung ein.

Sie sprach in vollkommenem Ernst weiter. »Und ihr Zweck«, sagte sie, ohne mein nervöses Lachen zu beachten, »ist noch unheimlicher. Sie sollen sicherstellen, dass der Mann, der sie dort deponiert hat, ständig mit Energie versorgt wird. Diese Energiefasern, die nach dem Geschlechtsverkehr in der Frau zurückbleiben, sammeln und stehlen in ihrem Körper Energie, die dem Mann zugute kommt.«

Clara war so unnachgiebig in dem, was sie sagte, dass ich nicht darüber witzeln konnte, sondern sie ernst nehmen musste. Dennoch hörte ich selbst eine gewisse Schärfe in meiner Stimme, als ich sagte: »Nicht dass ich auch nur im Entferntesten glaube, was du da sagst; aber ich wüsste doch gern, wie du zu einer derart absurden Anschauung gekommen bist. Hat dir das jemand erzählt?«

»Ja, mein Lehrer hat mich darüber aufgeklärt. Erst habe ich

ihm auch nicht geglaubt, aber er hat mich außerdem in die Kunst der Freiheit eingeführt und das bedeutet, dass ich gelernt habe, den Energiestrom zu *sehen.* Jetzt weiß ich, dass er die Sache richtig beurteilt hat; jetzt kann ich nämlich diese wurmartigen Fasern im Körper der Frauen selber sehen. Du zum Beispiel hast einige davon und alle sind noch aktiv.«

»Angenommen, du hättest Recht, Clara«, sagte ich mit einem mulmigen Gefühl. »Weshalb sollte das dann so sein? Wäre dieser einseitige Energiefluss nicht sehr ungerecht gegenüber den Frauen?«

»Die ganze Welt ist ungerecht gegenüber den Frauen!«, rief sie. »Aber darum geht es nicht.«

»Worum geht es dann, Clara? Ich versteh es einfach nicht.«

»Dem biologischen Imperativ geht es darum, dass unsere Spezies weiter besteht«, sagte sie. »Und damit dafür auch künftig gesorgt ist, müssen die Frauen auf der grundlegenden energetischen Ebene eine größere Bürde tragen und das ist dieser Energiestrom, der zu Lasten der Frauen geht.«

»Aber das erklärt immer noch nicht, weshalb das so ist«, sagte ich und merkte, dass meine Position schon ein wenig ins Wanken geriet.

»Frauen bilden die Grundlage für den Fortbestand der Menschheit«, gab sie zur Antwort. »Der Großteil der Energie kommt von ihnen; sie tragen, gebären und ernähren nicht nur die Kinder, sondern sorgen auch dafür, dass der Mann seine Rolle in dem Geschehen spielt.«

Geplant, erklärte sie weiter, sei dieser Prozess von der Natur so, dass die Frau den Mann durch die Fasern, die er in ihrem Körper zurückgelassen hat, energetisch ernährt, so dass er auf der ätherischen Ebene auf geheimnisvolle Weise von ihr abhängig wird. Das zeigt sich im äußeren Verhalten des Mannes, der immer wieder zur gleichen Frau zurückkehrt, um sich seine Versorgungsgrundlage zu erhalten. So sorgt die Natur dafür, dass Männer dauerhaftere Bindungen zu Frauen knüpfen, als für das unmittelbare Bedürfnis der sexuellen Befriedigung nötig wäre.

»Diese Energiefasern«, führte Clara weiter aus, »die in der

Gebärmutter der Frau zurückbleiben, verschmelzen auch mit der energetischen Anlage des Kindes, wenn es zur Befruchtung kommt. Das ist wohl auch die Grundlage der so genannten Familienbande, denn die Energie des Vaters verbindet sich mit der des Fötus und dadurch spürt der Vater, dass dies sein Kind ist. Das sind einige der Tatsachen des Lebens, die eine Mutter ihrer Tochter nie erzählen würde. Frauen werden dazu erzogen, sich leicht von Männern verführen zu lassen, und sie haben nicht die geringste Ahnung von dem Energieverlust, der für sie mit dem Geschlechtsverkehr verbunden ist. Das ist die eigentliche Ungerechtigkeit und darum geht es mir.«

Ich musste eingestehen, dass manches von dem, was Clara da sagte, mir auf einer ganz körperlichen Ebene einleuchtete. Sie sagte, es sei nicht damit getan, ihr zuzustimmen oder nicht zuzustimmen; ich solle die Sache vielmehr für mich durchdenken und mir auf mutige, vorurteilslose und intelligente Weise ein eigenes Urteil bilden.

»Es ist schon schlimm genug, die Energiefäden von einem einzigen Mann im Körper zu haben«, sagte Clara, »obgleich es ja notwendig ist, um Kinder zu bekommen und für sie sorgen zu können. Aber keine Frau kann mit den Energiefasern von zehn oder zwanzig Männern fertig werden, die sich alle von ihrer Energie nähren. Kein Wunder, dass Frauen niemals wirklich den Kopf heben können.«

»Kann eine Frau diese Fäden wieder loswerden?«, fragte ich. Die Überzeugung wuchs, dass an Claras Worten doch etwas Wahres dran sein musste.

»Eine Frau trägt diese leuchtenden Würmer sieben Jahre mit sich herum«, sagte Clara. »Danach verschwinden oder verblassen sie. Das Elend mit diesen Würmern ist nur, dass die ganze Armada – vom ersten Mann, den eine Frau je gehabt hat, bis zum letzten – gerade gegen Ende dieser sieben Jahre in helle Aufregung gerät und die Frau dadurch einen unwiderstehlichen Drang nach Sex bekommt. Prompt werden sämtliche Würmer aller Männer wieder quicklebendig und ernähren sich weitere sieben Jahre lang von der leuchtenden Energie dieser Frau. Ein echter Teufelskreis.«

»Was ist, wenn die Frau enthaltsam lebt?«, fragte ich. »Sterben die Würmer dann einfach ab?«

»Ja, wenn sie sieben Jahre lang widerstehen kann. Aber das ist für eine Frau in unserer Zeit so gut wie unmöglich, so lange sie nicht Nonne wird oder selbst genug Geld hat. Und sogar dann würde sie eine völlig andere Ausrichtung brauchen.«

»Inwiefern, Clara?«

»Geschlechtsverkehr ist für die Frau nicht nur ein biologischer Imperativ, sondern wird auch von der Gesellschaft gefordert.«

Clara gab dazu eine Erläuterung, die mich zutiefst verwirrte und beunruhigte. Da wir diesen Energiestrom nicht sehen könnten, sagte sie, blieben wir an untauglichen Verhaltensmustern und gefühlsbedingten Überzeugungen hängen, die mit diesem unsichtbaren Energiestrom in Verbindung stünden. So ist es beispielsweise falsch, dass die Gesellschaft von Frauen verlangt, dass sie heiraten oder sich zumindest den Männern zur Verfügung stellen; und es ist falsch, dass Frauen sich unerfüllt vorkommen, wenn sie nicht das Sperma eines Mannes in sich haben. Es stimmt, dass die Energie des Mannes ihnen eine Ausrichtung gibt und dafür sorgt, dass sie ihrer biologischen Bestimmung nachkommen: die Männer und ihre Kinder zu nähren. Aber der Mensch ist intelligent genug, um mehr von sich zu verlangen als die bloße Befolgung des Imperativs zur Fortpflanzung. Entwicklung, sagte Clara, sei ein ebenso starker, wenn nicht noch stärkerer Imperativ als die Fortpflanzung; und sich entwickeln bedeute hier, dass Frauen ihre eigentliche Rolle im energetischen Aufbau des Vermehrungsgeschehens erkennen.

Dann verlagerte sie ihre Argumentation auf die persönliche Ebene und sagte, ich sei wie jede andere Frau von einer Mutter erzogen worden, die es als ihre Hauptaufgabe ansah, mich so zu programmieren, dass ich einen Mann finden und nicht in den Ruf einer alten Jungfer kommen würde. Ich sei wie ein Tier dressiert worden – und zwar auf Sex, wie auch immer meine Mutter das nennen mochte.

»Du bist wie jede andere Frau mit Tricks oder Gewalt dazu

gezwungen worden, dich zu fügen«, sagte Clara. »Und das Traurige ist, dass du in diesem Muster gefangen bist, selbst wenn du gar keine Kinder haben willst.«

Ihre Worte waren so bestürzend, dass ich aus reiner Nervosität lachen musste. Das brachte Clara nicht aus der Ruhe. »Vielleicht stimmt das alles, Clara«, sagte ich und gab mir Mühe, keinen herablassenden Tonfall aufkommen zu lassen. »Aber wie kann das Erinnern an die Vergangenheit daran bei mir irgendwas ändern? Ist das nicht alles nur eine von vornherein zum Scheitern verurteilte Bemühung?«

»Ich kann dir nur sagen, dass du, um aufzuwachen, einen Teufelskreis durchbrechen musst«, konterte sie und beäugte mich neugierig.

Ich wiederholte, dass ich nicht an ihre Theorien von diabolischen biologischen Imperativen oder männlichem Vampirismus an den Energien der Frau glaubte und auch nicht daran, dass das Herumsitzen und Erinnern in einer Höhle irgendetwas daran ändern werde.

»Es gibt ein paar Dinge, an die ich einfach nie mehr denken möchte«, fuhr ich auf und schlug mit der Faust auf den Tisch. Ich stand auf, um zu gehen, und schrie, ich wolle nichts mehr hören von Rekapitulation, Namenslisten und biologischen Imperativen.

»Machen wir doch einen Deal«, sagte Clara im Tonfall einer Verkäuferin, die gerade einen Kunden übers Ohr hauen möchte. »Du bist doch ein fairer Mensch, du willst immer redlich sein. Ich schlage dir eine Abmachung vor.«

»Was denn für eine Abmachung?«, fragte ich mit wachsender Besorgnis.

Sie riss ein Blatt von meinem Block ab und reichte es mir. »Ich möchte, dass du dich schriftlich verpflichtest, es mit der Rekapitulation einen Monat, nur einen Monat lang, zu versuchen. Wenn du nach dieser Zeit noch keine Zunahme der Energie oder keine Verbesserung deines Verhältnisses zu dir selbst oder gegenüber dem Leben ganz allgemein spürst, steht es dir frei, nach Hause zu gehen, wo das auch sein mag. Du kannst das Ganze dann einfach unter ›Verstiegenheiten einer exzentrischen Frau‹ abheften.«

Ich setzte mich und versuchte ruhig zu werden. Ich nahm ein paar Schlucke von meinem Tee und dann kam mir der Gedanke, dies sei wohl das Mindeste, was ich tun könne für all das, was Clara für mich auf sich genommen hatte. Im Übrigen war deutlich, dass sie mich nicht so ohne weiteres würde ziehen lassen. Und ich konnte ja notfalls einfach so tun, als ob ich rekapitulierte. Wer wollte schon beurteilen, ob ich in der Höhle wirklich die Visualisations- und Atemübungen machte oder einfach vor mich hinträumte oder schlief?

»Ist doch nur ein Monat«, sagte sie beschwichtigend. »Du verschreibst mir ja nicht dein Leben. Glaub mir, ich möchte dir wirklich helfen.«

»Das weiß ich«, sagte ich. »Aber wie kommst du überhaupt dazu, all das für mich zu tun? Wieso ich, Clara?«

»Es gibt einen Grund«, antwortete sie, »aber der wird dir so weit hergeholt vorkommen, dass ich ihn unmöglich direkt vor dir ausbreiten kann. Ich kann dir nur sagen, dass die Hilfe, die ich dir zukommen lassen möchte, einen guten Zweck hat: Ich begleiche eine Schuld. Würdest du das als Grund akzeptieren?«

Sie sah mich so voller Hoffnung an, dass ich den Bleistift nahm und meine Verpflichtungserklärung schrieb. Ich bastelte umständlich an der Formulierung, damit es nur ja keine Missverständnisse über den Zeitrahmen gab. Wir feilschten noch um die Zeit, die ich für die Namensliste brauchen würde, und ich ließ mich überreden, diese Zeit nicht auf den vereinbarten Monat anzurechnen. Ich machte einen entsprechenden Zusatz und dann, wider alle Vernunft, unterschrieb ich.

6

Das Aufstellen der Liste erwies sich als ein wochenlanger zermürbender Kraftakt des Gehirns. Ich verfluchte mich selbst, dass ich mich hatte beschwatzen lassen, diese Zeit nicht auf den Probemonat anzurechnen. Während dieser langen Tage arbeitete ich in völliger Einsamkeit und Stille. Ich sah Clara nur zum Frühstück und Abendessen in der Küche und wir sprachen kaum miteinander. Sie würgte all meine Ansätze zu entspannten Gesprächen ab und sagte, wir würden uns wieder unterhalten, wenn ich mit der Namensliste fertig sei. Als ich so weit war, legte sie ihre Handarbeit weg und ging augenblicklich mit mir zur Höhle. Es war vier Uhr nachmittags und der frühe Morgen oder späte Nachmittag war, wie Clara sagte, die günstigste Zeit für den Beginn eines so gewaltigen Unternehmens.

Vor der Höhle gab sie mir noch ein paar Anweisungen: »Nimm die erste Person auf deiner Liste und such aus deinem Gedächtnis alles zusammen, was du mit diesem Menschen erlebt hast – von der ersten Begegnung bis zum letzten Mal, dass du mit ihm zu tun hattest. Du kannst auch andersherum vorgehen, von der letzten Begegnung bis zur ersten.«

Mit meiner Liste bewaffnet, ging ich von da an jeden Tag zur Höhle. Anfangs war die Rekapitulation eine Arbeit, die mir alles abverlangte. Ich konnte mich nicht konzentrieren, weil mir davor graute, die Vergangenheit aufzurühren. Ich wanderte in Gedanken ziellos zwischen Ereignissen hin und her, die mir allesamt traumatisch erschienen, oder ruhte mich einfach aus und träumte. Nach einiger Zeit begann mich aber doch die zunehmende Klarheit und Detailliertheit meiner Erinnerungen zu faszinieren. Ich fing an, sogar solche Erfahrungen objektiver zu sehen, die für mich immer tabu gewesen waren.

Überraschenderweise fühlte ich mich stärker und optimistischer. Manchmal, wenn ich atmete, war mir, als strömte Energie in meinen Körper zurück, die mir die Muskeln erwärmte und schwellen ließ. Ich vertiefte mich so sehr in die Aufgabe der Rekapitulation, dass ich weit weniger als einen Monat brauchte, um mich von ihrem Wert zu überzeugen. Zwei Wochen nach dem in meiner Verpflichtungserklärung festgelegten Beginn fragte ich Clara beim Abendessen, ob sie jemanden wisse, der mein Apartment ausräumen und meine Sachen einlagern könne. Clara hatte mir das schon mehrmals vorgeschlagen, aber ich hatte immer abgelehnt; ich war noch nicht bereit, mich so endgültig zu verpflichten. Clara war entzückt über meine Bitte.

»Ich lass das von einer Cousine erledigen«, sagte sie. »Sie wird sich um alles kümmern. Ich möchte nicht, dass irgendwelche Gedanken dieser Art dich ablenken.«

»Was das angeht, Clara, gibt es noch etwas, was mir Gedanken macht.«

Sie sagte nichts und ließ mich weitersprechen. Ich erklärte ihr, es komme mir sehr seltsam vor, dass unser Essen immer fertig sei, obwohl ich sie noch nie hätte kochen sehen.

»Das hat einen ganz einfachen Grund: Du bist tagsüber nie im Haus«, sagte sie. »Und abends gehst du immer früh schlafen.«

Das stimmte, ich verbrachte wirklich die meiste Zeit in der Höhle. Wenn ich zum Haus zurückging, dann zum Essen im Küchenhaus und anschließend blieb ich in meinem Zimmer, weil dieses Haus mich mit seiner Größe irgendwie einschüchterte. Es war in der Tat gewaltig. Es wirkte nicht verlassen, denn es war bis zum Rand mit Möbeln, Büchern und dekorativen Gegenständen aus Keramik, Silber und Cloisonné angefüllt. Alle Räume waren sauber und staubfrei, als ob regelmäßig ein Hausmädchen zum Putzen käme. Und doch wirkte das Haus leer, denn es waren einfach keine Menschen da.

Zweimal war Clara zu geheimnisvollen Besorgungen unterwegs, über die ihr kein Wort zu entlocken war. Ich blieb dann mit dem einzigen Lebewesen außer mir im Haus zurück, mit Manfred. Er und ich wanderten gern durch die Hügel rings um das

Haus. Ich hatte einen Aussichtspunkt gefunden, von dem aus man das Haus sehen konnte, und mir eine Planskizze von Gebäuden und Grundstück angelegt. Eigentlich hatte Manfred mich hingeführt, aber das mochte ich mir nicht gleich eingestehen.

Von diesem Beobachtungsposten aus versuchte ich stundenlang, die Ausrichtung des Hauses zu ermitteln. Clara hatte gesagt, es sei nach den vier Himmelsrichtungen angelegt. Aber als ich das mit dem Kompass nachprüfte, schien das Haus doch etwas von dieser Lage abzuweichen. Ganz schlimm war es mit dem Rest des Grundstücks, der sich einfach auf keine Weise kartografieren lassen wollte, wie sehr ich mich auch mühte. Von meinem Beobachtungspunkt aus wirkte das Grundstück viel größer, als es mir in unmittelbarer Nähe des Hauses erschien. Clara hatte mir den vorderen Teil des Hauses, nach Osten gelegen, und die Südseite verboten, aber beim Umschreiten des Grundstücks gewann ich den Eindruck, dass diese beiden Bereiche so groß sein mussten wie die West- und Nordseite, zu denen ich Zugang hatte. Aus der Ferne jedoch waren sie alles andere als gleich groß und ich konnte mir diesen Widerspruch nicht erklären.

Ich ließ den Plan einer genauen Lagebestimmung von Haus und Grundstück fallen und wandte mich einer anderen Merkwürdigkeit zu: Claras Verwandten. Sie spielte ständig mehr oder weniger versteckt auf sie an, aber ich hatte noch nicht das Geringste von ihnen gesehen.

»Wann kommen denn deine Verwandten aus Indien zurück?«, fragte ich ganz direkt.

»Bald«, sagte sie. Sie nahm ihre Reisschale in die Hand und hielt sie, wie man es bei Chinesen sieht. Ich hatte sie noch nie mit Stäbchen essen sehen und konnte nur staunen über die Geschicklichkeit, mit der sie sie handhabte. »Was beschäftigt dich denn so an meinen Verwandten?«

»Um ehrlich zu sein, Clara, ich weiß zwar nicht warum, aber ich möchte einfach über sie Bescheid wissen. Ich hab manchmal sehr sonderbare Empfindungen und Gedanken in diesem riesigen Haus.«

»Willst du damit sagen, du magst das Haus nicht?«

»Ganz im Gegenteil, ich mag es sogar sehr. Es ist nur so groß und irgendwie verwunschen.«

»Was sind das denn für Empfindungen und Gedanken?«, fragte sie und stellte ihre Schale ab.

»Manchmal meine ich, ich sehe Leute auf dem Flur oder höre Stimmen. Und dann ist da immer dieser Eindruck, dass mich jemand beobachtet; aber wenn ich mich umsehe, ist niemand da.«

Clara nickte. »Es hat mit diesem Haus mehr auf sich, als man so ohne weiteres sieht, aber das sollte kein Grund zur Besorgnis sein. Es ist etwas Magisches an diesem Haus, an diesem Land, an den Bergen dieser ganzen Gegend. Deshalb sind wir hier. Deshalb bist auch du hier, wenngleich du vielleicht überhaupt nicht weißt, weshalb du dich für diesen Ort entschieden hast. Aber so muss es sein. Du bringst deine Unschuld mit in dieses Haus und das Haus, mit all der *Absicht*, die in ihm gespeichert ist, macht Weisheit daraus.«

»Das klingt sehr schön, Clara, aber was bedeutet es?«

»Ich spreche immer in der Hoffnung, dass du mich vielleicht verstehst«, sagte Clara mit einem Anflug von Enttäuschung in der Stimme. »Jeder Einzelne meiner Verwandten – und ich versichere dir, dass du alle irgendwann kennen lernen wirst –, wird auch so mit dir reden. Denk also nicht, dass wir dummes Zeug reden, nur weil du uns nicht verstehst.«

»Das denk ich ja gar nicht, Clara, und ich bin auch dankbar, dass du versuchst, mir zu helfen.«

»Was dir hilft, ist die Rekapitulation, nicht ich«, korrigierte sie mich. »Hast du sonst noch irgendwelche Merkwürdigkeiten am Haus entdeckt?«

Ich erzählte ihr von den unerklärlichen Unterschieden, auf die ich bei meinen Vermessungsbemühungen vom Boden und von meinem Beobachtungspunkt aus gestoßen war.

Sie lachte, bis sie husten musste. Als sie wieder sprechen konnte, sagte sie: »Ich werde mein Verhalten auf diese neue Entwicklung abstimmen müssen.«

»Kannst du mir erklären, wieso das Grundstück von da oben ungleich verteilt wirkt und der Kompass etwas anderes zeigt als hier unten?«, fragte ich.

»Ganz bestimmt kann ich das; aber es würde dir überhaupt nichts sagen oder dich nur erschrecken.«

»Hat das was mit dem Kompass zu tun, Clara? Oder mit mir? Bin ich verrückt oder was?«

»Natürlich hat es mit dir zu tun, du machst ja schließlich diese Vermessung. Aber es bedeutet nicht, dass du verrückt bist; es steckt etwas anderes dahinter.«

»Was denn, Clara? Sag es mir doch. Die ganze Sache ist mir unheimlich. Das ist wie in einem Science-Fiction-Film, wo nichts mehr real ist und alles passieren kann. Ich hasse so was.«

Clara schien keine weiteren Informationen preisgeben zu wollen. Stattdessen fragte sie: »Magst du denn das Unerwartete nicht?«

Ich sagte ihr, dass die Tatsache, männliche Geschwister zu haben, für mich verheerend gewesen und ich infolge dessen völlig abgestumpft sei. Rein aus Prinzip hatte ich alles gehasst, was sie liebten. So schwärmten sie für die Serie *Twilight-Zone*, die ich wiederum für eine schlecht konstruierte und gekünstelte Science-Fiction-Show hielt.

»Dieses Haus ist ganz bestimmt kein Science-Fiction-Haus«, beschwichtigte Clara mich. »Es ist vielmehr ein Haus von außerordentlicher *Absicht*. Ich kann dir seine etwas ungewöhnlichen Eigenheiten deshalb nicht erklären, weil ich dir noch nicht begreiflich machen kann, was *Absicht* ist.«

»Bitte Clara, sprich doch nicht in Rätseln«, bat ich. »Das macht mir nicht nur Angst, sondern bringt mich richtig auf die Palme.«

»Ich muss auf Umwegen an die Sache herangehen, wenn du überhaupt etwas verstehen sollst«, sagte sie. »Lass mich also zuerst von dem Mann erzählen, der unmittelbar für mein Hiersein und mittelbar für meine Beziehung zu dir verantwortlich ist. Er hieß Julian und war der fabelhafteste Mensch, den man sich nur vorstellen kann. Ich hatte mich mal in diesen Bergen in Arizona verlaufen und er fand mich und brachte mich hierher in dieses Haus.«

»Moment mal, Clara, sagtest du nicht, dass dieses Haus seit Generationen in deiner Familie ist?«

»Seit fünf Generationen, um genau zu sein«, bestätigte sie.

»Wie kannst du dann so unbekümmert zwei dermaßen widersprüchliche Aussagen machen?«

»Da gibt es keinen Widerspruch. Du ziehst Schlüsse, aber dir fehlt die rechte Grundlage dafür. Dieses Haus ist seit Generationen im Besitz meiner Familie, das ist wahr. Aber meine Familie ist eine abstrakte Familie. Es ist eine Familie in dem Sinne, wie dieses Haus ein Haus und Manfred ein Hund ist – und du weißt ja schon, dass Manfred kein Hund im üblichen Sinne ist. Genauso ist auch dieses Haus nicht in dem Sinne real wie irgendein anderes Haus. Verstehst du, was ich meine?«

Ich war nicht in der Stimmung für Claras Rätsel. Ich saß eine Weile schweigend da in der Hoffnung, sie würde von etwas anderem reden. Dann kamen mir aber meine Ungeduld und mein Schmollen plötzlich unangebracht vor. Schließlich sagte ich: »Nein, ich verstehe nicht, was du meinst.«

»Um das alles zu verstehen, musst du dich ändern«, sagte Clara sanft. »Und genau deswegen bist du ja hier: um dich zu ändern. Wenn du dich wirklich änderst, wirst du fähig werden zum abstrakten Flug, und dann wird dir alles vollkommen klar sein.«

Auf mein stürmisches Drängen hin erklärte sie, dieser unvorstellbare Flug werde symbolisch als Bewegung von der rechten Seite der Stirn zur linken dargestellt, aber eigentlich sei damit gemeint, dass wir den ätherischen Teil unseres Selbst, den Doppelgänger, zu einem Inhalt unseres alltäglichen Bewusstseins machen.

»Ich hab dir ja schon gesagt«, fuhr sie fort, »dass der Dualismus von Körper und Geist ein Irrtum ist. Die tatsächliche Trennung besteht zwischen unserem physischen Körper, der Behausung unseres geistigen Vermögens, und dem ätherischen Körper oder Doppelgänger, dem Gefäß unserer Energie. Der abstrakte Flug besteht darin, dass wir unser ätherisches Doppel in unseren Alltag einbringen. Anders gesagt: Sobald unser physischer Körper sich seiner ätherisch-energetischen Entsprechung voll bewusst wird, wechseln wir über in das Abstrakte, eine ganz andere Sphäre des Bewusstseins.«

»Wenn ich mich erst ändern muss, bezweifle ich stark, dass ich je zu diesem Wechsel fähig sein werde«, sagte ich. »Alles kommt mir bei mir so eingefahren und festgefahren vor – ich glaube, ich bin für mein ganzes Leben geprägt.«

Clara goss Wasser in meine Tasse. Sie setzte die emaillierte Kanne ab und sah mich mit festem Blick an. »Es gibt ein Lösungsmittel«, sagte sie. »Und du badest ja auch schon drin. Man nennt es Rekapitulation.«

Sie versicherte mir, dass eine tiefe und vollständige Rekapitulation uns das eigene Leben ohne Illusion sehen und uns dadurch erkennen lässt, was wir ändern wollen. Sie gewährt uns einen Augenblick Pause, in dem wir entscheiden können, ob wir bei unserem bisherigen Verhalten bleiben oder es hinweg *beabsichtigen*, bevor es uns endgültig in seinen Bann zieht.

»Und wie *beabsichtigt* man etwas hinweg?«, fragte ich. »Sagt man einfach: ›Weiche von mir, Satan‹?«

Clara lachte und nahm einen Schluck Wasser. »Um uns zu ändern, müssen wir drei Bedingungen erfüllen. Erstens müssen wir den Entschluss, uns zu ändern, laut aussprechen, damit uns die *Absicht* hört. Zweitens müssen wir unser Bewusstsein für eine gewisse Zeit bei dieser Aufgabe halten; wir können damit nicht unverbindlich anfangen und es gleich wieder fallen lassen, wenn die Resultate nicht schnell genug kommen. Drittens müssen wir das, was dabei herauskommt, vollkommen leidenschaftslos betrachten. Wir lassen uns gar nicht erst ein auf Gedanken an Erfolg oder Misserfolg. Folge diesen drei Schritten und du kannst jedes unliebsame Gefühl oder Verlangen ändern.«

»Ich weiß nicht, Clara«, sagte ich skeptisch. »Wie du es sagst, klingt das alles so einfach.«

Nicht, dass ich ihr nicht glauben wollte; ich war nur immer schon ein praktisch denkender Mensch gewesen – und praktisch gesehen war das Projekt, mein Verhalten zu ändern, von entmutigender Größenordnung, trotz Claras Dreipunkteprogramm.

Wir aßen schweigend weiter. Das einzige Geräusch in der Küche war das stete Tröpfeln des Wassers beim Durchgang durch einen Kalksteinfilter. Da hatte ich ein konkretes Bild für den allmählichen Läuterungsprozess der Rekapitulation. Plötzlich machte sich Optimismus in mir breit. Vielleicht war es doch möglich, sich zu ändern, Tropfen für Tropfen, Gedanke für Gedanke. Genau wie das Wasser, das den Filter passierte.

Die hellen Lichtstrahler über uns warfen wunderliche Schatten auf das weiße Tischtuch. Clara legte ihre Essstäbchen ab und begann die Finger zu krümmen, als wollte sie Schattenspiele machen. Jeden Augenblick rechnete ich damit, dass sie ein Kaninchen zaubern würde.

»Was machst du da?«, fragte ich und brach das Schweigen.

»Das ist eine Form der Kommunikation«, erklärte sie. »Allerdings nicht mit Menschen, sondern mit der Kraft, die wir *Absicht* nennen.«

Sie streckte den kleinen Finger und den Zeigefinger aus und formte mit den beiden übrigen Fingern und dem Daumen einen Kreis, so dass sich Fingerspitzen und Daumenspitze berührten. Sie sagte, das sei ein Zeichen, das die Aufmerksamkeit dieser Kraft anzieht, die dann durch die Energielinien, die von den Fingern ausgehen oder in sie einmünden, in den Körper eintreten kann.

»Die Energie kommt durch den Zeigefinger und den kleinen Finger, wenn man sie wie Antennen ausstreckt«, erklärte sie und führte mir die Geste noch einmal vor. »Dann wird sie von dem Kreis, den die übrigen drei Finger bilden, eingefangen und festgehalten.«

Mit dieser Handhaltung, sagte sie, könnten wir genügend Energie ansaugen, um den Körper zu heilen und zu kräftigen oder unsere Stimmungen und Gewohnheiten zu ändern.

»Gehen wir doch ins Wohnzimmer, da ist es gemütlicher«, sagte sie. »Ich weiß ja nicht, wie es dir geht, aber mir tut auf dieser Bank allmählich der Hintern weh.«

Wir gingen über den Patio durch die Hintertür und den Vorraum ins Haupthaus. Im Wohnzimmer brannte zu meiner Überraschung schon die Benzinlampe. Manfred lag schlafend neben einem der Sessel. In diesem Sessel machte Clara es sich bequem. Sie nahm eine angefangene Stickarbeit auf und fügte mit großer Sorgfalt ein paar weitere Stiche hinzu. Ihr Blick blieb unverwandt und in totaler Aufmerksamkeit auf die Arbeit gerichtet.

Für mich war es so ungewohnt, diese starke Frau mit einer Handarbeit beschäftigt zu sehen, dass ich neugierig hinüberschaute. Clara bemerkte mein Interesse und hielt mir den Stoff hin. Es war ein Kissenbezug mit Schmetterlingen auf farbenfrohen Blüten. Für meinen Geschmack ziemlich kitschig.

Clara lächelte, als wüsste sie, was ich davon hielt. »Du kannst mir erzählen, dass es die reine Schönheit ist oder dass ich meine Zeit verschwende«, sagte sie und machte einen weiteren Stich, »aber das würde meine Seelenruhe in keiner Weise stören. Diese Haltung nennt man ›seinen Wert kennen‹. Und was, glaubst du, ist mein Wert?« Sie beantwortete ihre rhetorische Frage gleich selbst: »Absolut null.«

Ich sagte ihr, in meinen Augen sei sie einfach wunderbar, ein inspirierender Mensch, wie ich sonst keinen kannte. Wie konnte sie da sagen, sie habe keinen Wert?

»Sehr einfach«, erwiderte sie. »Solange die positiven und negativen Kräfte im Gleichgewicht sind, heben sie sich gegenseitig auf, und das bedeutet, dass mein Wert Null ist. Es bedeutet auch, dass ich nicht böse werden kann, wenn jemand mich kritisiert, oder mich freue, wenn jemand mich lobt. Die chinesischen Weisen der alten Zeit sagten, dass man, um seinen eigenen Wert zu erkennen, durch das Auge des Drachen schlüpfen muss«, sagte sie, während sie einen neuen Faden einfädelte.

»Diese Weisen«, fuhr sie fort, »waren überzeugt, dass das grenzenlose Unbekannte von einem riesenhaften Drachen bewacht wird, von dessen Schuppen ein blendendes Licht ausgeht. Der mutige Sucher, der sich dem Drachen zu nahen wagt, steht in Ehrfurcht und Schrecken vor dieser blendenden Helle, sieht den machtvollen Drachenschwanz, der mit dem leisesten Zucken alles zerschmettern kann, was ihm in den Weg kommt, und spürt die Hitze des feurigen Atems, in dem alles zu Asche wird. Aber die alten Weisen glaubten, dass es trotzdem einen Weg gibt, sich an diesem Drachen vorbeizuschleichen: Wenn man eins wird mit der *Absicht* des Drachen, erlangt man die Unsichtbarkeit und kann durch sein Auge schlüpfen.«

»Was bedeutet das, Clara?«, fragte ich.

»Es bedeutet, dass wir durch die Rekapitulation leer werden können, frei von Gedanken und Wünschen – und das hieß für die alten Seher, mit der *Absicht* des Drachen zu verschmelzen und daher unsichtbar zu werden.«

Ich atmete mehrmals tief durch, um klar zu werden, und wünschte mir, ich könnte verstehen, was sie sagte. Doch ihre chinesischen Metaphern machten mir alles nur noch undurchsichtiger. Aber alles, was sie sagte, hatte etwas so Eindringliches, dass ich spürte, mir würde etwas Wichtiges entgehen, wenn ich es nicht zumindest zu verstehen versuchte.

Und während ich ihr weiter beim Sticken zusah, dachte ich plötzlich an meine Mutter. Vielleicht lag es an dieser Erinnerung, dass auf einmal eine ungeheure Traurigkeit, eine namenlose Sehnsucht in mir war; vielleicht lag es auch an Claras Worten oder einfach daran, dass ich hier war in diesem leeren Haus mit all seiner verwunschenen Schönheit und unter dem geheimnisvollen Licht der Benzinlampe saß. Tränen traten mir in die Augen und ich begann zu weinen.

Clara war mit einem Satz neben mir und flüsterte mir ins Ohr, so laut, dass es fast wie ein Schreien klang: »Wage es nicht, dich in diesem Haus deinem Selbstmitleid zu überlassen. Wenn du das tust, wird es dich ablehnen; es wird dich ausspucken, wie man einen Olivenkern ausspuckt.«

Das wirkte. Meine Traurigkeit verschwand augenblicklich. Ich wischte meine Tränen ab und Clara sprach weiter, als wäre nichts gewesen.

»Die Kunst der Leere war die Technik der chinesischen Weisen, die durch das Auge des Drachens gehen wollten«, sagte sie und setzte sich wieder hin. »Wir nennen es heute die Kunst der Freiheit. Wir halten das für den besseren Ausdruck, weil die Kunst letztlich in einen abstrakten Bereich führt, in dem unser Menschsein überhaupt nicht zählt.«

»Soll das heißen, dass es ein unmenschlicher Bereich ist, Clara?«

Sie legte ihre Stickarbeit in den Schoß und sah mich an. »Fast alles, was wir von den Weisen und Sehern über diesen Bereich hören, hat noch etwas von menschlichen Belangen an sich. Aber durch unsere Kunst, die Kunst der Freiheit, wissen wir aus unmittelbarer Erfahrung, dass dem nicht so ist. Nach unserer Erfahrung ist in diesem Bereich alles Menschliche so unbedeutend, dass es sich in der ungeheuren Weite verliert.«

»Und was ist mit den legendären chinesischen Unsterblichen? Haben die nicht die Freiheit gefunden, die du meinst?«

»Nein, nicht die Freiheit, die ich meine«, sagte Clara. »Freiheit ist für uns die Freiheit vom Menschsein. Die chinesischen Weisen verfingen sich in ihren eigenen Mythen von Unsterblichkeit, Weisheit, Selbstbefreiung, von der Rückkehr zur Erde, um andere auf dem Weg anzuleiten. Es waren Gelehrte, Musiker, Beherrscher übernatürlicher Kräfte. Sie waren selbstgerecht und launisch wie die griechischen Götter. Auch Nirwana ist noch ein menschlicher Zustand, in dem die Seligkeit darin besteht darin, dass man frei wird vom Fleisch.«

Claras Worte stürzten mich in einen Zustand vollkommener Hilflosigkeit. Ich erzählte ihr, ein Leben lang hätte ich immer wieder zu hören bekommen, dass mir menschliche Wärme und Verständnis fehlten. Man hatte mir sogar gesagt, ich sei das kälteste Wesen, dem man überhaupt begegnen könne. Und jetzt sagte Clara, Freiheit sei das Freisein von mitmenschlichem Fühlen. Ich hatte immer gedacht, dass mir etwas ganz Entscheidendes entging, weil ich dieses Fühlen nicht besaß.

Wieder war ich den Tränen des Selbstmitleids nahe, aber Clara kam mir auch jetzt zur Hilfe. »Freiheit vom Menschsein bedeutet natürlich nicht so etwas Idiotisches wie keine Wärme und kein Mitgefühl zu haben«, sagte sie.

»Trotzdem ist das, was du Freiheit nennst, für mich völlig unbegreiflich«, beharrte ich. »Und ich bin mir gar nicht sicher, ob ich damit irgendwas zu tun haben will.«

»Und ich bin mir sicher, dass ich diese Freiheit ganz haben will«, gab sie zurück. »Mit dem Verstand ist da für mich auch nichts zu begreifen, aber es gibt diese Freiheit wirklich, glaub mir!

Und du kannst mir auch glauben, dass du selbst eines Tages irgendwem all das sagen wirst, was ich dir jetzt sage. Vielleicht sogar mit den gleichen Worten.« Sie zwinkerte mir zu, als wüsste sie ganz genau, dass es so kommen würde.

»Wenn du mit der Rekapitulation weiterkommst«, fuhr sie fort, »wird irgendwann der Eingang zu dem Bereich, in dem das Menschsein nicht zählt, vor dir erscheinen. Das ist dann für dich die Aufforderung, durch das Auge des Drachen zu gehen. Wir bezeichnen das als den abstrakten Flug. Es ist wirklich die Überquerung eines weiten Abgrunds und drüben liegt ein Bereich, über den nichts gesagt werden kann, weil der Mensch nicht sein Maß ist.«

Mir graute. Ich konnte mir keinen sorglosen Umgang mit ihren Worten erlauben, denn sie meinte stets ernst, was sie sagte. Die Vorstellung, mein Menschsein zu verlieren und in einen Abgrund zu springen, erschreckte mich maßlos. Eben wollte ich sie fragen, ob sie wisse, wann dieser Eingang erscheinen würde, als sie selbst mit ihrer Erklärung fortfuhr.

»In Wirklichkeit ist dieser Eingang stets und ständig vor uns«, sagte sie, »aber man sieht oder spürt ihn nur, wenn der Geist still und das Herz in Frieden ist.«

Von einem Eingang zu sprechen, erläuterte sie, sei keine metaphorische Redeweise, denn manchmal erscheine wirklich ein Tor oder ein schwarzer Höhleneingang, manchmal auch ein blendendes Licht oder alles nur Erdenkliche, sogar ein Drachenauge. In dieser Hinsicht seien die Metaphern der alten chinesischen Weisen durchaus nicht weit hergeholt.

»Und außerdem glaubten die alten chinesischen Sucher, dass Unsichtbarkeit davon kündet, dass man den Zustand unerschütterlicher Indifferenz erreicht hat«, sagte sie.

»Was ist unerschütterliche Indifferenz, Clara?«

Anstatt direkt zu antworten, fragte sie mich, ob ich schon einmal einem Kampfhahn in die Augen geschaut hätte.

»Ich habe mein Lebtag noch keinen Kampfhahn gesehen«, sagte ich.

Der Blick in den Augen eines Kampfhahns, erklärte sie, sei

anders als der Blick, den man in den Augen von gewöhnlichen Menschen oder anderen Tieren sehe, denn in deren Augen seien Wärme und Mitgefühl, Wut und Angst.

»Nichts davon ist in den Augen eines Kampfhahns. Es liegt vielmehr eine unbeschreibliche Indifferenz in ihnen, wie man sie auch bei Wesen findet, die den abstrakten Flug gemacht haben. Solche Augen blicken nicht mehr nach außen in die Welt, sondern haben sich nach innen gewendet und blicken unverwandt auf das, was noch nicht gegenwärtig ist.

Das Auge, das einwärts blickt, ist ohne Bewegung. In ihm spiegeln sich nicht menschliche Belange oder Ängste, sondern die leere Weite. Von den Sehern, die den Blick auf das Unendliche gerichtet haben, wissen wir, dass das Unendliche mit kalter, unnachgiebiger Indifferenz zurückstarrt.«

7

Einmal am Nachmittag, es begann eben zu dämmern, nahmen Clara und ich den langen Weg von der Höhle zum Haus und irgendwo unterwegs schlug Clara vor, wir sollten uns zum Ausruhen im Schatten einiger Bäume hinsetzen. Wir beobachteten die Schatten der Bäume am Boden, als ein plötzlicher Windstoß die Blätter erzittern ließ. Das Laubdach war ein blitzendes Flirren aus Hell und Dunkel und die Muster am Boden bewegten sich in Wellen. Dann erstarb der Wind und die Blätter wurden still, die Schatten regten sich nicht mehr.

»Unser Geist ist wie diese Schatten«, sagte Clara. »Wenn der Atem gleichmäßig geht, ist unser Geist still. Wird der Atem unstet, zittert unser Geist wie Blätter im Wind.«

Ich versuchte herauszufinden, ob mein Atem gleichmäßig war oder nicht, aber ich konnte es wirklich nicht sagen.

»Wenn du unruhig atmest, wird dein Geist unruhig«, fuhr Clara fort. »Wenn man den Geist beruhigen will, fängt man am besten mit der Beruhigung des Atems an.« Sie sagte, ich solle mich gerade halten und auf den Atem konzentrieren, bis er weich und rhythmisch würde wie bei einem Säugling.

Ich wandte ein, nach körperlicher Betätigung wie unserer Wanderung durch die Hügel könne die Atmung unmöglich wie bei einem Säugling sein, der einfach nur daliegt und nichts tut. »Im Übrigen«, fügte ich hinzu, »weiß ich nicht, wie Säuglinge atmen. Erstens kenne ich nicht viele, und zweitens habe ich nicht auf ihre Atmung geachtet.«

Clara rückte zu mir her und legte mir eine Hand auf den Rücken, die andere auf die Brust. Dann drückte sie, was mir gar nicht behagte, die Hände so fest zusammen, dass ich mich wie in einem Schraubstock fühlte und zu ersticken glaubte. Ich versuchte mich herauszuwinden, aber sie hielt mich mit eisernem Griff.

Wie von selbst begann jetzt mein Bauch sich rhythmisch zu dehnen und einzuziehen und ich bekam wieder Luft.

»So atmet ein Säugling«, sagte Clara. »Präge dir diese Empfindung ein, wenn der Bauch sich vorwölbt, damit du jederzeit darauf zurückgreifen kannst, ob du nun spazieren gehst, übst oder untätig daliegst. Du wirst es nicht glauben, aber wir sind derart zivilisiert, dass wir sogar das richtige Atmen erst wieder lernen müssen.«

Sie ließ mich los. »Jetzt lass die Luft aufsteigen und den Brustraum füllen«, wies sie mich an. »Aber pass auf, dass dir nicht zu viel in den Kopf schwappt.«

»Wie soll denn Luft in meinen Kopf kommen?«, lachte ich.

»Nimm doch nicht alles so wörtlich. Wenn ich Luft sage, spreche ich eigentlich von der Energie, die wir aus dem Atem gewinnen; sie geht vom Bauch in die Brust und dann in den Kopf.«

Ich musste über ihre Ernsthaftigkeit lachen. Gleichzeitig machte ich mich auf eine weitere Lawine chinesischer Metaphern gefasst. Sie grinste und blinzelte mir zu. »Meine Ernsthaftigkeit entspricht meiner Körpergröße«, sagte sie kichernd. »Wir großen Leute sind immer ernster als die gemütlichen kleinen Leute. Hab ich Recht, Taisha?«

Ich wusste nicht, warum sie mich einschloss, wenn sie von »großen Leuten« sprach. Ich war gut zehn Zentimeter kleiner als sie und sicher zwanzig Kilo leichter. Innerlich wies ich ihre Bemerkung über meine Größe entschieden zurück und erst recht die Anspielung auf meine übertriebene Ernsthaftigkeit. Aber ich sagte es nicht laut, weil Clara sicher ein Thema daraus gemacht hätte – mit der Folge, dass ich mein Verhältnis zu meiner eigenen Körpergröße gründlicher rekapitulieren müsste.

Clara sah mich an, wie um meine Reaktion auf ihre Worte abzuschätzen. Ich lächelte und gab vor, nicht im Geringsten getroffen zu sein. Als sie meine Aufmerksamkeit sah, erklärte sie weiter, dass unsere emotionale Verfassung unmittelbar mit dem rhythmischen Fluss unserer Atmung zusammenhängt.

»Wenn jemand zum Beispiel ärgerlich ist«, sagte sie, »wird der Atem schneller und flacher und ist mehr in Brust und Kopf. Der Atem eines entspannten Menschen sinkt in den Bauch ab.«

Ich versuchte meinen Atem nach unten in den Bauch zu senken, damit Clara keinen Grund hatte, irgendeine Verstimmung bei mir zu vermuten. Aber sie lächelte wissend und sagte: »Für große Leute ist es schwer, aus dem Bauch zu atmen, weil ihr Schwerpunkt ein kleines bisschen höher liegt als bei den gemütlichen kleinen Menschen. Deshalb ist es für uns noch wichtiger, ruhig und gleichmütig zu bleiben.«

Weiter erklärte sie, der Körper sei in drei Hauptkammern der Energie unterteilt: Bauch, Brust und Kopf. Sie berührte meinen Bauch direkt unterhalb des Nabels, dann die Gegend des Sonnengeflechts und die Mitte meiner Stirn. Diese drei Punkte, sagte sie, seien die Schlüssel zu den drei Kammern. Je entspannter Geist und Körper sind, desto mehr Luft kann man mit jedem dieser drei Körperteile aufnehmen.

»Säuglinge nehmen für ihre Größe unglaublich viel Luft auf«, sagte Clara. »Aber wenn wir älter werden, kommt die Beengung, vor allem im Bereich der Lunge, und wir nehmen weniger Luft auf.«

Sie atmete tief, bevor sie weitersprach. »Da unsere Emotionen direkt mit dem Atem zusammenhängen, können wir uns über die Regulierung des Atems gut beruhigen. Wir können uns zum Beispiel durch die vorsätzliche Verlängerung unserer Atemzüge dazu erziehen, mehr Energie zu absorbieren.«

Sie stand auf und sagte, ich solle ihren Schatten genau beobachten. Ich bemerkte, dass er vollkommen ruhig war. Dann ließ sie mich aufstehen und meinen eigenen Schatten betrachten. Da war unleugbar ein leichtes Zittern wie bei den Blättern, als der Wind sie bewegte.

»Wieso zittert mein Schatten?«, fragte ich. »Ich dachte, ich stehe vollkommen still.«

»Dein Schatten zittert, weil der Wind der Emotionen ihn bewegt«, antwortete Clara. »Du bist schon ruhiger als am Anfang deiner Rekapitulation, aber es ist immer noch ziemlich viel Bewegung in dir.«

Sie ließ mich auf dem linken Bein stehen, das rechte angewinkelt erhoben. Ich schwankte hin und her in dem Bemühen, das

Gleichgewicht zu halten. Mit Staunen sah ich, dass sie auf einem Bein so ruhig stehen konnte wie auf zweien und ihr Schatten absolut bewegungslos war.

»Sieht so aus, als hättest du Probleme mit dem Gleichgewicht«, bemerkte Clara und setzte das rechte Bein ab, um das linke anzuheben. »Das bedeutet, dass deine Gedanken und Gefühle unausgeglichen sind und deine Atmung auch.«

Auch ich versuchte die Übung auf dem anderen Bein und stellte fest, dass meine Balance jetzt schon besser war. Aber als ich Claras regungslosen Schatten sah, überfiel mich plötzlich der Neid und ich musste das erhobene Bein senken, um nicht hinzufallen.

»Sobald wir einen Gedanken haben«, erläuterte Clara und stellte sich auch wieder auf beide Beine, »bewegt unsere Energie sich in Richtung dieses Gedankens. Gedanken sind wie Kundschafter – sie sorgen dafür, dass der Körper einen bestimmten Weg nimmt. Jetzt sieh wieder meinen Schatten an. Aber versuche ihn nicht nur als meinen Schatten zu sehen. Versuche Claras Wesen zu erkennen, wie es in ihrem Schatten sichtbar wird.«

Ich zuckte zusammen. Das war eine Prüfung und meine Leistung würde bewertet werden. Das alte Wettbewerbsdenken gegenüber meinen Brüdern wurde sofort wieder wach.

»Sei nicht so steif«, verwies mich Clara. »Das hier ist kein Wettkampf. Es ist nur zum Vergnügen. Hörst du? Zum Vergnügen!«

Ich war gründlich auf Wörter als Auslösereize dressiert. Das Wort »Vergnügen« stürzte mich in tiefe Verwirrung und schließlich in Panik. Ich konnte nur denken: Sie benutzt das Wort falsch; sie muss etwas anderes meinen. Aber sie sagte es immer wieder, als wollte sie, dass ich es endlich reinlasse.

Ich wandte den Blick nicht von ihrem Schatten. Ich empfand ihn als voller Schönheit, Ruhe und Kraft. Er war nicht einfach eine dunkle Stelle, sondern schien Tiefe, Intelligenz und Lebendigkeit zu besitzen. Dann glaubte ich plötzlich eine Bewegung an ihm zu sehen, unabhängig von Claras Körper, der ganz ruhig blieb. Sie war so ungeheuer schnell, dass ich sie fast nicht bemerkte. Ich wartete, hielt den Atem an, starrte angestrengt hin, sammelte alle Aufmerksamkeit auf diesen Schatten. Dann geschah es wieder, aber diesmal war ich vorbereitet. Er bebte leicht und dehnte sich, als würden Schultern und Brust urplötzlich aufgeblasen. Der Schatten schien zum Leben zu erwachen.

Ich schrie auf und war mit einem Satz auf den Beinen. Ich rief Clara zu, ihr Schatten sei lebendig. Ich war drauf und dran, die Flucht zu ergreifen, entsetzt von der Vorstellung, dass der Schatten mir nachlaufen würde, aber Clara hielt mich an der Schulter fest.

Als ich mich so weit beruhigt hatte, dass ich wieder sprechen konnte, erzählte ich Clara, was ich gesehen hatte; dabei hütete ich mich, noch einmal auf den Boden zu schauen, um bloß nicht Claras gespenstischen Schatten sehen zu müssen.

»Wenn du die Bewegungen der Schatten siehst, dann hast du offensichtlich mit deiner Rekapitulation schon eine gewaltige Portion Energie freigesetzt«, bemerkte Clara.

»Bist du sicher, Clara, dass ich mir das nicht bloß eingebildet habe?«, fragte ich in der Hoffnung, sie würde ja sagen.

»Es war deine *Absicht*, die ihn in Bewegung versetzt hat«, sagte sie klipp und klar.

»Aber findest du nicht, dass dieses Rekapitulieren einen nur durcheinander bringt?«, fragte ich. »Ich muss doch ziemlich verdreht sein, wenn ich schon Schatten sehe, die sich von selbst bewegen.«

»Nein. Der Zweck der Rekapitulation besteht darin, Grundannahmen zu zerbrechen, die wir uns im Laufe unseres Lebens zu Eigen gemacht haben«, erklärte Clara geduldig. »Solange das nicht geschieht, können wir nicht verhindern, dass die Kraft des Erinnerns unser Bewusstsein vernebelt.«

»Was meinst du mit der Kraft des Erinnerns, Clara?«

»Die Welt ist ein einziges Gespinst aus Erinnerungen – wenn nun aber bestimmte Grundannahmen durchbrochen werden, kann man diese Kraft des Erinnerns nicht nur in Schach halten, sondern sogar ungültig machen.«

Ich verstand nicht, was sie da sagte, und ich hasste es, wenn sie in Rätseln sprach.

»Es wird wohl der Wind gewesen sein«, sagte ich, um der Sache eine vernünftige Erklärung zu geben. »Er hat Staub aufgewirbelt an der Stelle, auf die dein Schatten fiel.«

Clara schüttelte den Kopf. »Sieh noch mal hin und versuch herauszufinden, was wirklich vorgeht«, sagte sie.

Ich bekam eine Gänsehaut an den Armen. Nichts konnte mich dazu bringen, noch einmal ihren Schatten anzusehen.

»Du bleibst dabei, dass Schatten sich nicht von selbst bewegen«, sagte Clara, »weil dein Erinnerungsvermögen dir eben genau das sagt. Oder erinnerst du dich daran, dass du schon mal Schatten mit eigener Bewegung gesehen hast?«

»Ganz bestimmt nicht.«

»Na bitte. Und gerade eben ist halt etwas anderes passiert: Dein alltägliches Erinnerungsvermögen war für einen Moment in Schach gehalten und du hast meinen Schatten in Bewegung gesehen.«

Clara drohte mir schmunzelnd mit dem Finger: »Und der Wind war es auch nicht.« Sie hielt den Arm vors Gesicht wie ein schüchternes Kind. Wie seltsam, dachte ich, sie ist eine erwachsene Frau und trotzdem wirkt solch eine kindliche Geste nicht kindisch an ihr.

»Ich muss dir jetzt etwas eröffnen«, fuhr sie fort. »Du hast als Kind oft gesehen, wie Schatten sich bewegen, aber da warst du noch nicht rational, das heißt, du dachtest dir nichts dabei und nahmst es einfach, wie es war. Dann bist du größer geworden und deine Energie wurde in soziale Konventionen eingesperrt. Prompt hast du vergessen, dass du je Schatten in Bewegung gesehen hast, und kannst dich jetzt nur noch an das erinnern, von dem du denkst, dass es erlaubt ist, sich daran zu erinnern.«

Ich versuchte die Tragweite ihrer Worte zu erfassen und plötzlich fiel mir ein, dass ich als Kind häufig gesehen hatte, wie sich Schatten auf dem Gehsteig schlängelten und krümmten, vor allem an heißen, klaren Tagen. Ich hatte immer den Eindruck, sie wollten sich von den Leuten losmachen, zu denen sie gehörten. Es erschreckte mich, wenn die Schatten so zur Seite waberten, um hinter die Leute zu sehen. Und dann kam es mir auch merkwürdig vor, dass die Erwachsenen offenbar so gar nichts bemerkten vom Treiben ihrer Schatten.

Als ich Clara davon berichtete, sagte sie, mein Erschrecken als Kind sei Zeugnis eines Konflikts zwischen dem, was ich wirklich sah, und dem, was man mir bereits über mögliche und erlaubte Wahrnehmungen beigebracht hatte.

»Ich kann dir, glaube ich, nicht ganz folgen, Clara.«

»Stell dir vor, du selbst wärst ein riesiges Erinnerungs-Warenlager«, schlug sie vor. »In diesem Lager hat jemand anders lauter Gefühle, Ideen, innere Dialoge und Verhaltensmuster deponiert. Da es dein Lagerhaus ist, darfst du jederzeit hinein und herumstöbern und alles benutzen, was du da findest. Nur leider hast du überhaupt kein Mitbestimmungsrecht, was die Zusammenstellung des Sortiments, das Inventar, angeht, denn das wurde schon festgelegt, bevor du in den Besitz des Lagers kamst. Du kannst zwar zwischen allen vorhandenen Artikeln frei wählen, aber es ist nur eine extrem beschränkte Auswahl vorhanden.«

Außerdem, fügte sie hinzu, sei unser Leben offenbar eine ununterbrochene Linie, denn in unserem Warenlager ändere sich das Inventar nie. Und ohne dieses Lager restlos auszuräumen, könnten wir niemals das sein, was wir eigentlich sind.

Wie erschlagen von meinen Erinnerungen und Claras Erläuterung setzte ich mich auf einen großen Stein. Aus dem Augenwinkel sah ich meinen Schatten und erlebte einen plötzlichen Anfall von Panik bei dem Gedanken: Was, wenn mein Schatten nicht so dasitzt wie ich?

»Mir reicht's, Clara«, sagte ich und sprang auf. »Gehen wir zum Haus zurück.«

Clara befahl mir, sitzen zu bleiben. »Du musst dich beruhigen«, sagte sie und starrte mich an, »dann wird auch der Körper ruhig. Sonst platzt du noch.«

Clara hielt ihre linke Hand vor den Körper, das Handgelenk auf eine Stelle direkt oberhalb des Nabels gestützt; die Handfläche wies zur Seite und die zusammengepressten Finger waren auf den Boden gerichtet. Sie ließ mich dieses Handhaltung nachmachen und sagte, ich solle auf die Spitze meines Mittelfingers sehen.

Ich schaute über meinen Nasenrücken nach unten und musste dadurch leicht schielen. Sie sagte, durch diese Art der Blickfixierung verlagere sich unser Bewusstsein aus uns selbst heraus auf den Boden, wodurch die innere Erregung gedämpft werde.

Danach musste ich tief einatmen, die Finger weiterhin auf den Boden gerichtet, und *beabsichtigen*, ein Fünkchen Energie von ihm zu bekommen, das wie ein kleiner Tropfen Klebstoff an meinem Mittelfinger hing. Dann sollte ich die Hand am Handgelenk nach oben drehen, bis der Daumen mein Brustbein berührte. Ich musste die Spitze meines Mittelfingers fixieren und dabei bis sieben zählen und den Brennpunkt meines Bewusstseins dann augenblicklich auf einen Punkt zwischen den Augen, gleich oberhalb der Nasenwurzel verlagern. Diese Verlagerung, sagte sie, müsse begleitet sein von der *Absicht*, das Tröpfchen Energie vom Mittelfinger zu der Stelle zwischen den Augen zu bringen. Ist die Übertragung gelungen, erscheint ein Licht auf der dunklen Blende der geschlossenen Lider. Sie sagte, diesen leuchtenden Energiepunkt könne man an jede Stelle des Körpers lenken, um damit Schmerz, Krankheit, bösen Erwartungen oder Ängsten entgegenzuwirken.

Sie legte eine Hand mit leichtem Druck auf mein Sonnengeflecht. »Wenn du schnell mal einen Energiestoß brauchst wie eben jetzt, dann halte dich an den Kraftatem, den ich dir jetzt zeige, und ich verspreche dir, du wirst dich wie frisch aufgetankt fühlen.«

Ich sah Clara bei einer Art Schnüffelatmung zu, einer sehr raschen Folge kurzer Atemzüge vom Zwerchfell her, so dass ihr Bauch vibrierte. Ich machte es ihr nach und schon nach ungefähr zwanzig solcher Atemzüge durch die Nase, wobei ich mein Zwerchfell rhythmisch an- und entspannte, spürte ich eine Wärme, die sich in der Körpermitte ausbreitete.

»Wir bleiben hier mit dem Kraftatem sitzen und behalten das Licht hinter den Lidern im Auge, bis du keine Angst mehr hast«, sagte Clara.

»So schlimm war es doch gar nicht«, log ich.

»Du hast dich ja nicht gesehen. Für mich jedenfalls war da jemand, der um ein Haar in Ohnmacht gefallen wäre.«

Sie hatte natürlich Recht. Ich war noch nie so zu Tode erschrocken gewesen wie in dem Augenblick, als Claras Schatten sich dehnte. Verlorene Erinnerungen waren aus solcher Tiefe aufgetaucht, dass ich für eine Sekunde gemeint hatte, ich sei wieder ein Kind. Ich hielt die Hand seitlich abgewinkelt vor den Körper und schaute auf die Spitze des Mittelfingers, wie Clara es mir gezeigt hatte. So hielt ich den Blick eine Weile und verlagerte die Aufmerksamkeit dann auf den Punkt zwischen den Augen. Ich sah zwar kein Licht, wurde jedoch allmählich ruhiger.

Es war fast dunkel geworden. Ich sah Claras Silhouette neben mir. Ihre Stimme hatte etwas Besänftigendes, als sie sagte: »Bleiben wir noch ein bisschen, damit das Energiefünkchen sich in deinem Körper verankern kann.«

»Hast du diese Technik in China gelernt, Clara?«

Sie schüttelte den Kopf. »Ich hab dir ja schon gesagt, dass ich hier in Mexiko einen Lehrer hatte«, sagte sie. Und mit Ehrfurcht in der Stimme fuhr sie fort: »Mein Lehrer war ein außergewöhnlicher Mann, der sein Leben der Aufgabe widmete, die Kunst der Freiheit zu erlernen und an uns weiterzugeben.«

»Aber diese Atemtechnik, ist die nicht ursprünglich aus dem Osten?«

Sie schien zu überlegen, bevor sie antwortete. Und ich schloss daraus, dass es da wohl etwas gab, was sie mir verschweigen wollte.

»Wo hat dein Lehrer sie gelernt?«, bohrte ich weiter. »War er auch in China?«

»Er hat alles von seinem Lehrer gelernt«, antwortete Clara ausweichend.

Als ich sie bat, mir mehr über ihren Lehrer und seine Lehren zu erzählen, sagte Clara, es tue ihr Leid, aber sie könne mir einstweilen noch nicht mehr darüber mitteilen.

»Um diese Dinge verstehen zu können«, erklärte sie, »brauchst du eine besondere Art von Energie, die du noch nicht hast.« Sie tätschelte mir den Kopf. »Nur keine Eile«, sagte sie verständnisvoll. »Wir beabsichtigen, dir alles zu vermitteln, was wir wissen. Kein Grund, die Sache zu überstürzen.«

»Ich werde immer ganz hellhörig, wenn du ›wir‹ sagst, Clara. Ich hab nämlich den Eindruck, dass außer uns beiden noch Leute im Haus sind, und ich sehe und höre Dinge, die eigentlich gar nicht da sein können.«

Clara lachte, bis ich befürchtete, sie werde von dem Felsbrocken fallen, auf dem sie saß. Ihr plötzlicher und – wie ich fand – übertriebener Heiterkeitsausbruch erboste mich noch mehr als ihre Weigerung, mir etwas über ihren Lehrer zu erzählen.

»Du kannst nicht wissen, wie komisch deine missliche Lage für mich ist«, sagte sie erklärend. »Sie beweist mir – wie die Schattenbewegung, die du gesehen hast –, dass du dabei bist, deine Energie zu befreien. Du fängst an, dein Lager leer zu räumen. Je mehr Artikel deines Inventars du loswirst, desto mehr Platz entsteht für andere Dinge.«

»Zum Beispiel?«, fragte ich, immer noch etwas ärgerlich. »Huschende Schatten und seltsame Stimmen vielleicht?«

»Vielleicht«, wiederholte sie hintersinnig. »Könnte sogar sein, dass du die Leute siehst, zu denen die Schatten und Stimmen gehören.«

Ich hätte zu gern gewusst, von welchen Leuten sie da sprach, aber sie weigerte sich, noch mehr dazu zu sagen. Unvermittelt stand sie auf und sagte, sie wolle zum Haus zurück und den Generator anlassen, bevor es ganz dunkel wäre.

8

Ich sah Clara drei Tage lang nicht. Irgendwelche mysteriösen Geschäfte hielten sie fern. Es kam jetzt häufiger vor, dass sie mich tagelang allein ließ und nur Manfred mir Gesellschaft leistete. Da hatte ich zwar das Haus ganz für mich, aber ich wagte mich nirgendwohin außer ins Wohnzimmer, Schlafzimmer, Claras Übungsraum, die Küche und natürlich ins Waschhaus. Irgendetwas war an diesem Anwesen, vor allem wenn Clara nicht da war, das mir eine irrationale Furcht einflößte. Jedenfalls hielt ich mich in solchen Zeiten an einen strengen Tagesablauf, der mir ein wenig Halt gab.

Ich wachte gegen neun auf und machte mir in der Küche das Frühstück – auf einer Kochplatte, weil ich immer noch nicht gelernt hatte, den Holzherd einzuheizen. Dann packte ich mir noch ein wenig zu essen ein und ging zum Rekapitulieren oder machte mit Manfred eine Wanderung. Am Spätnachmittag kehrte ich zurück und übte Kung-Fu-Formen in Claras Übungsraum.

Ihr Übungsraum war eine Halle mit Gewölbedecke und lackiertem Holzboden; auf einem freistehenden schwarzen Lackgestell waren allerlei Waffen zu sehen, wie sie für die Kampfkünste gebraucht werden. An der der Tür gegenüberliegenden Wand gab es eine Empore, die mit Strohmatten bedeckt war. Ich hatte Clara einmal gefragt, welchem Zweck diese Empore diente. Sie hatte mir geantwortet, dass dies der Ort sei, an dem sie ihre Meditation praktizierte. Ich hatte Clara noch nie meditieren sehen, denn wenn sie allein in dieses Nebengebäude ging, schloss sie immer ab. Ich hatte sie schon mehrmals nach ihrer Meditation gefragt, aber sie wollte dazu nichts sagen. Sie nannte es »Träumen«, aber das war alles, was ich herausfand.

Sie hatte gesagt, der Raum stehe mir offen, solange sie ihn nicht selbst benutzte. Wenn ich allein im Haus war, zog es mich dorthin; der Raum war erfüllt von Claras Präsenz und Kraft und auf meine Emotionen wirkte er wie Balsam. Sie hatte mir hier einen faszinierenden Kung-Fu-Stil beigebracht. Ich hatte mich zuvor nie für die chinesischen Kampfkünste interessiert, denn meine japanischen Karate-Lehrer meinten, ihre Bewegungen seien zu kompliziert und daher beschwerlich und ohne praktischen Wert. Sie machten die chinesischen Stile systematisch schlecht und ließen ihre eigenen umso klarer leuchten: Karate sei zwar aus den chinesischen Stilen hervorgegangen, aber in seinen Formen und Anwendungen von den Japanern gründlich verändert und eigentlich vollendet worden. Da ich nichts anderes kannte, glaubte ich meinen Lehrern und ließ alle anderen Stile links liegen. Infolgedessen wusste ich auch mit Claras Kung-Fu-Stil nicht viel anzufangen. Eines allerdings sprang deutlich ins Auge, nämlich dass sie eine Meisterin dieser Bewegungsabläufe war.

Nach etwa einer Stunde Training in der Übungshalle wechselte ich die Kleidung und ging ins Küchenhaus, um zu essen. Jedes Mal stand mein Essen fertig auf dem Tisch, aber ich war nach dem Training immer so ausgehungert, dass ich das Essen einfach verschlang, ohne mich groß darum zu kümmern, was es war und wie es dorthin gekommen sein mochte.

Clara hatte mir erklärt, der Hausmeister komme während ihrer Abwesenheit immer ins Haus, um zu kochen. Um die Wäsche kümmerte er sich offenbar auch, denn ich fand meine Sachen immer säuberlich gefaltet und gestapelt vor meiner Zimmertür und musste sie dann nur noch bügeln.

An einem Abend, nach verschärftem Training in der Übungshalle, bei dem Manfred kritisch brummend zugesehen hatte, fühlte ich mich derart energiegeladen, dass ich meine Routine zu ändern beschloss und im Dunkeln zur Höhle zurückging, um meine Rekapitulation fortzusetzen. Ich hatte es so eilig, dorthin zu kommen, dass ich meine Taschenlampe vergaß. Es war eine bewölkte Nacht, aber trotz der völligen Dunkelheit stolperte ich unterwegs kein einziges Mal. In der Höhle rekapitulierte ich, alle Einzelheiten visualisierend und einatmend, die Erinnerungen an alle meine Karate-Lehrer; an jeden Wettkampf, an dem ich teilgenommen hatte. Das kostete mich den größten Teil der Nacht, aber als ich fertig war, fühlte ich mich vollständig von den Vorurteilen befreit, die ich als Teil der Ausbildung von meinen Lehrern übernommen hatte.

Am nächsten Tag war Clara noch nicht wieder da und ich ging ein wenig später als gewohnt zur Höhle. Auf dem Rückweg versuchte ich den üblichen Pfad mit geschlossenen Augen zu gehen, um Dunkelheit zu simulieren. Ich wollte wissen, ob ich ohne zu stolpern gehen könnte; mir war erst später aufgefallen, dass es doch eigentlich erstaunlich war, diesen Weg in völliger Dunkelheit zu gehen, wie ich es am Vorabend gemacht hatte, ohne ein einziges Mal hinzufallen. Jetzt, am Tage und mit geschlossenen Augen, stürzte ich mehrmals über Stümpfe und Steine und holte mir ein paar böse Schrammen.

Ich saß auf dem Wohnzimmerboden und verarztete gerade meine Schürfwunden, als Clara unverhofft zur Tür hereinkam. »Was ist denn hier los?«, fragte sie mit erstauntem Blick. »Hast du mit dem Hund gerauft?«

In dem Augenblick trottete Manfred herein. Ich war überzeugt, dass er Claras Worte verstanden hatte. Er bellte unwirsch, als fühle er sich gekränkt. Clara wandte sich zu ihm hin und verneigte sich leicht durch Abwinkeln der Hüfte, wie im Osten ein Schüler sich vor dem Meister verneigt; dazu gab sie eine überaus gewundene zweisprachige Entschuldigung zum Besten: »Es tut mir außerordentlich Leid, mein lieber *Señor,* dass ich so unüberlegt von Ihrem untadeligen Verhalten, Ihren vorzüglichen Manieren und allem voran Ihrer unübertroffenen Besonnenheit sprach, die Sie zu einem *señor entre señores, el mas ilustre entre todos ellos* macht, zu einem Herrn der Herren, dem berühmtesten von allen.«

Ich war völlig perplex. Hatte Clara inzwischen den Verstand verloren? Ich hatte sie noch nie so reden hören. Mir war zum Lachen, aber angesichts ihres Ernstes ließ ich es lieber.

Sie setzte eben zu einem zweiten Kapitel ihrer Entschuldigung an, aber da kehrte die unsägliche Langeweile schon wieder in Manfreds Augen zurück; er gähnte, drehte sich um und ging hinaus.

Clara setzte sich auf die Couch, bebend vor unterdrücktem Lachen. »Wenn er sich gekränkt fühlt«, vertraute sie mir an, »wird man ihn nur wieder los, wenn man ihn mit Entschuldigungen anödet.«

Ich hoffte, Clara würde mir erzählen, was sie die letzten drei Tage gemacht hatte. Ich wartete einen Augenblick, um ihr Gelegenheit zu geben, das Thema anzuschneiden, aber sie tat es nicht. Ich erzählte ihr, Manfred habe mich in dieser Zeit jeden Tag bei der Höhle besucht. Es war, als käme er immer mal vorbei, um sich zu vergewissern, dass alles in Ordnung war.

Wieder wünschte ich mir, Clara würde etwas über ihre Unternehmungen sagen, aber sie ging nur auf meinen Bericht ein und zeigte sich gar nicht überrascht. »Ja«, sagte sie, »er ist sehr auf das Wohl anderer bedacht, sehr umsichtig und taktvoll. Deshalb erwartet er von anderen das Gleiche, und wenn er auch nur den leisesten Verdacht hat, dass er es nicht bekommt, dreht er durch. Dann ist er wirklich lebensgefährlich. Du hast es ja selbst erlebt, wie er reagiert hat, als du ihn als Krötentöle bezeichnet hast.«

Ich hätte gern das Thema gewechselt. Ich mochte mir Manfred nicht als verrückten Hund vorstellen. Im Laufe dieser Monate war er eher ein Freund geworden und ich sah ihn überhaupt nicht mehr als Bestie. Er war so sehr mein Freund geworden, dass ich das beunruhigende Gefühl nicht mehr loswurde, er sei der Einzige, der mich verstand.

»Du hast mir noch nicht erzählt, was mit deinen Beinen passiert ist«, erinnerte Clara mich.

Ich erzählte ihr von dem gescheiterten Versuch, den Weg mit geschlossenen Augen zu gehen. Ich erwähnte auch, dass ich ihn am Vortag ohne Schwierigkeiten im Dunkeln hatte gehen können.

Sie sah sich die Schrammen und geschwollenen Striemen an und tätschelte mir den Kopf, als wäre ich Manfred. »Letzte Nacht hast du auch kein Projekt aus dem Gehen gemacht«, sagte sie. »Du hattest nichts anderes im Sinn, als zur Höhle zu kommen, und da haben deine Füße dich ganz von selbst hingetragen. Heute wolltest du das bewusst wiederholen, aber es ging schief, weil der Verstand dir in die Quere kam.« Sie überlegte einen Augenblick und fügte hinzu: »Oder du hast nicht auf die Stimme des *Geistes* gehört, die dich sicher geführt hätte.«

Sie sah mich ungeduldig an, als ich ihr sagte, von Stimmen hätte ich nichts gemerkt, aber manchmal im Haus sei mir so, als hörte ich seltsames Geflüster, wenngleich das natürlich nur der Wind auf dem leeren Gang sein könne.

»Wir hatten uns doch darauf geeinigt, dass du meine Aussagen nur dann wörtlich nehmen sollst, wenn ich es dir sage«, wies sie mich zurecht. »Wenn du dein Lager ausräumst, ändert sich auch das Inventar. Jetzt ist da Platz für Neues, zum Beispiel für das Gehen im Dunkeln. Deshalb dachte ich, dass vielleicht auch schon Platz ist für die Stimme des *Geistes.*«

Ich strengte mich so sehr an, Clara zu verstehen, dass es mir wohl anzusehen war. Sie setzte sich in ihren Lieblingssessel und begann geduldig zu erklären, was sie meinte.

»Bevor du in dieses Haus kamst, gab es in deinem Inventar nichts von Hunden, die mehr als Hunde sind. Aber dann hast du Manfred kennen gelernt und warst dadurch gezwungen, diesen Teil deines Inventars zu ändern.« Sie machte eine schwungvolle Handbewegung wie eine Italienerin und fragte: *»Capisce?«*

»Du meinst, Manfred ist die Stimme des *Geistes*?,« fragte ich fassungslos.

Clara schüttelte sich vor Lachen. »Nein, das ist nicht ganz das, was ich meine. Es ist ein bisschen abstrakter.«

Sie sagte, ich solle meine Matte aus dem Schrank nehmen. »Setzen wir uns draußen auf dem Patio unter den Zapote-Baum«, sagte sie und holte eine Salbe aus einem Schränkchen. »Die Dämmerung ist die beste Zeit, auf die Stimme des *Geistes* zu lauschen.«

Ich legte meine Matte unter den riesigen Baum mit seinen pfirsichähnlichen grünen Früchten. Clara massierte etwas von der Salbe in meine zerschundene Haut. Es tat schauderhaft weh, aber ich gab mir Mühe, nicht zu zucken. Als sie fertig war, fiel mir auf, dass der dickste Striemen schon verschwunden war. Sie richtete sich auf und lehnte sich an den mächtigen Stamm.

»Alles hat eine Form«, begann sie, »aber neben der äußeren Gestalt gibt es noch eine innere Bewusstheit, die die Dinge regiert. Diese stille Bewusstheit ist der *Geist.* Er ist eine allgegenwärtige Kraft, die sich in verschiedenen Dingen unterschiedlich manifestiert. Und diese Energie kommuniziert mit uns.«

Sie sagte, ich solle mich entspannen und tief atmen, denn sie wolle mir zeigen, wie man das innere Hören übt. »Mit dem inneren Ohr«, sagte sie, »kann man nämlich die Aufforderungen oder Anordnungen des *Geistes* erlauschen. Lass die Energie beim Atmen durch deine Ohren nach außen strömen.«

»Wie mache ich das?«, fragte ich.

»Richte deine Aufmerksamkeit beim Ausatmen auf den Gehörgang und nutze deine *Absicht* und Konzentration, um den Strom zu lenken.«

Sie überwachte meine Bemühungen eine Zeit lang und korrigierte mich: »Atme mit geschlossenem Mund durch die Nase aus; die Zungenspitze berührt dabei den Gaumen. Atme geräuschlos.«

Nach einigen Anläufen spürte ich, wie mit einem Knacken die Ohren und dann auch meine Nebenhöhlen aufgingen. Clara ließ mich die Handflächen gegeneinander reiben, bis sie heiß waren; dann musste ich die Hände so auf die Ohren legen, dass die Fingerspitzen sich am Hinterkopf fast berührten.

Ich tat alles, was sie sagte. Sie ließ mich die Ohren mit sanften Kreisbewegungen massieren. Dann sollte ich in der gleichen Haltung Zeige- und Mittelfinger überkreuzen und beide Zeigefinger gleichzeitig auf den Halsbereich hinter den Ohren schnappen lassen. Bei diesem Schnipsen hörte ich ein nachhallendes Geräusch wie von einer gedämpften Glocke in meinem Kopf. Ich wiederholte die Bewegung achtzehn Mal, wie Clara gesagt hatte. Als ich die Hände von den Ohren nahm, fiel mir auf, dass ich jetzt auch die leisesten Geräusche in der umgebenden Vegetation ausmachen konnte, während vorher alles undifferenziert und vergleichsweise dumpf war.

»So, nachdem deine Ohren durchgeputzt sind, kannst du vielleicht auch die Stimme des *Geistes* hören«, sagte Clara. »Aber erwarte keinen Schrei aus den Baumkronen. Was wir die Stimme des *Geistes* nennen, ist eher eine Empfindung. Es kann auch eine Idee sein, die dir urplötzlich kommt. Manchmal ist die Stimme des *Geistes* wie die Sehnsucht, an einen Ort zu gehen, von dem man eine vage Ahnung hat, oder etwas zu tun, wovon man eine vage Ahnung hat.«

Es war etwas Suggestives in ihren Worten, denn ich hörte auf einmal um mich her leises Stimmengewirr, als wären irgendwo in einiger Entfernung Menschen, die sich unterhielten. Ich hörte kristallenes Frauenlachen und einen singenden, vollen Bariton. Es war, als trüge der Wind mir diese Stimmen in Wellen zu. Ich horchte angestrengt, um zu verstehen, was da gesprochen wurde, und je länger ich lauschte, desto mehr ergriff eine freudige Erregung Besitz von mir. Eine überschäumende Energie ließ mich aufspringen. Ich war selig, ich wollte spielen, tanzen, wie ein Kind herumtollen. Ohne zu wissen, was ich tat, hüpfte ich trällernd und wirbelnd auf dem Patio umher wie eine Ballerina, bis ich völlig erschöpft war.

Als ich mich schließlich wieder neben Clara hinsetzte, war ich schweißnass, aber es war nicht das wohlige Schwitzen des Ausgetobtseins, sondern der kalte Schweiß der Erschöpfung. Auch Clara war außer Atem vor Lachen über meine Kapriolen. Ich hatte das Gefühl, mich wie eine Vollidiotin benommen zu haben.

»Ich weiß nicht, was da über mich gekommen ist«, sagte ich und wusste wirklich keine Erklärung.

»Erzähl es mir«, sagte Clara und wurde wieder ernst. Und als ich mich aus schierer Verlegenheit weigerte, fügte sie hinzu: »Sonst bin ich womöglich gezwungen, dich für ein bisschen ... na ja, für ein bisschen verrückt zu halten, wenn du verstehst, was ich meine.«

Ich erzählte ihr, dass ich ein höchst unirdisches, magisches Lachen gehört habe und wie unter einem Bann tanzen musste.

»Was meinst du, werde ich jetzt verrückt?«, fragte ich besorgt.

»Wenn das Verrücktwerden ist, dann werde ruhig verrückt«, erwiderte Clara. »Dein Herumspringen war eine natürliche Reaktion auf die Stimme des *Geistes.*«

»Es war nicht nur eine Stimme, es waren viele«, korrigierte ich.

»Da ist sie wieder, Miss Perfect, die alles wörtlich nimmt«, spottete sie. Dann erklärte sie, das Wörtlich-Nehmen sei einer der Hauptartikel unseres Inventars, und um daran vorbeizukommen, müssten wir es gut im Auge behalten. Die Stimme des *Geistes,* sagte sie, sei eine Abstraktion, die nichts mit Stimmen zu tun habe, wenn wir auch manchmal Stimmen hörten. Da man mich zu einer frommen Katholikin erzogen hätte, sei zu erwarten, dass die Umarbeitung und Anpassung meines Inventars auf die Umdeutung des *Geistes* zu einer Art Schutzengel hinauslaufen werde – ein beschützendes männliches Wesen, das über mich wache.

»Aber der *Geist* ist kein Beschützer«, fuhr sie fort. »Er ist eine abstrakte Kraft, weder gut noch böse. Eine Kraft, die keinerlei Interesse an uns hat, die uns aber antwortet, wenn wir selbst genug Kraft haben. Sie antwortet auf unsere Kraft, hörst du? Nicht auf unsere Gebete. Denk daran, wenn dir wieder mal danach ist, um Vergebung zu beten.«

»Aber ist denn der *Geist* nicht gütig und nachsichtig?«, fragte ich betroffen.

Clara erwiderte, ich würde früher oder später all meine Anschauungen von gut und böse, Gott und Teufel fallenlassen und nur noch in den Begriffen eines vollkommen neuen Inventars denken.

»Willst du damit sagen, dass es gut und böse nicht gibt?«, fragte ich und hatte schon all die fertigen Antworten auf die Frage nach dem freien Willen und der Existenz des Bösen auf der Zunge, die mir in den Jahren meiner katholischen Erziehung eingetrichtert worden waren.

Aber ich wurde nichts davon los, denn Clara sagte: »In diesem Punkt unterscheiden meine Gefährten und ich uns von allem Herkömmlichen. Ich sagte dir ja schon, dass Freiheit für uns Freiheit vom Menschsein ist. Und das schließt Gott, gut und böse, die Gemeinschaft der Heiligen, die Jungfrau Maria und den Heiligen Geist mit ein. Wir glauben, dass ein nicht-menschliches Inventar die einzig mögliche Freiheit für uns Menschen ist. Wenn unsere Inventare bis oben hin voll sind mit Wünschen, Ideen, Gefühlen und den Gegenständen des menschlichen Inventars, wo bleibt dann noch Raum für Freiheit? Verstehst du?«

Ich verstand, aber nicht so klar, wie es mir lieb gewesen wäre, denn ich konnte mich mit dem Gedanken, mein Menschsein aufzugeben, immer noch nicht anfreunden, und zudem hatte ich all die religiösen Prägungen, die ich durch meine katholische Erziehung bekommen hatte, noch nicht rekapituliert. Außerdem war ich es gewohnt, nicht über Dinge nachzudenken, die mich nicht direkt betrafen.

Ich suchte nach Fehlern in Claras Argumentation, aber sie riss mich mit einem leisen Stups in die Rippen aus meinen Spekulationen. Sie sagte, sie wolle mir noch eine Übung zeigen, mit deren Hilfe man die Gedanken anhalten und Energielinien fühlen könne. Sonst würde ich doch nur tun, was ich immer tat: mich von der Idee meiner selbst gefangen nehmen lassen.

Clara sagte, ich solle mit überkreuzten Beinen sitzen und mich beim Einatmen zur Seite neigen, erst nach rechts, dann nach links, und dabei empfinden, wie ich von einer waagerechten Linie gezogen würde, die aus meinen Ohren komme. Diese Linie, sagte sie, neige sich erstaunlicherweise nicht mit dem Körper, sondern bleibe vollkommen waagerecht, und das sei eines der Geheimnisse, die sie und die Schar ihrer Gefährten entdeckt hätten.

»Wenn man sich so zur Seite neigt«, erklärte sie, »richtet sich unser Bewusstsein zur Seite aus, während es sonst immer nach vorn orientiert ist.«

Dann ließ sie mich wiederholt kauen und dreimal Speichel schlucken, um meine Kiefermuskulatur zu lockern.

»Wozu ist das gut?«, fragte ich und schluckte hörbar.

»Das Kauen und Schlucken bringt einen Teil der im Kopf sitzenden Energie in den Bauch und vermindert dadurch die Belastung des Gehirns«, sagte sie und fügte schmunzelnd hinzu: »Für dich wäre es sicher gut, wenn du das öfter machst.«

Ich wollte aufstehen und ein paar Schritte gehen, weil mir die Beine einschliefen, aber Clara bestand darauf, dass ich sitzen blieb und noch eine Weile übte.

Ich neigte mich also mal nach rechts und mal nach links und gab mir die größte Mühe, diese rätselhafte Linie zu spüren, aber ich spürte nichts. Immerhin gelang es mir jedoch, den üblichen Sturzbach meiner Gedanken anzuhalten. Vielleicht eine Stunde verging so in vollkommenem Schweigen und ohne alle Gedanken. Ich hörte Grillen zirpen und Blätter rascheln, aber der Wind trug mir keine Stimmen mehr zu. Eine Weile lauschte ich auf Manfreds Gebell, das von seinem Raum an der Seite des Hauses herüberdrang. Dann, wie auf ein lautloses Zeichen, rauschte der Strom der Gedanken wieder. Jetzt erst fiel mir auf, wie lange sie ausgeblieben waren und wie friedlich die Stille gewesen war.

Ich muss wohl auch äußerlich unruhig geworden sein, denn Clara begann wieder zu sprechen. »Die Stimme des *Geistes* kommt nirgendwoher«, sagte sie. »Sie kommt aus der Tiefe der Stille, der Sphäre des Nichtseins. Die Stimme ist nur zu hören, wenn wir absolut still und völlig im Gleichgewicht sind.«

Sie erklärte, dass die beiden gegensätzlichen Kräfte, die uns bewegen – männlich und weiblich, positiv und negativ, hell und dunkel –, im Gleichgewicht gehalten werden müssen, damit in der uns umgebenden Energie eine Öffnung entsteht: eine Öffnung, durch die unser Bewusstsein schlüpfen kann. Durch diese Öffnung in der Energie, von der wir umschlossen sind, manifestiert sich der *Geist.*

»Gleichgewicht«, sagte sie, »darauf sind wir aus. Aber Gleichgewicht heißt nicht nur gleiche Anteile beider Kräfte. Wenn die Kräfte einander gleichgemacht sind, kommt dieses neue, ausgewogene Ganze in Schwung und kann sich aus eigenem Antrieb bewegen.«

Clara schaute mir in der Dunkelheit forschend ins Gesicht, wohl auf der Suche nach Anzeichen des Begreifens. Sie fand keine und sagte, fast ein wenig bissig: »So intelligent sind wir dann doch nicht, hm?«

Ich fuhr zusammen. Ich sagte ihr, mir habe noch niemand vorgehalten, dass ich nicht intelligent sei. Meine Eltern und meine Lehrer hatten mich immer lobend als einen der hellsten Köpfe der Klasse bezeichnet. Wenn es auf die Zeugnisse zuging, machte ich mich fast krank vor lauter Lerneifer, mit dem ich sicherstellen wollte, dass ich bessere Noten hatte als meine Brüder.

Clara seufzte und hörte sich ergeben mein langes Plädoyer für meine Intelligenz an. Aber noch bevor ich alles aufgefahren hatte, was sie von ihrem Irrtum überzeugen sollte, räumte sie selbst ein: »Ja, du bist intelligent, aber alles, was du gesagt hast, bezieht sich nur auf die Alltagswelt. Tatsächlich bist du eher lernbeflissen, fleißig und gerissen als intelligent, findest du nicht auch?«

Ich musste ihr, wenn auch ungern, zustimmen, denn wäre ich wirklich so intelligent gewesen, wie ich behauptete, hätte ich mich wohl nicht schier umgebracht vor lauter Lernerei.

»Wenn du in meiner Welt intelligent sein willst«, sagte Clara, »musst du in der Lage sein, dich zu konzentrieren; du musst deine Aufmerksamkeit an jedes konkrete Ding, aber auch an jede abstrakte Erscheinung heften können.«

»Von was für abstrakten Erscheinungen sprichst du, Clara?«

»Eine Öffnung im Energiefeld um uns herum ist eine abstrakte Erscheinung«, erklärte sie. »Aber erwarte nicht, dass du das genauso fühlst oder siehst, wie du die konkrete Welt fühlst und siehst. Da geschieht etwas ganz anderes.«

Um die Aufmerksamkeit an eine abstrakte Erscheinung heften zu können, fuhr sie fort, müssten wir dafür sorgen, dass das Bekannte und das Unbekannte spontan miteinander verschmelzen könnten. Dann vermögen wir unseren Verstand auf eine Weise zu gebrauchen, durch die wir zugleich völlig unabhängig von ihm sind.

Sie sagte, ich solle aufstehen und umhergehen. »Jetzt, wo es ganz dunkel ist, versuche mal zu gehen, ohne etwas zu sehen. Aber das soll keine bewusste Übung sein, sondern ein *Nicht-Tun*, Zauberei.«

Ich wollte schon fragen, was sie mit *Nicht-Tun* und Zauberei meine, aber mir fiel ein, dass ich dann nur über ihre Erklärung nachdenken und meine Leistung an diesen neuen Begriffen messen würde, selbst wenn ich nicht genau wusste, was sie bedeuteten. Ich erinnerte mich jedoch, dass sie den Ausdruck *Nicht-Tun* schon früher benutzt hatte, und so fragte ich zwar jetzt nicht, versuchte mich aber doch zu erinnern, was sie mir darüber gesagt hatte. Für mich war so ein Halbwissen immer noch besser als gar nichts; Halbwissen gab mir das Gefühl, immer noch halbwegs Herr der Lage zu sein, während ich mir in völliger Unwissenheit ausgeliefert vorkam.

»*Nicht-Tun* ist ein Begriff, den wir aus unserer eigenen Tradition der Zauberei haben«, sagte Clara, mein Erklärungsbedürfnis offenbar spürend. »Es ist all das, was nicht im Inventar enthalten ist, das man uns aufgezwungen hat. Wenn wir uns mit irgendeinem Gegenstand dieses eingetrichterten Inventars abgeben, dann *tun* wir; alles, was nicht zu diesem Inventar gehört, ist *Nicht-Tun*.«

Was ich bis dahin an innerer Entspannung erreicht hatte, war angesichts dieser Aussage wie weggeblasen.

»Clara, du hast deine Tradition eben Zauberei genannt. Was heißt denn das nun schon wieder?«

»Du bekommst alles mit, wenn du nur willst, nicht? Kein Wunder, dass du so große Ohren hast.« Clara lachte, aber sie gab mir keine direkte Antwort.

Ich sah sie einfach an und wartete auf eine Erklärung. Schließlich sagte sie: »Davon wollte ich dir eigentlich noch gar nichts erzählen, aber da es nun mal heraus ist, will ich dir immerhin so viel sagen: Die Kunst der Freiheit ist aus der *Absicht* der Zauberer hervorgegangen.«

»Was denn für Zauberer? Wovon sprichst du?«

»Es hat hier in Mexiko früher Menschen gegeben und es gibt sie heute noch, denen es um die letzten Fragen ging. Meine magische Familie und ich nennen sie Zauberer. Von ihnen haben wir all das gelernt, worin ich dich jetzt einzuführen versuche. Die Rekapitulation, die du ja schon kennst, gehört auch dazu und ebenso ist das *Nicht-Tun* ein Bestandteil dieser Tradition.«

»Aber wer sind diese Leute, Clara?«

»Du wirst bald alles über sie wissen«, versicherte Clara. »Aber im Moment wollen wir einfach nur eine Art ihres *Nicht-Tuns* üben.«

Nicht-Tun, sagte sie, würde in diesem Augenblick zum Beispiel darin bestehen, dass ich mich zwang, von all meinen Kalkulationen abzulassen und ganz auf den *Geist* zu vertrauen. »Aber tu nicht einfach nur so, als vertrautest du, während du insgeheim doch Zweifel hast«, sagte Clara mahnend. »Nur wenn deine positiven und negativen Kräfte im Einklang miteinander sind, kannst du die Öffnung in der Energie um dich herum fühlen oder sehen oder mit geschlossenen Augen gehen und dir des Erfolgs ganz sicher sein.«

Ich atmete einige Male tief durch und tat dann ein paar Schritte. Ich sah nicht auf den Boden, streckte aber doch lieber die Arme nach vorn aus, um mich nicht zu stoßen. Eine Zeit lang stolperte ich immer wieder und einmal wäre ich fast über einen Blumentopf gestürzt, hätte Clara mich nicht am Arm gepackt. Allmählich stolperte ich immer seltener und schließlich konnte ich ohne Schwierigkeiten gehen. Es war, als könnten meine Füße alles auf dem Patio sehen und wüssten genau, wohin man treten konnte und wohin nicht.

9

Einmal am Nachmittag, als ich in der Höhle rekapitulierte, schlief ich ein. Beim Aufwachen fand ich ein Paar wunderbar polierte Kristalle neben mir am Boden liegen. Eine Weile war ich unschlüssig, ob ich sie anfassen sollte oder nicht, sie hatten etwas nicht ganz Geheures an sich. Sie mochten um die zwölf Zentimeter lang sein und waren vollkommen durchscheinend und liefen oben in einer scharfen Spitze aus. Sie sandten ein Licht aus, das aus ihnen selbst zu kommen schien. Als ich Clara auf die Höhle zukommen sah, schob ich die Kristalle behutsam auf meine Hand und kroch nach draußen, um sie ihr zu zeigen.

»Ja, die sind was ganz Besonderes.« Sie nickte, als wären sie ihr bekannt.

»Woher kommen sie?«, fragte ich.

»Die hat jemand, der dich genau beobachtet, für dich hierhin gelegt«, sagte Clara und setzte das Bündel ab, das sie getragen hatte.

»Ich hab niemanden gesehen.«

»Dann bist du wohl eingeschlafen. Ich hab dir ja gesagt, du sollst beim Rekapitulieren nicht einschlafen.«

»Wer war es denn? Einer von deinen Verwandten?« Ich wurde ganz aufgeregt. Ich legte die Kristalle auf einen Blätterhaufen und zog mir die Schuhe an. Clara hatte gesagt, ich dürfe beim Rekapitulieren nie Schuhe tragen, da sie die Füße einzwängen und die Energiezirkulation behindern.

»Wenn ich dir das erzähle, wird es dir nichts sagen oder dich sogar erschrecken«, antwortete Clara.

»Stell mich auf die Probe. Nach der Sache mit deinem Schatten kann mich, glaub ich, nichts mehr schocken.«

»Na gut, wenn du unbedingt willst.« Sie knüpfte ihr Bündel

auf. »Der Mensch, der dich beobachtet, ist ein Meister-Zauberer, wie es nur ganz wenige auf der Welt gibt.«

»Ein richtiger Zauberer, meinst du? So ein finsterer Bösewicht?«

»Ein richtiger Zauberer, aber kein Bösewicht. Er gestaltet und formt die Wahrnehmung, wie du ein Bild mit Pinseln malst. Allerdings geht er dabei nicht willkürlich vor. Wenn er die Wahrnehmung mit seiner *Absicht* manipuliert, ist sein Verhalten dabei vollkommen makellos.«

Clara verglich ihn mit den chinesischen Meistern der Malerei, von denen es heißt, sie hätten Drachen so lebensecht darzustellen vermocht, dass sie beim letzten Pinselstrich, dem Einsetzen der Pupillen, augenblicklich von den Wänden oder Paravents, auf die sie gemalt worden waren, aufflogen. Im Tonfall einer bedeutungsschweren Enthüllung sagte Clara, wenn ein vollendeter Zauberer die Welt zu verlassen gedächte, brauche er nur die Wahrnehmung zu manipulieren, eine Tür zu *beabsichtigen*, durch sie hindurchzugehen und zu verschwinden.

Sie sprach mit solcher Leidenschaft, dass mir unbehaglich wurde. Ich setzte mich auf einen großen flachen Stein, die Kristalle in der Hand, und meine Gedanken kreisten um die Frage, wer dieser Meister-Zauberer wohl sein mochte. Seit ich hier war, hatte ich ausschließlich mit Clara und Manfred gesprochen, es war einfach sonst niemand da. Auch von dem Hausmeister, den Clara erwähnt hatte, war nichts zu sehen. Ich wollte ihr eben sagen, dass ich außer ihr und Manfred bisher noch niemanden hier gesehen hätte, als mir plötzlich doch noch eine dritte Gestalt einfiel: ein Mann, der eines Morgens, als ich ein paar Bäume in der Nähe der Höhle skizzierte, wie aus dem Boden gewachsen plötzlich da war. Er kauerte auf einer freien Fläche, vielleicht dreißig Meter entfernt. Die Kälte ließ mich frösteln und richtete meine Aufmerksamkeit auf seine grüne Windjacke. Er trug eine beige Hose und den typischen breitrandigen Strohhut Nordmexikos. Sein Gesicht konnte ich nicht sehen, weil er den Hut nach vorn geschoben hatte, aber er wirkte muskulös und geschmeidig auf mich.

Er kauerte so, dass ich ihn von der Seite sah, und umschlang sich selbst mit seinen Armen. Dann drehte er sich mit dem Rücken zu mir und ich sah mit größter Verblüffung, wie seine Hände sich von den Seiten her immer weiter auf seinen Rücken schoben, bis sie sich in der Mitte berührten. Dann stand er auf und verschwand im Gebüsch.

Ich skizzierte schnell seine Haltung und legte dann den Block weg, um zu versuchen, ob ich die Arme auch so weit um mich schlingen konnte, aber so sehr ich auch die Arme streckte und meine Schultern verbog, ich war außer Stande, die Fingerspitzen hinter dem Rücken zusammenzubringen. Aber als ich eine Weile so da gehockt war, hörte das Frösteln auf und eine behagliche Wärme breitete sich trotz des kühlen Wetters in mir aus.

»Dann hast du ihn also schon gesehen«, kommentierte Clara meinen Bericht.

»Ist das der Meister-Zauberer?«

»Er ist sehr gelenkig«, sagte sie. »Er kann ohne weiteres sein Schultergelenk aus- und wieder einkugeln. Wenn du mit der Rekapitulation weitermachst und genügend Energie speicherst, zeigt er dir vielleicht seine Kunst. Als du ihn gesehen hast, wollte er dir einfach nur zeigen, was man gegen die Kälte tun kann: in Hockstellung die Arme um den Körper schlingen.«

»Ist das eine Yoga-Form?«

Sie zuckte die Schultern. »Vielleicht kreuzen sich eure Wege ja mal wieder und er beantwortet dir deine Frage selbst. Bis dahin werden dir ganz bestimmt die Kristalle helfen, innerlich einiges zu klären.«

»Wie meinst du das, Clara?«

»Wo warst du denn in deiner Rekapitulation gerade, als du einschliefst?«, fragte sie selbst, ohne auf meine Frage einzugehen.

Ich erzählte, ich sei bei meinen Haushaltspflichten gewesen und hätte mich daran erinnert, wie sehr ich sie immer gehasst hatte. Es schien eine Ewigkeit zu dauern, bis alles Geschirr abgewaschen war. Und was die Sache noch schlimmer machte, ich konnte meinen Brüdern durch das Küchenfenster beim Ballspielen zusehen. Ich beneidete sie und war voller Hass auf meine

Mutter, weil sie mich alle Hausarbeit machen ließ. Am liebsten hätte ich all das kostbare Geschirr zerdeppert, aber das tat ich natürlich nicht.

»Und was empfindest du jetzt, wenn du all das rekapitulierst?«

»Dass ich jedem von ihnen gern eine runterhauen würde, meine Mutter eingeschlossen. Ich bringe es einfach nicht fertig, ihr zu verzeihen.«

»Vielleicht können die Kristalle dir ja helfen, deine *Absicht* und deine festsitzenden Energien in neue Bahnen zu lenken«, sagte Clara leise.

Ein seltsamer Impuls bewog mich, die Kristalle zwischen die Zeige- und Mittelfinger zu schieben. Sie fügten sich dort so selbstverständlich ein, als gehörten sie zu meiner Hand.

»Aha, du weißt also schon, wie man sie hält«, sagte Clara. »Der Meister-Zauberer hat mir gesagt, wenn ich sehe, dass du die Kristalle von selber richtig halten kannst, soll ich dir eine ganz wichtige Bewegung zeigen, die du damit machen kannst.«

»Was für eine Bewegung?«

»Eine Bewegung der Kraft. Was es damit auf sich hat, erkläre ich dir später. Jetzt will ich dir erst mal nur zeigen, wie man das macht.«

Sie sagte, ich solle die Zeige- und Mittelfinger fest gegen die Kristalle pressen. Sie trat hinter mich, ließ mich die Arme in Schulterhöhe nach vorn ausstrecken und führte sie dann in gegen den Uhrzeigersinn gerichteten Kreisbewegungen. Es begann mit großen Kreisen, die immer kleiner wurden, bis die Bewegung zum Stillstand kam und die Kristalle zwei in die Ferne gerichtete Spitzen waren, deren Fluchtlinien sich in einem Punkt am Horizont trafen.

»Bei diesen Kreisen musst du darauf achten, dass deine Handflächen stets zueinander zeigen«, korrigierte sie. »Und fang immer mit weiten, runden Kreisen an. So sammelst du Energie, die du dann auf alles ausrichten kannst, was du beeinflussen willst; das kann irgendein Objekt, aber auch ein Gedanke oder Gefühl sein.«

»Wie kann das Zielen mit den Kristallen etwas beeinflussen?«, fragte ich.

»Wenn du die Kristalle so bewegst und hältst, wie ich es dir gerade gezeigt habe, nimmt das die Energie aus den Dingen«, erklärte sie. »Das ist wie das Entschärfen einer Bombe. Und genau das brauchst du in diesem Stadium der Schulung. Lass deine Arme also nie im Uhrzeigersinn kreisen, wenn du die Kristalle hältst.«

»Was würde dann passieren?«

»Dann würdest du nicht nur eine Bombe basteln, sondern sie auch noch zünden, und das gäbe eine gewaltige Detonation. Die Bewegung im Uhrzeigersinn ist zum Aufladen der Dinge da, zum Sammeln von Energie für ein Vorhaben. Wir heben uns das für später auf, wenn du mehr Kraft hast.«

»Aber ist das nicht genau das, was ich jetzt brauche, Clara, Energie sammeln? Ich fühle mich so ausgelaugt.«

»Natürlich musst du Energie sammeln«, stimmte sie zu. »Aber einstweilen muss das dadurch geschehen, dass du aufhörst, in Dummheiten zu schwelgen. Du kannst dir eine Menge Energie einfach dadurch verfügbar machen, dass du Dinge, die du zu tun gewohnt bist, unterlässt – jammern, dir selbst Leid tun, dir Sorgen über Dinge machen, die doch nicht zu ändern sind. Entschärfe das alles und du bekommst eine positive, aufbauende Energie, die dich ins Gleichgewicht bringt und heil macht.

Die Energie, die du durch Bewegungen im Uhrzeigersinn sammeln würdest, wäre jetzt schädlich, da du ihr im Moment noch nicht standhalten könntest. Versprich mir, dass du es auf keinen Fall versuchen wirst.«

»Ich verspreche es, Clara. Aber es klingt ziemlich verlockend.«

»Der Meister-Zauberer, der dir die Kristalle gegeben hat, beobachtet deine weitere Entwicklung«, warnte sie mich. »Du darfst sie also nicht missbrauchen.«

»Worum geht es dem Meister-Zauberer denn, wenn er mich beobachtet?« Es war eine Spur von morbider Neugier in meiner Frage. Einerseits war die Sache etwas beklemmend, aber es schmeichelte mir auch, dass ein Mann sich die Mühe machte, mich zu beobachten, sei es auch von fern.

»Er hat was mit dir vor«, erwiderte Clara ganz beiläufig.

Das löste bei mir augenblicklich Alarm aus. Ich ballte die Faust und sprang empört auf.

»Jetzt zieh doch nicht schon wieder voreilige Schlüsse«, sagte Clara ungeduldig. »Ich versichere dir, dass dir niemand ans Höschen will. Es wird wirklich Zeit, dass du deine sexuellen Kontakte mal etwas gründlicher rekapitulierst, Taisha, damit du diesen absurden Argwohn endlich loswirst.«

Ihr völlig unemotionaler Tonfall und die für meine Begriffe schon etwas drastische Wortwahl wirkten ernüchternd. Ich setzte mich wieder hin und druckste eine Entschuldigung heraus.

Sie legte den Finger an die Lippen. »Wir sind hier nicht auf das Übliche aus. Je eher du dir das klar machst, umso besser. Wenn wir von Vorhaben sprechen, meinen wir Vorhaben einer sehr viel höheren Art, Manöver für wagemutige Geister. Du bist übrigens wagemutig, auch wenn du das selbst vielleicht anders siehst. Schau doch nur, wo du jetzt bist. Jeden Tag sitzt du stundenlang in einer Höhle und rekapitulierst dein Leben. Dazu gehört Mut!«

Ich gestand ihr, dass mich der Gedanke, wie ich einfach mit ihr gegangen war und jetzt in ihrem Haus lebte, als wäre es die selbstverständlichste Sache der Welt, zutiefst beunruhigte.

»Mir war das auch unerklärlich«, sagte sie. »Aber ich hab dich nie direkt gefragt, was dich dazu gebracht hat, einfach mitzukommen. Ich selbst hätte das nicht gemacht.«

»Meine Eltern und Brüder haben immer gesagt, dass ich spinne«, versuchte ich zu erklären. »Das muss wohl der Grund sein. Da ist so ein komisches Gefühl in mir, wie eingesperrt, und deshalb passiert es immer wieder, dass ich irgendwas ganz Verrücktes mache.«

»Zum Beispiel?« Ihre funkelnden Augen forderten mich auf, mich ihr anzuvertrauen.

Ich zögerte unschlüssig. Es gab eine ganze Menge Dinge, die ich nennen könnte, jedes ein traumatisches Ereignis und ein Augenblick, in dem mein Leben sich gewendet hatte – immer zum Schlechteren. Ich sprach nie über diese Katastrophen, die mir nur allzu schmerzhaft bewusst waren, und in diesen Monaten des intensiven Rekapitulierens hatten viele dieser Erinnerungen sich mir immer lebhafter und brennender aufgedrängt.

»Ich benehme mich manchmal furchtbar albern«, sagte ich ohne die Absicht, ins Detail zu gehen.

»Was tust du denn Albernes?«, bohrte Clara weiter.

Sie musste mich noch ein paar Mal sanft drängen, dann erzählte ich ihr von einem noch nicht lange zurückliegenden Erlebnis in Japan, wo ich an einem Karate-Wettkampf teilgenommen und mich im Budokan von Tokio vor Zehntausenden von Menschen unsterblich blamiert hatte.

»Zehntausende!«, rief Clara. »Übertreibst du damit nicht ein bisschen?«

»Absolut nicht!«, sagte ich. »Das Budokan ist die größte Veranstaltungshalle in ganz Tokio und es war brechend voll!«

Bei der Erinnerung an diesen Tag spürte ich, wie sich mir Hände und Hals verkrampften. Ich wollte nicht weiter darüber reden.

»Heißt es nicht, dass man schlafende Hunde nicht wecken soll?«, fragte ich. »Und überhaupt habe ich meine Karate-Erfahrungen schon rekapituliert.«

»Es ist wichtig, dass du über dieses Erlebnis sprichst«, beharrte Clara. »Vielleicht hast du nicht klar genug visualisiert oder das Bild nicht gründlich genug eingeatmet. Jedenfalls bist du es offenbar noch nicht los. Sieh dich doch bloß an, du fängst ja an zu schwitzen!«

Da sie offenbar doch nicht nachgeben würde, erzählte ich ihr, wie mein Karate-Lehrer einmal hatte durchblicken lassen, dass Frauen in seinen Augen noch unter den Hunden standen. Für ihn hatten Frauen in der Karate-Welt nichts zu suchen und bei Wettkämpfen schon gar nicht. An diesem Tag im Budokan wollte er, dass nur seine männlichen Schüler etwas vorführten. Ich sagte ihm, ich sei nicht um die halbe Welt geflogen, um dann am Rand zu sitzen und den Männern beim Wettkampf zuzusehen. Er bat sich entschieden mehr Respekt aus, aber ich war so wütend, dass ich mich zu etwas ganz Schrecklichem hinreißen ließ.

»Was war das?«, wollte Clara wissen.

Ich erzählte ihr, wie ich mich auf den Kampfplatz begeben hatte, mir den Gong des *Sensei*, des Lehrers, genommen und ihn angeschlagen hatte, um meinen Namen und den Namen der Kata auszurufen, die ich darbieten wollte.

»Und gab es dann ordentlich Applaus?«, fragte Clara mich nun grinsend.

»Ich hab's total verpatzt«, sagte ich, den Tränen nahe. »Mitten in diesem langen Bewegungsablauf war plötzlich alles weg. Ich wusste nicht mehr, wie es weiterging. Ich sah nur noch dieses Meer von missbilligenden Gesichtern. Irgendwie habe ich mich noch durch den Rest der Kata gewurstelt und habe den Kampfplatz dann wie betäubt verlassen. Dass ich die Sache an mich gerissen und das ganze Programm durcheinander gebracht habe, war schon schlimm genug; aber dass ich vor Tausenden von Zuschauern meine Kata vergessen habe, war wohl die größte Schmach, die ich dem Karate-Verband antun konnte. Ich habe Schande über mich selbst, über meine Lehrer und vermutlich auch über die Frauen im Allgemeinen gebracht.«

»Und wie ging es weiter?« Clara hatte sichtlich Mühe, das Lachen zu unterdrücken.

»Ich wurde aus der Karate-Schule ausgeschlossen, es war die Rede davon, dass ich meinen schwarzen Gürtel zurückgeben sollte, und ich habe seither nie wieder Karate gemacht.«

Jetzt prustete Clara endlich los. Ich dagegen war so erschüttert von der erbärmlichen Vorstellung, die ich geboten hatte, dass ich zu weinen anfing. Jetzt war mir die Sache doppelt peinlich, weil ich sie auch noch Clara mitgeteilt hatte.

Clara schüttelte mich an den Schultern. »Mach den Fegeatem«, sagte sie. »Atme es jetzt ein.«

Ich bewegte den Kopf von rechts nach links und atmete die Energie ein, die immer noch hoffnungslos dort im Budokan gefangen war. Als ich den Kopf wieder nach rechts drehte, atmete ich all die Bestürzung, all das Selbstmitleid aus, die mich umklammert hielten. Ich bewegte den Kopf immer wieder mit dem Fegeatem, bis dieser ganze emotionale Wust aufgelöst war.

Dann bewegte ich den Kopf, ohne zu atmen, von rechts nach links und wieder zurück und durchtrennte alle Verbindungen zu diesem Augenblick meiner Vergangenheit. Als ich fertig war, musterte Clara mich von Kopf bis Fuß und nickte.

»Du bist verletzlich, weil du dich zu wichtig nimmst«, stellte sie fest und reichte mir ein besticktes Taschentuch. »An der ganzen Blamage war deine irrige Vorstellung von persönlichem Wert schuld. Dann hast du, wie es gar nicht anders sein konnte, die Vorstellung geschmissen und deinem ohnehin schon verletzten Stolz noch übler mitgespielt.«

Clara schwieg einen Augenblick und gab mir Zeit, mich wieder zu fassen.

»Warum hast du mit dem Karate aufgehört?«, fragte sie schließlich.

»Ich hatte es einfach satt, vor allem diese ganze Heuchelei«, gab ich mürrisch zurück.

Sie schüttelte den Kopf. »Nein. Du hast aufgehört, weil dir nach diesem Ausrutscher keiner mehr die Beachtung und Anerkennung schenken wollte, die dir deiner Meinung nach zugestanden hätten.«

Clara hatte Recht, daran war nicht vorbeizukommen. Ich hatte geglaubt, ich verdiente Anerkennung. Sooft ich eine meiner impulsiven Wahnsinnstaten verübte, war es in der Absicht geschehen, mein Bild von mir selbst zu verbessern oder einem anderen zu beweisen, dass ich besser war. Ich versank in Trauer und Depression. Es gab wohl keine Hoffnung für mich, trotz der Rekapitulation und all der Atemübungen.

»Dein Inventar ändert sich auf sehr natürliche und harmonische Weise«, sagte Clara und gab mir einen ganz leichten Klaps auf den Kopf. »Quäle dich nicht mit deinen Gedanken. Konzentrier dich einfach auf das Rekapitulieren und alles Übrige wird von selbst kommen.«

»Vielleicht sollte ich es mit Therapie versuchen«, sagte ich. »Allerdings – ist nicht das Rekapitulieren auch eine Art Psychotherapie?«

»Ganz und gar nicht. Die Leute, die auf das Verfahren der

Rekapitulation kamen, haben vor Hunderten, wenn nicht Tausenden von Jahren gelebt. Es hat überhaupt keinen Sinn, diesen uralten Erneuerungsprozess unter dem Gesichtspunkt der modernen Psychoanalyse zu betrachten.«

»Warum nicht?«, wollte ich wissen. »Du musst doch zugeben, dass das Zurückgehen zu den Kindheitserinnerungen und die Betonung der sexuellen Erfahrungen viel von dem hat, was die Psychoanalytiker, vor allem die Freudianer, interessiert.«

Clara gab nicht nach. Sie blieb dabei, die Rekapitulation sei ein magischer Akt, bei dem die *Absicht* und der Atem eine entscheidende Rolle spielten.

»Das Atmen sammelt Energie und lässt sie zirkulieren«, erklärte sie. »Dann wird sie von der vorgegebenen *Absicht* der Rekapitulation gelenkt, nämlich uns aus unserer biologischen und sozialen Gebundenheit zu befreien.

Die in der Rekapitulation enthaltene *Absicht* ist ein Geschenk der alten Seher an uns, die diese Methode entwickelt und an ihre Nachfolger weitergegeben haben. Wer die Rekapitulation macht, muss zusätzlich seine eigene *Absicht* einbringen, aber die ist nicht mehr als der Wunsch oder das Bedürfnis, die Rekapitulation zu machen. Die *Absicht* davon, was sie am Ende bewirken soll, nämlich vollkommene Freiheit, wurde von diesen Sehern der fernen Vergangenheit geschaffen. Und da sie unabhängig von uns entstand, ist sie ein unschätzbar wertvolles Geschenk.«

Die Rekapitulation, erläuterte Clara weiter, mache uns einen ganz entscheidenden Zug unserer selbst offenbar: dass wir vor jeder Handlung einen winzigen Augenblick lang wissen, wohin sie führen wird und wie es um unsere Chancen, Motive und Erwartungen bestellt ist. Dieses Wissen ist immer unbequem, immer unbefriedigend, weshalb wir es augenblicklich unterdrücken.

»Wie meinst du das, Clara?«

»Ich meine, dass du zum Beispiel für einen Sekundenbruchteil wusstest, was für ein tödlicher Fehler es sein würde, auf den Kampfplatz zu springen und die Vorführung zu verderben, aber diese unmittelbare Gewissheit hast du aus verschiedenen Gründen sofort unterdrückt. Du wusstest ebenfalls für einen Augenblick, dass du mit dem Karate nur deshalb aufgehört hast, weil du beleidigt warst, als Lob und Anerkennung ausblieben. Du hast dieses Wissen gleich unter den Teppich einer Erklärung gekehrt, die dich selbst in einem besseren Licht erscheinen ließ: dass du die Heuchelei anderer satt hattest.«

Dieser Augenblick des unmittelbaren Wissens, sagte sie, wurde von den Leuten, denen wir die Rekapitulation verdanken, »der Seher« genannt, weil wir hier mit ungetrübtem Blick unmittelbare Einsicht in die Dinge gewinnen. Doch so klar und richtig die Einschätzungen des Sehers auch sein mögen, wir achten nicht auf ihn und geben ihm keine Chance, uns zu erreichen. Und da wir ihn ständig unterdrücken, unterbinden wir sein Wachstum und verhindern, dass er seine Möglichkeiten voll entwickelt.

»Am Ende ist der Seher in uns voller Hass und Bitterkeit«, fuhr Clara fort. »Die alten Zauberer, die Erfinder der Rekapitulation, glaubten, dass der Seher uns schließlich vernichtet, weil wir einfach nicht aufhören, ihn zu knebeln. Aber sie sagen uns auch, dass wir den Seher durch die Rekapitulation wachsen lassen können, damit er zu dem wird, was er eigentlich sein soll.«

»Mir war noch nie so recht klar, was es mit der Rekapitulation auf sich hat«, sagte ich.

»Der Zweck der Rekapitulation besteht darin, dem Seher die Freiheit zu sehen zurückzugeben. Wir lassen ihn tun, was er zu tun hat, und damit können wir ihn ganz gezielt zu einer ebenso geheimnisvollen wie wirkungsvollen Kraft machen, die uns schließlich zur Freiheit führt, anstatt uns zu töten.

Deshalb sage ich dir immer, du sollst mir erzählen, was du beim Rekapitulieren herausfindest. Du musst den Seher an die Oberfläche bringen, du musst ihn sprechen lassen, damit er sagen kann, was er sieht.«

Es fiel mir nicht schwer, sie zu verstehen und ihr zuzustimmen. Ich wusste sehr wohl, dass da etwas in mir ist, was immer genau Bescheid weiß. Ich wusste auch, dass ich diesen Ratgeber unterdrückte, weil die Dinge, die er mir sagte, meist nicht das waren, was ich erwartete oder hören wollte.

Dann kam mir plötzlich, und ich musste es Clara gleich mitteilen, dass ich mich immer nur dann vom Seher leiten ließ, wenn ich den Blick auf den südlichen Horizont richtete und direkt seine Hilfe suchte – wenngleich ich nie zu erklären vermocht hatte, weshalb ich das tat.

»Eines Tages wird dir das alles klar sein«, versprach sie. Ihrem Lächeln entnahm ich, dass sie jetzt nicht mehr darüber sagen wollte.

Sie schlug vor, ich solle noch ein paar Stunden in die Höhle gehen und dann zu einem Nickerchen ins Haus kommen, bevor es Abendessen gab. »Ich kann Manfred schicken, um dich abzuholen«, bot sie an.

Ich erwiderte, ich könne unmöglich noch mal in die Höhle zurückgehen, dazu sei ich jetzt zu erschöpft. Ich hatte ihr Dinge mitgeteilt, die mir höchst unangenehm waren, und musste mich dann auch noch ihrer direkten Attacken erwehren; jetzt fühlte ich mich innerlich wie ausgelaugt. Das Licht, das von einem der Kristalle zurückblitzte, fing meine Aufmerksamkeit ein. Sobald ich mich wieder den Kristallen zuwandte, wurde ich ruhiger. Ich fragte Clara, ob sie wisse, weshalb der Meister-Zauberer sie mir gegeben hätte. Sie sagte, er habe sie mir eigentlich nicht gegeben, sondern eher für mich wieder gefunden.

»Er hat sie in einer Höhle in den Bergen gefunden. Irgendwer muss sie da vor ewigen Zeiten liegen lassen haben«, sagte sie barsch.

Ihr unwirscher Tonfall ließ mich vermuten, dass sie auch über den Meister-Zauberer nicht reden wollte, also fragte ich: »Was weißt du sonst noch über diese Kristalle?«

Ich hielt einen gegen die Sonne, um das Licht durchscheinen zu sehen.

»Der Umgang mit Kristallen war die Domäne der Zauberer im alten Mexiko«, erklärte Clara. »Es sind Waffen, mit denen man Feinde vernichtet.« Ihre Worte versetzten mir solch einen Schreck, dass ich beinahe einen der Kristalle fallen lassen hätte. Ich wollte sie schnellstens Clara geben, um nichts mehr mit ihnen zu tun zu haben, aber Clara nahm sie nicht an.

»Wenn du solche Kristalle einmal in der Hand gehalten hast, kannst du sie nicht mehr weitergeben«, wies sie mich zurecht. »Das ist nicht gut; es ist sogar gefährlich. Mit solchen Kristallen muss man sehr sorgsam umgehen. Sie sind ein Geschenk der Kraft.«

»Tut mir Leid«, sagte ich, »ich wollte nicht respektlos sein, es hat mich nur erschreckt, dass sie als Waffen benutzt werden.«

»Früher ja, heute nicht mehr«, schränkte sie ein. »Das Wissen, wie man Waffen aus ihnen macht, ist verloren gegangen.«

»Aber im alten Mexiko gab es dieses Wissen?«

»Allerdings! Es gehört zu unserer Tradition. Wie im alten China, wo es so unerhörte Anschauungen gab, dass später Legenden daraus wurden, haben wir hier in Mexiko auch unsere Überzeugungen und Legenden.«

»Aber wie kommt es, dass man über das alte Mexiko so wenig weiß, während die Anschauungen und Praktiken des alten China jedem bekannt sind?«

»Hier in Mexiko sind zwei Kulturen zusammengeprallt, die Spanier und die Indianer«, erklärte Clara. »Wir wissen über das alte Spanien alles und über das alte Mexiko wenig, weil die Spanier als militärisch überlegene Eroberer alles darangesetzt haben, die indianischen Traditionen auszulöschen. Aber so systematisch und gründlich sie auch vorgingen, sie haben es doch nicht ganz geschafft.«

»Was waren das denn für Praktiken, die mit solchen Kristallen zu tun hatten?«

»Man nimmt an, dass die Zauberer der alten Zeit sich das Bild ihres Feindes in einem Zustand intensiver Konzentration innerlich vergegenwärtigten, ein ganz unvergleichlicher Zustand, der kaum zu erreichen und ganz bestimmt nicht zu beschreiben ist. In dieser aufs Höchste gesteigerten geistigen und körperlichen Bewusstheit haben sie dieses Bild dann manipuliert, bis sie sein Energiezentrum gefunden hatten.«

»Und was haben sie dann mit dem Bild ihres Feindes gemacht?«

»Sie haben nach einer Öffnung gesucht, die sich meist in der

Herzgegend findet, eine Art kleiner Energiewirbel. Sobald sie die Öffnung gefunden hatten, richteten sie ihre Kristalle wie Wurfpfeile darauf.«

Ein Schauer durchrieselte mich bei der Vorstellung, mit den Kristallen auf das Bild eines Feindes zu zielen. Doch so beklemmend es auch war, ich musste Clara noch fragen, was dann mit dem Menschen geschah, dessen Bild von dem Zauberer manipuliert wurde.

»Sein Körper verfiel einfach. Oder er hatte einen Unfall. Es heißt, dass die Zauberer selbst nie so genau wussten, was passieren würde, aber wenn ihre *Absicht* und ihre Kraft groß genug waren, konnten sie sicher sein, dass sie ihren Feind wirklich vernichten würden.«

Mehr denn je hätte ich diese Kristalle gern aus der Hand gegeben, aber nach dem, was Clara gesagt hatte, wagte ich nicht, irgendetwas zu tun, was sie entweihen könnte. Ich rätselte, weshalb man gerade mir solche Kristalle gab.

»Magische Waffen wurden eine Zeit lang furchtbar wichtig genommen«, fuhr Clara fort. »Und Waffen wie diese Kristalle wurden für den Zauberer sozusagen zu Verlängerungen seines Körpers. Sie waren mit einer Energie angefüllt, die man gezielt über Raum und Zeit aussenden konnte.«

Die Waffe aller Waffen, sagte Clara, sei jedoch nicht der Kristallpfeil oder ein Schwert oder Gewehr, sondern der menschliche Körper. Ihn könne man zu einem Instrument machen, mit dem sich Energie sammeln, speichern und ausrichten ließ.

»Wir können den Körper als Organismus oder als Quelle der Kraft betrachten«, erläuterte sie. »Das hängt ganz von der Art des Inventars unseres Warenlagers ab; der Körper kann hart und starr oder weich und biegsam sein. Wird das Warenlager ausgeräumt, ist auch der Körper leer und die Energie des Unendlichen kann durch ihn fließen.«

Um uns leer zu machen, wiederholte sie, müssten wir uns auf eine tiefgründige Rekapitulation einlassen und dem Fließen der Energie in uns keinen Widerstand entgegensetzen. Nur wenn wir selbst vollkommen in Ruhe sind, kann der Seher wirklich freien

Lauf haben oder sich die unpersönliche Energie des Universums in die sehr persönliche Kraft der *Absicht* verwandeln.

»Wenn wir uns weit genug von unserem unbrauchbar und hinderlich gewordenen Inventar befreit haben«, fuhr sie fort, »kommt die Energie ganz von selbst zu uns und sammelt sich an, und wenn sie genügend Masse gewonnen hat, wird sie zu Kraft. Das kann sich mit allen möglichen Zeichen ankündigen: ein lautes Geräusch, eine leise Stimme, ein Gedanke, der nicht unser eigener ist, eine unerwartete Welle von Vitalität oder Wohlbefinden.«

Sie betonte, letzten Endes sei es gleichgültig, ob die Kraft im Wachzustand oder im Traum auf uns herabsteige; sie sei in beiden Fällen wirksam, im letzteren jedoch schwer zu beherrschen, dafür aber stärker.

»Was wir im Wachzustand an Kraft erfahren, müssen wir im Traum umsetzen, und was uns im Traum an Kraft begegnet, müssen wir anwenden, wenn wir wach sind. Was zählt, ist bewusst zu sein, ganz gleich, ob man wach ist oder schläft.« Sie musterte mich und wiederholte: »Was zählt, ist bewusst zu sein.«

Sie schwieg einen Moment, dann sagte sie etwas, was mir völlig irrational erschien: »Sich der Zeit bewusst zu sein, beispielsweise, kann ein Menschenleben auf Jahrhunderte verlängern.«

»Das ist doch ganz und gar absurd«, sagte ich. »Wie soll ein Mensch so lange leben?«

»Sich der Zeit bewusst zu sein ist ein besonderer Bewusstseinszustand, der uns nicht so schnell altern und in ein paar Jahrzehnten sterben lässt«, erklärte sie. »Seit den alten Zauberern existiert der Glaube, dass wir uns aus dieser Welt stehlen und anderswo herumtreiben können, wenn wir den Körper als Waffe benutzen oder, zeitgemäßer ausgedrückt, wenn wir unser Warenlager leer räumen.«

»Wohin gehen wir dann?«, fragte ich.

Clara sah mich erstaunt an, als müsste ich die Antwort selbst wissen. »In das Reich des Nichtseins, in die Welt der Schatten«, erwiderte sie. »Diesem Glauben zufolge werden wir, wenn unser Lagerhaus leer ist, so leicht, dass wir durch den leeren Raum fliegen können und nichts uns zum Hindernis wird. Dann können wir verjüngt und erneuert in diese Welt zurückkehren.«

Ich rutschte auf dem unbequemen Stein herum, weil mein Steißbein allmählich taub wurde. »Aber das ist nur ein Glaube, oder?«, fragte ich. »Eine Legende, die sich aus der alten Zeit herübergerettet hat.«

»Im Moment ist es wohl nur ein Glaube«, stimmte sie zu. »Aber Dinge ändern sich, wie wir wissen, und so kann auch ein anderer Augenblick kommen. Heute ist es für den Menschen wichtiger als je zuvor, sich zu erneuern und Leere und Freiheit zu erfahren.«

Ich versuchte mir vorzustellen, wie es wohl wäre, flüchtig wie eine Wolke zu sein und in die Luft zu entschweben, ohne dass irgendetwas mein Kommen und Gehen behindern könnte. Doch dann kehrte ich auf den Boden der Tatsachen zurück und sah mich genötigt zu sagen: »Was du da sagst, Clara, sich der Zeit bewusst sein und in die Welt der Schatten wandern, kann ich unmöglich akzeptieren oder auch nur verstehen. Dergleichen findet sich in meiner Tradition nicht oder, wie du sagen würdest: Es steht nicht im Inventar meines Warenlagers.«

»Sehr richtig. Das hier ist nämlich Zauberei.«

»Willst du damit sagen, dass die Zauberei heute noch existiert und praktiziert wird?«, fragte ich.

Clara stand plötzlich auf und ergriff ihr Bündel. »Frag mich jetzt nichts mehr dazu«, sagte sie energisch. »Später wirst du alles erfahren, was du wissen willst, aber von einer anderen Person, die das alles viel besser erklären kann als ich.«

10

Clara saß in einem Rattansessel am Rand des Patios und bürstete sich das glänzend schwarze Haar. Dann strich sie es mit den Fingern zurecht, bis alles zu ihrer Zufriedenheit war. Jetzt legte sie die linke Handfläche an die Stirn und strich mit kreisförmigen Bewegungen darüber. Danach strich sie sich mit der Hand über den Kopf und den Nacken hinunter, um sie schließlich mit einer schnellen Bewegung auszuschlagen. Sie wiederholte diese Folge von Streichbewegungen und Ausschütteln mehrere Male.

Ich schaute ihr fasziniert zu. Es war überhaupt nichts Beiläufiges oder Zufälliges an diesen Bewegungen. Sie wirkte dabei so vollkommen konzentriert, als sei sie mit etwas überaus Wichtigem beschäftigt.

»Was machst du da?«, fragte ich und brach das Schweigen. »Ist das eine Art Gesichtsmassage?«

Ich saß in dem anderen Sessel und ahmte ihre Bewegungen nach. Sie warf mir einen kurzen Blick zu. »Die kreisförmigen Striche verhindern, dass sich auf der Stirn Falten bilden«, sagte sie. »Es sieht vielleicht aus wie eine Gesichtsmassage, ist es aber nicht. Das hier sind Zaubergesten, magische Bewegungen, die dazu da sind, Energie für einen bestimmten Zweck zu sammeln.«

»Was für ein Zweck?«, fragte ich und schlug die Hand aus, wie ich es bei ihr gesehen hatte.

»Der Zweck dieser Zaubergesten besteht darin, Falten zu verhindern und dadurch das jugendliche Aussehen zu bewahren«, sagte sie. »Dieser Zweck ist fest in den Gesten verankert, nicht von mir oder dir, sondern von der Kraft selbst.«

Ich musste zugeben, dass das, was sie da tat, auf jeden Fall bei ihr selbst wirkte. Sie hatte eine wunderbare Gesichtshaut, die ihre grünen Augen und das schwarze Haar noch hervorhob. Ich hatte immer gedacht, ihre jugendfrische Erscheinung sei auf ihre indianischen Gene zurückzuführen. Nie war mir der Gedanke gekommen, sie könnte das Bild, das sie bot, durch bestimmte Bewegungen bewusst pflegen.

»Wo Energie sich sammelt, wie zum Beispiel durch diese Zaubergesten«, fuhr sie fort, »nennen wir sie Kraft. Vergiss das nicht, Taisha, Kraft ist da, wo Energie sich von selbst oder auf Befehl sammelt. Du wirst noch viel mehr über Kraft zu hören bekommen – und das nicht nur von mir, sondern auch von den anderen, die jetzt jederzeit zurückkehren können.«

Clara hatte zwar immer wieder mal von ihren Verwandten gesprochen, aber ich glaubte inzwischen schon kaum noch daran, dass ich sie jemals sehen würde. Und ihre Aussagen über Kraft waren auch so eine Sache. Ich hatte nie verstanden, was sie mit Kraft meinte.

»Ich zeig dir jetzt ein paar Zaubergesten«, kündigte sie an, »die du von heute an jeden Tag machen musst.«

Ich seufzte gequält. Es gab schon so viele Dinge, die ich jeden Tag tun sollte – die Atemübungen, die Rekapitulation, die Kung-Fu-Übungen, die langen Wanderungen; wenn ich all das, was ich ihr zufolge tun sollte, nahtlos aneinander reihte, würden die vierundzwanzig Stunden des Tages nicht mal für die Hälfte reichen.

»O nein, Taisha, nimm mich doch nicht so beim Wort«, sagte Clara, als sie mein langes Gesicht sah. »Ich stopfe so viel ich kann in deine Birne rein, weil ich möchte, dass du über diese Sachen Bescheid weißt. Wissen sammelt Energie und deshalb ist Wissen Kraft. Damit die Zauberei wirken kann, müssen wir wissen, was wir tun, wenn wir das Resultat *beabsichtigen* – nicht den Zweck, wohlgemerkt, sondern das Resultat eines Akts der Zauberei. Den Zweck unserer Akte der Zauberei zu *beabsichtigen* würde bedeuten, dass wir die Zauberei selbst erschaffen, und dazu haben wir nicht genügend Kraft.«

»Ich glaube, das versteh ich nicht, Clara«, sagte ich und rückte meinen Sessel heran. »Für was haben wir nicht genügend Kraft?«

»Ich will sagen, dass wir auch zusammen die gewaltige Energie nicht aufbringen könnten, die nötig wäre, um einen neuen Zweck zu schaffen. Aber jeder für sich können wir durchaus genug Energie sammeln, um die Resultate unserer Zaubergesten zu *beabsichtigen*: keine Falten. Mehr können wir nicht tun, denn ihr Zweck – sich Jugend und ein jugendliches Aussehen zu bewahren – ist längst festgelegt.«

»Ist das wie bei der Rekapitulation, wo ja auch der Zweck schon durch die *Absicht* der alten Zauberer gesetzt ist?«

»Genau so. Die Ausrichtung aller Akte der Zauberei steht immer schon fest. Wir brauchen nur noch unser Bewusstsein einzuklinken.«

Sie rückte ihren Sessel herum, so dass wir einander gegenübersaßen und die Knie sich beinah berührten. Dann rieb sie die Daumen nacheinander kräftig in der Handfläche und legte sie auf den Nasenrücken. Sie bewegte sie mit leichten, gleichmäßigen Strichen über die Brauen bis zu den Schläfen.

»Die Geste verhindert, dass sich zwischen den Augenbrauen Falten bilden«, erklärte sie.

Nachdem sie mit schnellen Bewegungen die Zeigefinger aneinander gerieben hatte, als wollte sie Feuer machen, legte sie sie senkrecht seitwärts an die Nase und strich damit mehrmals nach außen über die Wangen.

»Das macht die Nebenhöhlen frei«, näselte sie. »Mit dieser Bewegung erreichst du mehr als mit dem Nasenbohren.«

Für ihre Anspielung auf mein Nasenbohren hatte ich nicht viel Sinn, aber als ich die Bewegung nachmachte, wurden meine Nebenhöhlen tatsächlich frei.

»Jetzt was gegen schlaffe Backen«, sagte sie.

Sie rieb die Innenseiten der Hände energisch aneinander und bewegte sie mit festen Strichen die Wangen hinauf bis zu den Schläfen. Sie wiederholte das sechs oder sieben Mal, immer mit diesem langsamen, gleichmäßigen Aufwärtsstreichen.

Ich bemerkte, dass ihr Gesicht sich rötete, aber sie war noch nicht fertig. Sie schlug den Daumen ein und legte die Innenkante der Hand direkt unter der Nase an die Oberlippe. Dann rieb sie mit einer sägenden Bewegung kräftig hin und her.

Danach erklärte sie, dass man durch das Reiben dieses Punktes am unteren Ende der Nasenscheidewand leichte, gleichmäßige Energiestöße auslösen kann. Wenn aber ein stärkerer Energiestoß nötig sei, könne man den Punkt zwischen Oberlippe und Zahnfleisch drücken, wo die Nasenscheidewand von unten her zu fühlen sei.

»Wenn du in der Höhle beim Rekapitulieren merkst, dass du langsam eindöst, dann reibe diesen Punkt ordentlich und du wirst wieder für eine Weile wach sein.«

Ich rieb mir die Oberlippe und spürte, wie Nase und Ohren frei wurden. Außerdem empfand ich so etwas wie eine leichte Taubheit am Gaumen. Das dauerte nur ein paar Sekunden, aber es raubte mir den Atem. Es war, als würde mir jeden Augenblick etwas offenbar werden, was verborgen war.

Als Nächstes legte Clara die Zeigefinger quer unters Kinn und rieb dort wieder mit dieser schnellen Sägebewegung hin und her. Durch Anregung dieses Punktes unter dem Kinn, sagte sie, könnten wir einen Zustand ruhiger Wachsamkeit erzeugen. Eine andere Möglichkeit sei es, auf dem Boden zu sitzen und das Kinn auf einen niedrigen Tisch oder etwas Ähnliches zu stützen.

Ich legte mein Kissen auf den Boden, setzte mich darauf und stützte das Kinn auf eine Holzkiste, die gerade die richtige Höhe hatte. Ich beugte mich etwas vor, so dass an dem Kinnpunkt, den Clara mir gezeigt hatte, ein leichter Druck entstand. Nach einigen Augenblicken spürte ich, wie mein Körper zur Ruhe kam; ein Kribbeln lief mir den Rücken hinauf bis in den Kopf und mein Atem wurde tief und rhythmisch.

»Man kann diesen Punkt unter dem Kinn auch dadurch wecken«, ergänzte Clara, »dass man sich auf den Bauch legt und das Kinn auf die übereinander liegenden Fäuste stützt.«

Wenn ich die Übung im Liegen machte, sollte ich die Fäuste abwechselnd ballen und lockern; dadurch entstünde ein Pulsieren, das kleine Energiestöße direkt an das mit dem Zungengrund verbundene Energiezentrum sende. Hierbei müsse ich allerdings vorsichtig sein, sonst könne ich leicht einen rauen Hals bekommen.

Ich setzte mich wieder in den Rattansessel.

»Diese Gruppe von Zaubergesten«, sagte Clara, »musst du täglich machen, bis es keine Massagebewegungen mehr, sondern eben Zaubergesten sind. Sieh her!«

Sie wiederholte die Bewegungen, die sie mir gezeigt hatte, nur war es diesmal ein Tanz ihrer Finger und Hände. Die Hände schienen mal tief in ihre Gesichtshaut einzudringen, mal ganz leicht über die Oberfläche zu gleiten und alles ging so schnell, dass sie kaum noch zu erkennen waren. Wie gebannt schaute ich dem Ganzen zu.

»So was hattest du noch nie im Inventar«, lachte Clara, als sie fertig war. »Das ist Zauberei. Dazu braucht man eine *Absicht*, die mit der alltäglichen *Absicht* nicht zu vergleichen ist. Bei all den Spannungen, die sich im Gesicht festsetzen, brauchen wir eine ganz andere *Absicht*, wenn wir die Gesichtsmuskeln entspannen und die hier liegenden Zentren anregen wollen.«

Alle Emotionen, sagte sie, hinterließen Spuren im Gesicht, mehr als an jedem anderen Körperteil. Deshalb müssen wir Spannungen, die sich aufbauen, mit diesen Zaubergesten und der zu ihnen gehörenden *Absicht* wieder lösen.

Sie betrachtete mich einen Augenblick lang aufmerksam und sagte: »Ich erkenne an der Spannung in deinem Gesicht, dass du über deine Rekapitulation gegrübelt hast. Mach unbedingt die Gesten, bevor du ins Bett gehst, damit diese Furchen auf deiner Stirn verschwinden.«

Ich gab zu, dass meine Rekapitulation mir tatsächlich Sorgen machte.

»Du bist einfach zu viel in der Höhle«, sagte Clara augenzwinkernd. »Du wirst mir da noch zur Fledermaus. Nachdem du jetzt schon viel Energie gesammelt hast, wird es, glaube ich, Zeit, dass du auch was anderes lernst.«

Sie sprang wie von einer Feder getrieben aus ihrem Sessel. Eine derart kräftige Frau in so flinker Bewegung zu sehen, kam mir so unglaublich vor, dass ich lachen musste. Auch ich stand auf, aber so, als besäße ich das Zweifache ihrer Körperfülle.

Sie sah mich an und schüttelte den Kopf. »Du bist zu steif«, stellte sie fest. »Du brauchst ein paar spezielle Körperübungen, damit sich deine vitalen Zentren öffnen können.«

Wir gingen zur Kleiderablage neben der Hintertür. Sie gab mir einen breitrandigen Strohhut und führte mich hinter das Küchenhaus. Die Sonne schien vom klaren Himmel und es war ein ungewöhnlich warmer Tag. Clara ließ mich den Hut aufsetzen. Sie deutete auf ein eingezäuntes Gartenstück, das jemand umgegraben und in säuberlichen Reihen bepflanzt hatte.

»Wer hat denn hier umgegraben und die ganzen Setzlinge gepflanzt?«, fragte ich verblüfft, denn ich hatte Clara nie hier arbeiten sehen. »Scheint ja ein ziemliches Projekt zu sein. Hast du das selbst gemacht?«

»Nein, das hat jemand anders für mich gemacht.«

»Aber wann? Ich bin doch jeden Tag hier und habe nie jemand gesehen.«

»Das ist leicht zu erklären. Hier ist gearbeitet worden, als du in der Höhle warst.«

Die Erklärung überzeugte mich nicht. Der Garten war so gut angelegt, dass kaum einer allein diese ganze Arbeit hatte bewerkstelligen können. Aber bevor ich weiter fragen konnte, verkündete Clara: »Von jetzt an wirst du dich um diesen Garten kümmern. Das ist deine neue Aufgabe.«

Noch eine Pflicht, der ich mich täglich würde widmen müssen! Ich versuchte meine Enttäuschung zu verbergen. Bei Körperübungen hatte ich eher an neue Bewegungsabläufe aus der Kampfkunst gedacht, am liebsten mit klassischen chinesischen Waffen wie dem Breitschwert oder dem Langstab. Clara, die meinen niedergeschlagenen Gesichtsausdruck bemerkte, versicherte mir, die Arbeit im Garten werde mir gut tun. Die körperliche Betätigung und die Sonne seien genau das, was ich brauchte, um gesund zu sein und mich wohl zu fühlen. Außerdem wies sie darauf hin, dass ich mich jetzt über ein halbes Jahr ausschließlich mit Ereignissen meiner persönlichen Vergangenheit beschäftigt hatte; mich um etwas zu kümmern, was nicht nur mich selbst betraf, könne allzu große Selbstbezogenheit verhindern. Mir wurde schreckhaft bewusst, dass tatsächlich schon so viel Zeit vergangen war. Es kam mir so vor, als sei ich erst gestern in Claras Haus gekommen – ein Schritt, der mein Leben völlig auf den Kopf gestellt hatte.

»Die meisten Menschen sind nicht fähig, für etwas anderes als für sich selbst zu sorgen.« Claras Worte rissen mich aus meinen Gedanken. »Und sie machen sogar das ziemlich schlecht. Selbstbezogenheit tut dem Selbst gar nicht gut, sondern gewöhnt ihm immer mehr überzogene Ansprüche an.«

Wir gingen auf das hölzerne Gartentor zu.

»Die Arbeit im Garten wird dir eine besondere Energie verleihen, die du durch Rekapitulation, Atemübungen oder Kung-Fu nicht bekommen kannst«, sagte Clara.

»Was ist das für eine Energie?«

»Die Energie der Erde«, erwiderte sie. »Sie ergänzt sich mit der Energie der Sonne. Möglich, dass du bei der Arbeit spürst, wie sie durch deine Hände einströmt. Sie kann auch durch die Beine kommen, während du auf dem Boden kauerst.«

Ich hatte noch nie in einem Garten gearbeitet und wusste nicht recht, was man da macht. Ich bat Clara, mir die Arbeitsgänge zu beschreiben. Sie sah mich einen Augenblick an, als überlegte sie, ob ich vielleicht eine Fehlbesetzung für diese Rolle sei.

»Der Boden ist noch feucht, weil es gestern geregnet hat«, sagte sie und beugte sich herunter, um die Erde zu fühlen. »Aber wenn es trocken ist, musst du Wasser vom Bach herauftragen. Wenn du ganz schlau bist, kannst du auch ein Bewässerungssystem bauen.«

»Ja, das traue ich mir zu«, sagte ich. »Ich hab mal in einem Haus auf dem Land eine elektrische Wasserpumpe gesehen; so eine könnte ich bauen und an den Dynamo anschließen. Dann muss ich das Wasser nicht eimerweise raufschleppen.«

»Wie du es anstellst, ist mir egal, wenn nur die Pflanzen gegossen werden. Außerdem musst du die Pflanzen alle zwei Wochen mit Kompost versorgen; siehst du da hinten den Haufen? Und sieh zu, dass du das Unkraut jätest, es wächst hier wie der Teufel. Und das Gartentor muss immer geschlossen bleiben, sonst kommen die Kaninchen rein.«

»Kein Problem«, versicherte ich ohne allzu viel Begeisterung.

»Gut. Du kannst gleich anfangen.«

Sie zeigte auf einen Eimer und ließ mich Kompost holen, den ich dann um die Pflanzen in den Boden einarbeiten sollte. Als ich mit dem gefüllten Eimer zurückkam, nicht ganz ohne die Sorge, es könne sich womöglich um Abortgrubenaushub handeln, gab Clara mir ein kleines Handgerät, mit dem ich die Erde lockern sollte. Eine Weile sah sie mir bei der Arbeit zu und sagte einmal, ich solle nicht zu nah an den zarten Pflänzchen arbeiten.

Ich konzentrierte mich auf meine Aufgabe und empfand bald eine wohlige, friedliche Stille um mich her. Die Erde war kühl und weich zwischen meinen Fingern. Zum ersten Mal, seit ich hier war, fühlte ich mich wirklich wohl, sicher und behütet.

»Die Energie der Erde ist aufbauend«, sagte Clara, als spürte sie meinen Stimmungsumschwung. »Du bist durch deine Rekapitulation schon leer genug geworden, um ein bisschen davon aufzunehmen. Du fühlst dich wohl, weil du weißt, dass die Erde die Mutter aller Dinge ist. Alles kommt von der Erde«, sagte sie mit einer Handbewegung über die Pflanzenreihen hin. »Die Erde trägt und ernährt uns, und wenn wir sterben, nimmt sie unseren Körper auf.« Dann schwieg sie einen Augenblick und fügte hinzu: »Es sei denn, wir schaffen den großen Übergang.«

»Soll das heißen, dass wir die Chance haben, nicht zu sterben? Mal ehrlich, Clara, ist das nicht ein bisschen übertrieben?«

»Wir alle haben die Chance zur Freiheit«, sagte sie leise. »Aber es liegt beim Einzelnen, sie zu ergreifen und zu verwirklichen.«

Wenn wir Energie ansammeln und speichern, erklärte sie, können wir unsere vorgefassten Anschauungen über die Welt und den Körper abbauen und in unserem Warenlager Platz schaffen für neue Möglichkeiten. Die Chance, nicht zu sterben, sei eine dieser Möglichkeiten. Die beste Erklärung für diese phantastische Alternative sei bei den Weisen des alten China zu finden. Sie sagten nämlich, es sei für das persönliche Bewusstsein oder *Te* möglich, sich mit dem allumfassenden Bewusstsein oder *Tao* zu verbinden. Wenn man dann stirbt, wird das persönliche Bewusstsein nicht verstreut, wie es bei einem gewöhnlichen Tod geschieht, sondern weitet sich und wird eins mit dem größeren Ganzen.

Clara fuhr fort, die Rekapitulation in der kokonartigen Umgebung der Höhle habe mir erlaubt, Energie zu sammeln und zu speichern. Jetzt müsse ich diese Energie nutzen, um meine Verbindung zu der abstrakten Kraft namens *Geist* zu festigen.

»Deshalb musst du den Garten pflegen und die Energie der Erde und der Sonne in dich aufnehmen. Die Sonne gibt der Erde ihre Kraft und lässt alles wachsen. Wenn du die Energie der Sonne in deinen Körper lässt, wird auch deine Energie wachsen und gedeihen.«

Clara sagte, ich solle mir die Hände in einem Eimer Wasser waschen und mich dann auf einen außerhalb des eingezäunten Gartens in der Sonne liegenden Baumstamm setzen, denn sie wolle mir zeigen, wie man die Aufmerksamkeit auf die Sonne richtet. Außerdem wies sie mich an, zum Schutz von Kopf und Gesicht immer den breitrandigen Hut zu tragen und die Atemgesten, die sie mir jetzt zeigen würde, nie länger als jeweils einige Minuten zu üben.

»Atemgesten?«, fragte ich.

»Ja. In diesen magischen Gesten steckt die *Absicht*, Energie vom Atem auf die Stelle zu übertragen, auf die wir unsere Aufmerksamkeit richten. Das kann ein Körperorgan oder ein Energiekanal oder auch – wie im Fall der Rekapitulation – ein Gedanke oder eine Erinnerung sein. Es kommt darauf an, dass Energie übertragen und damit der vorgegebenen *Absicht* genügt wird; das Resultat ist wirklich schiere Zauberei, denn es ist wie aus dem Nichts urplötzlich da. Deshalb bezeichnen wir diese Bewegungen und Atemtechniken als Zaubergesten.«

Ich musste mich mit geschlossenen Augen der Sonne zuwenden und dann tief durch den Mund einatmen und die Wärme und das Licht der Sonne in den Bauch hinunterziehen. Dort sollte ich sie so lange halten, wie ich konnte, um dann zu schlucken und die Restluft auszuatmen.

»Tu dabei so, als wärst du eine Sonnenblume. Halte das Gesicht immer in Richtung Sonne, wenn du atmest. Das Sonnenlicht lädt die Atemluft mit Kraft auf. Du musst also wirklich tief atmen und die Lunge ganz füllen. Das machst du drei Mal.«

Bei dieser Art des Übens, erklärte sie, breite sich die Energie der Sonne ganz von selbst im ganzen Körper aus. Aber wir können die heilenden Strahlen der Sonne auch ganz gezielt zu bestimmten Punkten lenken, wenn wir sie mit der Hand berühren oder es uns innerlich vergegenwärtigen.

»Wenn du das lange genug geübt hast, brauchst du die Hände nicht mehr«, fuhr Clara fort. »Du visualisierst dann einfach, wie die Sonnenenergie in den jeweiligen Teil des Körpers einsickert.«

Dann ließ sie mich erneut drei Mal tief atmen, diesmal aber durch die Nase; dazu sollte ich mir bildhaft vorstellen, wie das Licht den Rücken hinabfließt, um die an der Wirbelsäule entlangführenden Kanäle energetisch aufzuladen. Auf die Weise, sagte sie, würden die Sonnenstrahlen meinen ganzen Körper durchfluten.

»Du kannst das Atmen durch Mund oder Nase auch ganz umgehen und direkt mit Bauch oder Brust oder Rücken atmen«, sagte Clara. »Du kannst die Energie sogar durch die Fußsohlen in den Körper hochziehen.«

Sie wies mich an, die Aufmerksamkeit auf die Stelle gleich unterhalb des Nabels zu lenken und entspannt zu atmen, bis ich spürte, wie sich ein Band zwischen mir und der Sonne bildete.

Ich atmete unter ihrer Anleitung ein und fühlte, wie sich mein Bauch mit Wärme und Licht füllte. Nach einer Weile ließ Clara mich das Atmen mit anderen Teilen des Körpers üben. Sie berührte die Stelle an der Stirn zwischen den Augen. Als ich meine Aufmerksamkeit dort sammelte, war mir, als füllte der Kopf sich mit einem gelben Glühen. Auf Claras Anweisung hin hielt ich den Atem eine Weile an und rollte die Augen im Uhrzeigersinn, um möglichst viel von der Lebenskraft der Sonne zu absorbieren. Das gelbe Glühen wurde stärker.

»Jetzt steh auf und versuch mit dem Rücken zu atmen«, sagte sie und half mir beim Ausziehen der Jacke.

Ich drehte mich mit dem Rücken zur Sonne und versuchte meine Aufmerksamkeit auf die Zentren zu lenken, auf die Clara mich durch Berührungen hinwies. Eines lag zwischen den Schulterblättern, ein anderes im Genick. Während ich atmete und die Sonne auf meinem Rücken visualisierte, spürte ich eine Wärme, die an der Wirbelsäule auf- und abstieg und mir dann in den Kopf schoss. Mir wurde so schwindlig, dass ich beinahe das Gleichgewicht verlor.

»Das reicht für heute«, sagte Clara und gab mir meine Jacke.

Ich musste mich hinsetzen, immer noch schwindlig von der letzten Übung.

»Das Sonnenlicht ist schiere Kraft«, sagte Clara. »Es ist die am stärksten verdichtete Energie, die es gibt.«

Sie sprach von einer unsichtbaren Energielinie, die aus dem Scheitel austritt und sich nach oben bis in den Bereich des Nichtseins fortsetzt. Man könne auch sagen, dass sie vom Bereich des Nichtseins herab durch eine Öffnung am Scheitel des Kopfes in uns eintrete. »Wenn du willst, kann man sie eine Rettungsleine nennen, die uns mit einem größeren Bewusstsein verbindet«, sagte sie. »Wenn man die Sonne richtig nutzt, lädt sie diese Linie auf und lässt sie aktiv werden. Deshalb muss der Scheitel immer geschützt bleiben.«

Bevor wir zum Haus zurückgingen, wollte sie mir noch eine sehr wirkungsvolle Zaubergeste zeigen, eine Folge von Körperbewegungen. Diese Folge, sagte sie, müsse eine einzige durchgehende Bewegung sein, kraftvoll, genau und federnd ausgeführt, aber ohne Anspannung.

»Ich kann dir die Praxis all dieser Zaubergesten nicht warm genug ans Herz legen«, sagte sie. »Sie sind unerlässlich als Begleitung der Rekapitulation und diese hier hat an mir wahre Wunder gewirkt. Pass genau auf. Schau, ob du meinen Doppelgänger sehen kannst.«

»Deinen was?«, fragte ich erschrocken. Sicher würde ich etwas ganz Entscheidendes verpassen oder, falls ich es doch sah, nichts damit anfangen können.

»Beobachte meinen Doppelgänger«, wiederholte sie, jedes Wort deutlich betonend. »Das ist wie bei einer Doppelbelichtung. Du hast genug Energie, um gemeinsam mit mir das Resultat dieser Zaubergeste zu *beabsichtigen*.«

»Aber worin besteht das Resultat, Clara?«

»Im Doppelgänger. Das ist der ätherische Körper, das Gegenstück des physischen Körpers, das, wie du inzwischen weißt oder zumindest ahnen müsstest, nicht bloß eine mentale Projektion ist.«

Sie suchte sich ein Stück ebenen Boden und stellte sich dort hin, die Füße geschlossen, die Arme angelegt.

»Clara, halt. Ich hab bestimmt nicht genug Energie, um das zu sehen, was du da meinst, ich verstehe es ja nicht mal mit dem Kopf.«

»Dein Kopf spielt dabei auch gar keine Rolle. Sieh einfach genau hin, vielleicht habe ich Kraft genug für uns beide, meinen Doppelgänger zu *beabsichtigen.*«

Ich sah einen Bewegungsablauf von solcher Behändigkeit, wie ich ihn selbst bei ihr noch nicht erlebt hatte: Sie hob die Arme über den Kopf und legte die Hände zur Geste des Betens zusammen. Dann beugte sie sich zu einem eleganten Bogen nach hinten, so weit, dass die ausgestreckten Arme fast den Boden berührten. Sie ließ ihren Körper nach links schnellen und stand jetzt vornüber gebeugt da, wiederum beinah den Boden berührend. Und bevor ich auch nur den Mund aufmachen konnte vor ungläubigem Staunen, schnellte sie zurück und ihr Körper stand anmutig nach hinten gebogen da.

Sie schnellte noch zwei Mal hin und zurück, wie um mir Gelegenheit zu geben, diese unvorstellbar schnelle und fließende Bewegung zu sehen – oder vielleicht ihr Doppel zu erkennen. Einmal sah ich sie ganz kurz als eine verschwommene Gestalt, wie ein doppelt belichtetes Foto. Für einen kurzen Augenblick waren da zwei Claras in Bewegung, die eine um eine Tausendstelsekunde hinter der anderen her.

Ich war starr vor Staunen und konnte mir, was ich da sah, nur als optische Täuschung aufgrund der Schnelligkeit ihrer Bewegungen erklären. Aber zugleich war da eine eher körperliche Gewissheit, dass ich etwas Unvorstellbares gesehen hatte; ich hatte genügend Energie gehabt, um an den Erwartungen meines Alltagsdenkens vorbei etwas vollkommen anderes zuzulassen.

Clara beendete ihre akrobatische Vorführung und kam wieder zu mir herüber. Sie war nicht einmal außer Atem. Durch diese Zaubergeste, erklärte sie, könne sich der Körper mit seinem Doppel im Reich des Nichtseins vereinigen, dessen Eingang sich über und etwas hinter dem Kopf befinde.

»Wenn wir uns so mit ausgestreckten Armen zurückbeugen, bilden wir eine Brücke«, sagte sie. »Und da der Körper und sein Doppel wie die beiden Enden eines Regenbogens sind, können wir *beabsichtigen*, dass sie sich verbinden.«

»Soll ich diese Geste zu einer bestimmten Zeit üben?«, fragte ich.

»Das ist eine Zaubergeste für das letzte Licht nach Sonnenuntergang«, sagte sie. »Aber du brauchst dazu eine Menge Energie und du musst völlig ruhig sein. Die Dämmerung hilft dir, ruhig zu werden, und gibt dir einen zusätzlichen Energiestoß. Deshalb ist das Ende des Tages die beste Zeit für diese Übung.«

»Soll ich es jetzt mal versuchen?«, fragte ich. Angesichts des Zweifels in ihrer Miene versicherte ich ihr, ich sei als Kind eine gute Turnerin gewesen und würde es zu gern einmal probieren.

»Die Frage ist nicht, wie gut du als Kind geturnt hast, sondern wie ruhig du jetzt bist«, erwiderte sie.

Ich sagte, ich sei so ruhig, wie man nur sein könne. Clara lachte. »Na gut, dann los. Ich pass auf, dass du dir keine Knochen brichst.«

Ich suchte einen festen Stand, beugte die Knie und setzte zu meinem schönsten Brückenschlag an, aber jenseits einer bestimmten Grenze erwies sich die Schwerkraft als stärker und ließ mich recht ungraziös hinfallen.

»Du bist alles andere als ruhig, Taisha«, bemerkte Clara gutmütig und half mir auf. »Was ist los?«

Anstatt ihr mitzuteilen, was mich beschäftigte, wollte ich lieber einen zweiten Versuch machen, aber diesmal hatte ich noch mehr Schwierigkeiten. Ich spürte deutlich, dass mein Denken und Fühlen mich aus dem Gleichgewicht warfen. Die Ansprüche des Selbst waren tatsächlich maßlos, wie Clara gesagt hatte; sie banden meine gesamte Aufmerksamkeit. Mir blieb offenbar doch keine andere Lösung, als mich Clara anzuvertrauen. Am meisten plagte mich der Umstand, dass ich bei meiner Rekapitulation auf eine Barriere gestoßen war und nicht weiterkam.

»Und woran, denkst du, liegt das?«, fragte Clara, als ich es ihr gesagt hatte.

Es müsse an meiner Familie liegen, erwiderte ich. »Ich weiß jetzt ganz sicher, dass sie mich nicht leiden konnten«, sagte ich traurig. »Natürlich hatte ich diesen Verdacht schon lange und hab ja auch oft genug getobt vor Wut. Aber jetzt bin ich meine Vergangenheit durchgegangen und kann einfach nicht mehr wütend werden wie früher. Deshalb weiß ich nicht weiter.«

Sie legte den Kopf ein wenig in den Nacken und musterte mich von oben bis unten. »Was wäre denn auch weiter noch zu tun?«, fragte sie. »Du hast deine Sache gut gemacht und festgestellt, dass deine Leute dich nicht mochten. Na fein. Wo ist das Problem?«

Das kam mir entschieden zu sehr von oben herab. Ich hatte Mitgefühl erwartet oder doch zumindest Verständnis und einen intelligenten Kommentar.

»Dass ich festsitze, das ist das Problem«, stieß ich hervor, den Tränen nahe. »Ich weiß, dass ich tiefer gehen muss als bisher, aber ich kann einfach nicht. Ich komm nicht darüber weg, dass sie mich nicht mochten, während ich sie geliebt habe.«

»Langsam, langsam. Hast du nicht gesagt, du hättest sie gehasst? Ich hab das jedenfalls noch im Ohr ...«

»Ja, das hab ich gesagt, aber da wusste ich noch nicht, was ich überhaupt rede. Ich habe sie wirklich geliebt, sogar meine Brüder. Später habe ich sie verachtet, aber das war viel später. Als Kind nicht. Als Kind wollte ich, dass sie mich beachten und mit mir spielen.«

Clara nickte. »Ja, ich glaube, ich verstehe. Setzen wir uns. Sprechen wir darüber.«

Wir setzten uns wieder auf den Stamm.

»Weißt du, Taisha, mir kommt es so vor, als hätten deine Schwierigkeiten mit einem Versprechen zu tun. Du hast als Kind ein Versprechen abgelegt, nicht wahr?« Sie sah mir direkt in die Augen.

»Ich kann mich an keinerlei Versprechen erinnern«, sagte ich ganz ehrlich.

Sehr freundlich erklärte Clara mir, das könne daran liegen, dass ich zu der Zeit noch sehr jung gewesen sei; vielleicht sei es auch eher ein Gefühl als ein formuliertes Versprechen. Als Kinder legten wir häufig solche Gelöbnisse ab und seien dann daran gebunden, auch wenn wir uns nicht mehr an unser Versprechen erinnern.

»Solche aus einem Impuls geborenen Verpflichtungen können uns unsere Freiheit kosten«, sagte sie. »Was uns da bindet, kann maßlos übersteigerte Hingabe sein oder auch ein Schwur von unsterblicher, ewiger Liebe.«

Es gebe im Leben jedes Menschen, vor allem in der frühen Kindheit, Augenblicke, in denen wir etwas so inständig begehren, dass wir unsere ganze *Absicht* darauf richten, und wenn unsere *Absicht* einmal fixiert sei, bleibe sie festgelegt, solange unser Wunsch nicht in Erfüllung gehe. Unsere Gelübde, Schwüre und Versprechen, führte sie weiter aus, binden unsere *Absicht*, so dass unser Handeln, Fühlen und Denken von da an immer auf das Erfüllen unserer Verpflichtung ausgerichtet ist, einerlei, ob wir noch wissen, dass wir sie einmal eingegangen sind.

Clara sagte, ich müsse bei meiner Rekapitulation alle Versprechen durchgehen, die ich je gegeben hätte, vor allem übereilte oder in falscher Einschätzung der Lage gegebene Versprechen. Solange ich mir meine *Absicht* nicht aus diesen Versprechen zurückholte, würde ich sie nämlich niemals frei in der Gegenwart bekunden können.

Ich versuchte mir klarzumachen, was sie da sagte, aber in meinem Kopf drehte sich alles. Da fiel mir plötzlich eine Szene aus meiner Kindheit ein. Ich war vielleicht sechs. Ich wollte mich an meine Mutter kuscheln und von ihr gehalten werden, aber sie schob mich weg und sagte, ich sei zu alt zum Schmusen und solle lieber mein Zimmer aufräumen. Aber mit dem jüngeren meiner Brüder, der immerhin vier Jahre älter als ich und zudem der Liebling meiner Mutter war, schmuste sie sehr gern. Da schwor ich mir, dass ich nie wieder die Nähe irgendeines von ihnen suchen würde. Und offenbar hielt ich mein Versprechen, denn fortan war und blieb ich ihnen entfremdet.

»Wenn es stimmt, dass du nicht geliebt worden bist«, sagte Clara, »dann war es dein Schicksal. Nimm es an! Außerdem, was für eine Rolle spielt es jetzt noch, ob du damals geliebt worden bist oder nicht?«

Für mich spielte es noch eine Rolle, aber das sagte ich Clara nicht.

»Ich hatte ein ganz ähnliches Problem«, fuhr sie fort. »Ich kannte nie etwas anderes, als dass ich ohne Freunde, dick und unmöglich war; aber durch die Rekapitulation habe ich herausgefunden, dass meine Mutter mich vom Tag meiner Geburt an gezielt gemästet hatte. Ein dickes, hausbackenes Mädchen würde nie von zu Hause weggehen – und genau das wollte sie; ich sollte für den Rest ihres Lebens ihre Dienerin sein.«

Ich war entsetzt. Es war das erste Mal, dass Clara mir etwas über ihre Vergangenheit erzählte.

»Ich habe meinen Lehrer, ganz bestimmt der beste Lehrer, den man nur haben kann, wegen dieser Sache um Rat gefragt«, erzählte sie weiter. »Er sagte: ›Clara, das tut mir wirklich Leid, aber du verschwendest deine Zeit damit. Damals war damals, jetzt ist jetzt. Und jetzt ist nur Zeit für Freiheit.‹

Weißt du, ich dachte wirklich, dass meine Mutter mein ganzes Leben ruiniert hätte; ich war dick und konnte einfach nicht aufhören zu essen. Ich brauchte lange, bis ich wusste, was das heißt: ›Damals war damals, jetzt ist jetzt. Und jetzt ist nur Zeit für Freiheit.‹«

Clara schwieg einen Augenblick, wie um abzuwarten, bis die volle Wucht ihrer Worte mich erreichte.

»Du hast für nichts anderes mehr Zeit als für den Kampf um die Freiheit, Taisha«, sagte sie und gab mir einen Stups. »Jetzt ist jetzt.«

11

Es wurde bereits dunkel und ich war in Sorge, ob ich meine Arbeiten noch fertig bekommen würde. Clara hatte mich gebeten, das Laub auf der freien Fläche hinter dem Haus zusammenzurechen und Steine vom Bach heraufzuholen, die als Begrenzung für den Weg vom Gemüsegarten zum Patio dienen sollten. Ich war mit dem Laubrechen fertig und stellte gerade hastig die Flusssteine entlang des Weges auf, als Clara aus dem Haus kam, um meine Fortschritte zu begutachten.

»Du packst die Steine einfach so hin?«, fragte sie mit einem Blick auf den Weg. »Und das Laub hast du auch noch nicht zusammengeharkt. Was hast du den ganzen Nachmittag über gemacht, schon wieder geträumt?«

Tatsächlich hatte ein unerwarteter Windstoß meine hübschen Laubhäufchen schon wieder verweht, bevor ich die Blätter in Körbe stopfen konnte.

»Der Weg sieht für mich ganz gut aus«, sagte ich, schon in Abwehrstellung. »Und das Laub, na ja, was kann ich machen, wenn der Wind es auseinander weht?«

»Wenn es um die vollkommene Form geht, ist ›ganz gut‹ nicht gut genug. Du solltest inzwischen wissen, dass sich in der äußeren Form von allem, was wir tun, unsere innere Verfassung widerspiegelt.«

Ich vermochte nicht einzusehen, inwiefern das Aufstellen schwerer Steine noch etwas anderes als Arbeit sein könne, und das sagte ich ihr auch.

»Das kommt daher, dass du alles nur tust, um dich irgendwie durchzumogeln«, gab sie zurück. Sie ging hinüber zu den Steinen, die ich aufgereiht hatte, und schüttelte den Kopf. »Die stehen da, als hättest du sie einfach nur hingeworfen – ohne zu überlegen, wie sie stehen müssen.«

»Es fing an, dunkel zu werden, und ich hatte keine Zeit mehr«, erklärte ich. Ich war nicht zu einer Diskussion über Ästhetik oder Komposition aufgelegt. Außerdem dachte ich, dass ich nach meiner bisherigen künstlerischen Ausbildung wohl mehr von Komposition verstand als Clara.

»Steine aufstellen ist wie Kung-Fu-Üben«, sagte Clara. »Es kommt darauf an, *wie* wir die Dinge tun, nicht wie schnell wir arbeiten und wie viel wir schaffen.«

Ich schüttelte meine Hände, um die verkrampften Finger zu lockern. »Soll das heißen, dass Steineschleppen zur Schulung in den Kampfkünsten gehört?«, fragte ich verblüfft.

Sie stellte eine Gegenfrage: »Was ist denn Kung-Fu deiner Meinung nach?«

Ich witterte eine Fangfrage und überlegte kurz, um die richtige Antwort zu finden. »Eine Folge von Kampftechniken«, sagte ich dann zuversichtlich.

Clara schüttelte den Kopf und lachte. »Brauchst du eine pragmatische Antwort, dann frag Taisha.«

Sie setzte sich in einen der Korbsessel am Rand des Patios, von dem aus wir den Weg gut sehen konnten. Ich ließ mich in den Sessel daneben fallen und machte es mir bequem, die Füße auf den Rand eines großen Keramikkübels gelegt. Clara erklärte, der Ausdruck »Kung-Fu« sei aus zwei chinesischen Schriftzeichen gebildet; das erste bedeute »Arbeit, die über eine ganze Zeit hin getan wird«, das zweite stehe für »Mensch«. Zu einem Begriff vereinigt, sprechen diese beiden Schriftzeichen von dem Unterfangen, sich durch ständiges Bemühen zu vervollkommnen. Ob wir uns der formellen Übung widmen oder Steine aufstellen oder Blätter zusammenrechen, stets kommt in unserem Tun unsere innere Verfassung zum Ausdruck.

»Kurzum, wenn wir unser Handeln vervollkommnen, vervollkommnen wir uns auch selbst«, sagte Clara. »Das ist die eigentliche Bedeutung von Kung-Fu.«

»Trotzdem verstehe ich nicht, was Gartenarbeit mit Kung-Fu zu tun hat.«

»Dann muss ich es wohl buchstabieren«, sagte Clara im Tonfall ergebener Langmut. »Ich habe dich die Steine vom Bach herauftragen lassen, weil diese Aufstiege mit dem zusätzlichen Gewicht deine innere Stärke entwickeln sollten. Wir sind hier nicht auf Muskeltraining aus, sondern auf die Vermehrung innerer Energie. Auch die Atemgesten, die ich dir gezeigt habe und die du ja täglich üben sollst, sind dazu da, die innere Stärke zu entwickeln.«

Sofort meldeten sich Gewissensbisse. An ihrem Blick, als sie mich an die Atemübungen erinnerte, erkannte ich, wie genau sie wusste, dass ich nicht gerade mit Feuereifer übte.

»Was du bisher bei mir gelernt hast, würde man in China ›Inneres Kung-Fu‹ oder *Nei-kung* nennen«, fuhr Clara fort. Beim Inneren Kung-Fu werden kontrolliertes Atmen und Energiezirkulation zur Kräftigung des Körpers und zur Verbesserung der Gesundheit eingesetzt, während die äußeren Kampfkünste – zum Beispiel die Katas im Karate, die du von deinen japanischen Lehrern gelernt hast, und einige der Bewegungsabläufe, die ich dir gezeigt habe – die Muskeln entwickeln und schnelle Körperreaktionen einüben sollen, bei denen Energie freigesetzt und von uns weg nach außen gelenkt wird.«

Die chinesischen Mönche, berichtete Clara, hatten schon sehr lange das Innere Kung-Fu geübt, bevor es zur Entwicklung der äußeren oder harten Kampfstile kam, die heute in der Regel gemeint sind, wenn von Kung-Fu die Rede ist.

»Du musst Folgendes verstehen«, fuhr Clara fort. »Ganz gleich, ob du Kampfkunst lernst oder die Disziplin, die ich dir beigebracht habe, das Ziel ist in beiden Fällen die Vervollkommnung deines inneren Wesens, so dass es seine äußere Form transzendieren und den abstrakten Flug vollbringen kann.«

Entmutigung hüllte mich ein wie eine graue Wolke. Das alte Gefühl von Versagen und Vergeblichkeit kam wieder hoch. Selbst wenn ich die Atemgesten übte, wie Clara gesagt hatte, würde ich das, was sie für mich im Sinn hatte, doch niemals erreichen. Ich wusste ja nicht einmal, was mit dem abstrakten Flug gemeint war; und was er praktisch bedeutete, konnte ich mir erst recht nicht vorstellen.

»Du bist die ganzen Monate sehr geduldig gewesen«, sagte Clara und klopfte mir sanft den Rücken, als spürte sie, dass ich Ermutigung brauchte. »Du hast mich nie wirklich gelöchert oder um eine Erklärung gebeten für mein ständiges Geraune, dass ich dir die Zauberei als formale Disziplin beibringe.«

Das war die Gelegenheit zu einer Frage, die ich schon immer stellen wollte, seit sie das Wort zum ersten Mal gebraucht hatte: »Warum nennst du diese formale Disziplin Zauberei?«

Clara sah mich durchdringend an. Sie war vollkommen ernst. »Schwer zu sagen«, antwortete sie. »Ich rede überhaupt nicht gern darüber, weil ich dich nicht mit missverständlichen Bezeichnungen verschrecken möchte. Aber jetzt sind wir, glaube ich, so weit, dass wir darüber reden können. Vorher möchte ich dir aber noch was über die Menschen des alten Mexiko erzählen.«

Clara beugte sich zu mir herüber und erzählte mit leiser Stimme, die Menschen des präkolumbianischen Mexiko seien in mancher Hinsicht den alten Chinesen ähnlich gewesen. Vielleicht, sagte sie, hatten sie beide denselben Ursprung und deshalb ähnliche Weltbilder. Die Indianer des alten Mexiko hatten jedoch einen kleinen Vorteil: Ihre Welt war im Umbruch. Sie mussten sich aller Mittel bedienen, die irgendwie Erfolg versprachen, und erkundeten mit größter Wissbegier alle Bereiche und Aspekte des Daseins. Sie wollten das Universum verstehen, das Leben und den Tod, und sie wollten die Reichweite menschlicher Möglichkeiten in Begriffen von Bewusstheit und Wahrnehmung erkunden. In ihrem unstillbaren Wissensdrang entwickelten sie Praktiken, mit deren Hilfe sie zu schwindelnden Höhen des Bewusstseins aufstiegen. Sie beschrieben diese Praktiken sehr genau und kartografierten gleichsam die Sphären, die sie ihnen erschlossen. Dieses Wissen wurde von Generation zu Generation an sehr wenige Menschen weitergegeben und ansonsten geheim gehalten.

Fast atemlos vor Erregung oder auch ehrfürchtigem Staunen schloss Clara ihren Bericht mit den Worten, diese Indianer der alten Zeit seien wirklich Zauberer gewesen. Sie starrte mich lange an; im Dämmerlicht wirkten ihre Pupillen riesenhaft. Dann vertraute sie mir an, ihr wichtigster Lehrer, ein mexikanischer Indianer, besitze das vollständige Wissen von diesen uralten Praktiken und habe es ihr vermittelt.

»Und du vermittelst mir diese Praktiken?«, fragte ich, nicht minder aufgeregt. »Du hast gesagt, dass diese Kristalle von den alten Zauberern als Waffen benutzt worden sind, dass die Zaubergesten mit ihrer *Absicht* aufgeladen wurden und dass die Rekapitulation auch in der alten Zeit entstanden ist. Heißt das, dass ich Zauberei lerne?«

»In gewissem Sinne ja«, sagte Clara. »Aber im Moment ist es nicht ratsam, der Tatsache, dass es sich bei diesen Praktiken um Zauberei handelt, allzu viel Beachtung zu schenken.«

»Warum nicht?«

»Weil wir mehr im Sinn haben als die abwegigen Rituale und Beschwörungen der alten Zauberer. Wir glauben nämlich, dass sie mit ihren bizarren Praktiken und der übersteigerten Suche nach Kraft – nach Macht – letztlich nur ihrem Selbst gedient haben. Das ist eine Sackgasse, die nie zur vollkommenen Freiheit führt, zu dem, worauf wir jetzt aus sind. Die Gefahr liegt darin, dass man von der Stimmung der alten Zauberer leicht angesteckt wird.«

»Ich würde mich bestimmt nicht anstecken lassen.«

»Mehr kann ich dir im Augenblick wirklich nicht sagen«, erwiderte sie ungehalten. »Aber du wirst selbst mehr herausfinden, wenn du deinen Weg gehst.«

Ich fühlte mich gefoppt und protestierte ganz entschieden. Ich warf ihr vor, sie spiele ganz bewusst mit meinem Denken und Fühlen, sie lasse mich mit ihren Informations-Häppchen, die nur meine Neugier anstachelten, und mit dem Versprechen, alles werde sich in irgendeiner ungewissen Zukunft schon klären, ständig in der Luft hängen.

Clara ging darauf überhaupt nicht ein, es war, als hätte ich kein Wort gesagt. Sie stand auf, ging zu den Steinen hinüber und hob einen auf, als wäre er aus Styropor. Kurz probierte sie aus, welche Seite nach oben gehörte, dann setzte sie ihn neben den Weg. Beiderseits dieses Steins stellte sie zwei weitere Steine von Fußballgröße auf. Als sie mit der Platzierung zufrieden war, trat sie zurück, um die Wirkung zu begutachten. Ich musste zugeben, dass der Gartenweg, die glatten grauen Steine und die gezackten grünen Blätter sich zu einer sehr harmonischen Komposition fügten.

»Worauf es hier ankommt!«, rief sie mir in Erinnerung und hob einen weiteren Stein auf, »ist das innere Feingefühl im Umgang mit den Dingen. Deine innere Verfassung zeigt sich in der Art, wie du dich bewegst, wie du redest oder isst oder eben Steine platzierst. Es spielt keine Rolle, was du tust, solange du nur Energie damit sammelst und sie in Kraft verwandelst.«

Clara betrachtete den Weg eine Weile, um herauszufinden, wohin sie den nächsten Stein setzen sollte, den sie schon in den Händen hielt. Als sie eine geeignete Stelle gefunden hatte, setzte sie ihn sanft ab und gab ihm einen liebevollen Klaps.

»Als Künstlerin solltest du eigentlich wissen, dass Steine da stehen müssen, wo sie ausgewogen sind, und nicht da, wo du sie am leichtesten abladen kannst«, sagte sie. »Wenn du wirklich mit Kraft aufgeladen wärst, könntest du die Steine natürlich irgendwo hinwerfen und das Ergebnis wäre reine Schönheit. Das zu verstehen, darum geht es eigentlich bei dieser Übung des Steineaufstellens.«

Ich hörte am Tonfall ihrer Stimme und erkannte an der hässlichen Verteilung meiner Steine, dass ich wieder mal versagt hatte. Ich versank in tiefe Mutlosigkeit.

»Ich bin gar keine Künstlerin, Clara. Ich bin nur Schülerin, und das nicht mal mehr. Ich habe vor einem Jahr mit meiner Ausbildung aufgehört. Ich lasse die Leute gern glauben, dass ich eine Künstlerin bin, aber das ist auch schon fast alles. Eigentlich bin ich überhaupt nichts.«

»Wir sind alle nichts«, erwiderte Clara.

»Ich weiß, aber du bist ein geheimnisvolles, kraftvolles Nichts, und ich bin ein mageres, dummes, kleinkariertes Nichts. Ich kann nicht mal einen Haufen blöder Steine richtig hinstellen. Es gibt überhaupt ...«

Clara hielt mir den Mund zu. »Kein Wort mehr!«, zischte sie. »Ich sag es dir noch mal: Pass auf, was du in diesem Haus sagst. Vor allem in der Abenddämmerung!«

Es war schon fast dunkel und alles still, beinah unheimlich still. Die Vögel schwiegen. Alles hatte sich beruhigt; sogar der Wind, der mich zuvor beim Laubrechen so geärgert hatte, war eingeschlafen.

»Das ist die Zeit ohne Schatten«, flüsterte Clara. »Bleiben wir hier im Dunkeln unter dem Baum sitzen; mal sehen, ob du die Schattenwelt herbeirufen kannst.«

»Halt, Moment, Clara«, flüsterte ich so laut, dass es fast ein Kreischen wurde. »Was hast du mit mir vor?« Wellen von Nervosität krampften mir den Magen zusammen und trotz der Kälte begann ich an der Stirn zu schwitzen.

Clara fragte mich ganz direkt, ob ich die Atem- und Zaubergesten geübt hätte, die sie mir gezeigt hatte. Viel hätte ich darum gegeben, jetzt ja sagen zu können, aber ich wollte sie nicht anlügen. Tatsächlich hatte ich nur gerade so viel geübt, dass ich die Gesten nicht vergaß; die Rekapitulation forderte all meine Energie und ließ mir kaum Zeit für etwas anderes. Abends war ich zu müde, um irgendetwas zu tun, und ging nur noch ins Bett.

»Du hast nicht regelmäßig geübt, sonst wärst du jetzt nicht in dieser jämmerlichen Verfassung«, sagte Clara und beugte sich zu mir hin. »Du zitterst ja wie Espenlaub. In den Atem- und Zaubergesten, die ich dir gezeigt habe, liegt ein Geheimnis, das sie unbezahlbar macht.«

»Ein Geheimnis?«, stotterte ich.

»Ja.« Clara klopfte mir leicht auf den Kopf. »Wenn man sie nicht täglich übt, sind sie wertlos. Du kämst nicht auf die Idee, ohne Essen und Trinken auszukommen, oder? Und diese Übungen sind noch wichtiger als Essen und Trinken.«

Das saß. Ich schwor mir, dass ich jeden Abend vor dem Zubettgehen und jeden Morgen vor dem Aufbruch zur Höhle üben würde.

»Der menschliche Körper hat ein energetisches Reservesystem, das sich einschaltet, wenn wir hoher Beanspruchung ausgesetzt sind«, erläuterte Clara. »Und das ist immer dann der Fall, wenn wir etwas im Übermaß tun. Wenn wir zum Beispiel zu sehr mit uns selbst und unseren Leistungen beschäftigt sind wie du jetzt gerade. Deshalb lautet einer der Grundsätze der Kunst der Freiheit: Meide das Übermaß.«

Die Bewegungen, die sie mich lehre, ob Atem- oder Zaubergesten, seien wichtig, weil sie direkt auf das Reservesystem einwirkten, unabdingbar deshalb, weil sie zusätzliche Energie in und durch unsere Reservekanäle leiteten. Wenn dann unser Handeln gefordert ist, wird die Beanspruchung uns nicht erschöpfen, sondern wir werden stärker und verfügen über zusätzliche Energien für außergewöhnliche Aufgaben.

»So, bevor wir jetzt die Schattenwelt herbeirufen, zeige ich dir noch zwei wichtige Zaubergesten, in denen Atmung und Bewegung zusammenwirken«, fuhr sie fort. »Mach sie jeden Tag und du wirst nicht mehr müde oder elend sein und sogar noch eine Menge Energie für dein *Beabsichtigen* übrig haben.«

»Für mein was?«

»Dein *Beabsichtigen*«, wiederholte Clara. »Um das Resultat von allem, was du tust, zu *beabsichtigen*. Weißt du nicht mehr?«

Sie hielt mich an den Schultern und drehte mich nach Norden.

»Diese Bewegung ist gerade für dich sehr wichtig, Taisha, weil deine Lunge durch zu viel Weinen geschwächt ist. Ein Leben lang Selbstmitleid, das hat in deiner Lunge bestimmt Spuren hinterlassen.«

Dieser Satz machte mich hellwach. Ich sah zu, wie sie die Knie beugte und eine Haltung aus der Kampfkunst einnahm, die »gestrecktes Pferd« genannt wird, weil sie der Sitzhaltung eines Reiters ähnelt – die Füße standen etwa schulterbreit auseinander und die Knie waren leicht gebeugt. Der Zeigefinger der linken Hand wies nach unten, während die übrigen Finger im zweiten Gelenk gebeugt waren. Beim Einatmen drehte sie den Kopf mit einer sanften, aber kraftvollen Bewegung so weit nach rechts, wie sie konnte, und ließ den linken Arm im Schultergelenk nach vorn, über den Kopf und dann auf den Rücken kreisen, bis der Handballen auf dem Steißbein ruhte. Gleichzeitig führte sie den rechten Arm um die Hüfte zum Rücken und presste die zur Faust geballte Hand auf das abgewinkelte Handgelenk der linken. Mit der rechten schob sie die linke Hand die Wirbelsäule hinauf und beendete zugleich ihr Einatmen.

Sie hielt den Atem für ein Zählintervall von sieben an, ließ die linke Hand wieder abwärts bis zum Steißbein gleiten und rotierte den gestreckten Arm nach vorn, bis der Handballen auf ihrem Schambein lag. Gleichzeitig führte sie den rechten Arm um die Hüfte nach vorn, legte die Faust auf den Rücken der linken Hand und schob, während sie das Ausatmen beendete, ihren linken Arm den Bauch hinauf.

»Das machst du einmal mit dem linken und einmal mit dem rechten Arm«, erläuterte Clara. »Das bringt die beiden Seiten ins Gleichgewicht.«

Um es zu zeigen, wiederholte sie die Bewegung seitenverkehrt und drehte diesmal den Kopf nach links.

»Jetzt versuch du es, Taisha«, sagte sie und trat zur Seite, damit ich meinen Arm rotieren konnte.

Ich machte es ihr nach. Beim Rückwärtskreisen des linken Arms empfand ich ein schmerzhaftes Reißen an seiner Unterseite, vom Finger bis in die Achselhöhle.

»Entspann dich und lass die Atemenergie durch den Arm fließen und an der Spitze des Zeigefingers austreten«, sagte Clara. »Halte ihn gestreckt und die anderen Finger gebeugt. So löst du alle Energieblockaden in den Leitbahnen deiner Arme.«

Der Schmerz wurde noch schärfer, als ich den gebeugten linken Arm den Rücken hinaufschob. Clara sah mein verzerrtes Gesicht und sagte: »Nicht zu sehr drücken, sonst zerrst du dir die Sehnen. Und lass die Schultern beim Drücken ein bisschen mehr nach vorn fallen.«

Nachdem ich die Bewegung mit dem rechten Arm ausgeführt hatte, empfand ich ein Brennen in der Oberschenkelmuskulatur, ausgelöst durch das Stehen mit gebeugten Knien. Ich stand zwar täglich so, wenn ich mich im Kung-Fu übte, aber jetzt zitterten mir die Beine, als stünden sie unter Strom. Clara ließ mich die Beine strecken und ein paar Mal schütteln, damit die Spannung nachließ.

Durch diese Geste, erklärte sie, werde Energie durch das Kreisen und Hochschieben der Arme in Verbindung mit dem Atem in die Brustorgane gelenkt und vitalisiere sie. Ganz in der Tiefe liegende Zentren, die selten aktiviert werden, erfahren eine Art Massage. Durch die Kopfdrehung werden die im Hals liegenden Drüsen massiert und die Energieleitbahnen, die zum Hinterkopf führen, geöffnet. Wenn diese Zentren durch die Energie des Atems geweckt und versorgt würden, schloss sie ihre Erklärung, könnten sie uns Geheimnisse erschließen, die unsere Vorstellungskraft überstiegen.

»Für die nächste Zaubergeste«, fuhr sie dann fort, »bleibst du aufrecht stehen und lässt die Füße zusammen; schau geradeaus, als stündest du vor einer Tür, die du aufmachen willst.«

Sie ließ mich die Hände bis in Augenhöhe heben und mit gekrümmten Fingern seitlich abwinkeln, als wollte ich eine zweigeteilte Schiebetür öffnen.

»Was du da aufmachen wirst, ist ein Spalt in den Energielinien der Welt«, sagte sie. »Stell dir diese Linien als feste senkrechte Stränge vor, die eine Wand vor dir bilden. Dann greife zwischen die Fasern und ziehe sie mit aller Kraft auseinander, so weit, bis die Öffnung groß genug ist, um durchzusteigen.«

Wenn ich diesen Durchstieg geschaffen hätte, sollte ich mit dem linken Fuß hineintreten und mich dann blitzschnell auf diesem Fuß gegen den Uhrzeigersinn um hundertachtzig Grad drehen, so dass ich in die Richtung blickte, aus der ich gekommen sei. Dabei würden mich die Energielinien, die ich zur Seite gedrückt hatte, einwickeln.

Für den Rückweg sollte ich die Linien wieder auseinander ziehen wie zuvor, dann mit dem rechten Fuß durch die Öffnung steigen und mich sofort um hundertachtzig Grad im Uhrzeigersinn drehen. Dadurch würde ich mich wieder aus den Fasern wickeln und dann so stehen wie am Beginn der Zaubergeste.

»Das ist eine der tief greifendsten und geheimnisvollsten Zaubergesten überhaupt«, hob sie mahnend hervor. »Damit können wir Türen zu anderen Welten öffnen, vorausgesetzt natürlich, wir haben einen Überschuss an Energie angesammelt und sind in der Lage, die *Absicht* dieser Geste in die Tat umzusetzen.«

Angesichts ihres Ernstes wurde mir ein wenig bang zumute. Ich wusste nicht, was mich erwartete, falls es mir gelang, die unsichtbare Tür zu öffnen. In barschem Ton gab sie mir einige letzte Anweisungen.

»Beim Einstieg muss der Körper sich fest verwurzelt, schwer und gespannt anfühlen. Aber wenn du drinnen bist und dich umgedreht hast, solltest du dich leicht und luftig fühlen, als schwebtest du aufwärts. Atme scharf aus, wenn du deinen Ausfall durch die Öffnung machst, aber drinnen musst du tief und langsam einatmen, um die Lunge ganz mit der Energie, die hinter der Wand ist, zu füllen.«

Ich übte die Geste mehrmals und Clara sah zu. Es war aber jedes Mal so, als würde ich nur die äußeren Bewegungen nachmachen; ich spürte nichts von den Energiefasern, die, wie Clara gesagt hatte, eine Art Wand vor mir bilden sollten.

»Du reißt die Tür nicht energisch genug auf«, korrigierte Clara. »Nutze deine innere Energie, nicht nur die Muskeln. Stoße alle Luft aus und zieh den Bauch ein, wenn du vorwärts springst. Wenn du drinnen bist, atme so oft du kannst. Aber Vorsicht, bleibe nicht länger als nötig.«

Ich bot all meine Kraft auf und griff in die Luft. Clara trat hinter mich, packte meine Unterarme und riss sie mit unglaublicher Kraft auseinander. Augenblicklich empfand ich, dass da eine Schiebetür aufgegangen war. Ich atmete mit einem scharfen Stoß aus und sprang – von Clara gestoßen – hindurch. Ich drehte mich um und atmete tief durch, war aber einen Augenblick lang in Sorge, ob ich wissen würde, wann ich wieder herauskommen musste. Clara spürte es wohl und sagte mir, wann ich mit dem Atmen aufhören und durch die Öffnung zurücksteigen sollte.

»Du wirst diese Zaubergeste für dich allein üben«, sagte Clara, »und sie bald perfekt beherrschen. Aber sei vorsichtig. Wenn du durch die Öffnung gegangen bist, kann alles Mögliche passieren. Denk immer daran, dass du vorsichtig, aber zugleich auch unerschrocken sein musst.«

»Woher weiß ich, wann beides richtig dosiert ist?«

Clara zuckte die Schultern. »Anfangs kannst du es nicht wissen. Aus Schaden wird man klug, so ist es leider.«

Vorsicht ohne Feigheit, sagte sie, hängt davon ab, ob wir unsere inneren Energien in der Hand haben und sie in die Reservekanäle leiten können, damit sie uns zur Verfügung stehen, wenn Außergewöhnliches verlangt wird.

»Mit genügend innerer Energie können wir alles erreichen«, schloss sie, »aber wir müssen sie speichern und verfeinern. Üben wir also noch ein paar von den Gesten, die du gelernt hast; mal sehen, ob du zu Vorsicht ohne Feigheit in der Lage bist und die Schattenwelt heraufbeschwören kannst.«

Ich spürte in mir ein Aufwallen von Energie, das mit kleinen Wirbeln im Bauch begann. Erst dachte ich, es sei Angst, aber mein Körper empfand nichts von Panik. Es war eher wie eine unpersönliche Kraft, bar aller Wünsche und Gefühlsregungen, die von innen nach außen drängte. Während sie in mir hochstieg, fühlte ich ein unwillkürliches Zucken im Bereich der Schulterblätter.

Clara ging in die Mitte des Patios und ich folgte ihr. Sie begann mit den Gesten, aber langsam genug, dass ich folgen konnte.

»Mach die Augen zu«, flüsterte sie. »Mit geschlossenen Augen kannst du die vorhandenen Energielinien besser nutzen, um dich im Gleichgewicht zu halten.«

Ich schloss die Augen und fing an, mich im Gleichtakt mit Clara zu bewegen. Es fiel mir nicht schwer, ihren subtilen Zeichen für Positionswechsel zu folgen, aber ich hatte Probleme mit dem Gleichgewicht. Ich wusste, es hatte damit zu tun, dass ich mich zu sehr anstrengte, die Bewegungen korrekt auszuführen; genau wie damals, als ich mit geschlossenen Augen zu gehen versuchte und immer wieder stolperte, weil ich mir den Erfolg so sehr wünschte. Doch allmählich verstummte dieser Wunsch, es besonders gut zu machen, und mein Körper wurde immer geschmeidiger und sicherer. Zunehmend bekam ich das Gefühl, keine Knochen und Gelenke zu haben, so sehr entspannte ich mich. Wenn ich die Arme hob, war mir, als könne ich sie bis in die Baumkronen strecken. Wenn ich die Knie beugte und meinen Schwerpunkt senkte, schoss ein Energiestrom durch meine Füße nach unten. Es fühlte sich an, als hätte ich Wurzeln getrieben. Von meinen Fußsohlen drangen Linien in die Erde, die mir eine noch nie erlebte Standfestigkeit gaben. Ganz allmählich verschwammen die Grenzen zwischen Körper und Umgebung. Mit jeder Zaubergeste schien mein Körper mehr mit der Dunkelheit zu verschmelzen, bis er schließlich ohne mein Zutun atmete und sich bewegte.

Ich konnte Claras Atem neben mir hören, während sie die gleichen Gesten ausführte. Trotz der geschlossenen Augen spürte ich ihre Gestalt und Haltung. Und dann geschah etwas noch viel Seltsameres: Es war, als würde hinter meiner Stirn ein Licht angeknipst. Aber als ich nach oben sah, wurde klar, dass dieses Licht gar nicht in mir war; es kam von oben durch die Baumkronen, als wäre eine gewaltige Flutlichtanlage eingeschaltet worden. Ich konnte Clara und alles andere auf dem Patio und in der Umgebung deutlich erkennen.

Das Licht war von höchst eigenartiger Färbung; ich konnte nicht recht unterscheiden, ob es rosa oder pink war oder eher pfirsichfarben oder blasses Terrakotta. An manchen Stellen schien die Intensität sich zu verändern, je nachdem, wohin ich schaute.

»Beweg den Kopf nicht«, sagte Clara und musterte mich interessiert. »Und halte die Augen geschlossen. Konzentrier dich einfach auf den Atem.«

Ich wusste nicht, weshalb sie sagte, ich solle meine Augen geschlossen halten, wenn sie doch sah, dass sie weit offen waren. Ich versuchte immer noch, die Farbe des Lichts zu bestimmen; sie schien sich mit jeder Kopfbewegung zu ändern. Und seine Intensität hing offenbar von der Intensität meines Blicks ab. Ich war so sehr mit diesem Licht um mich herum beschäftigt, dass der Atemrhythmus mir entglitt. Dann – so plötzlich, wie das Licht erschienen war – wurde es vollkommen dunkel um mich herum.

»Jetzt gehen wir in die Küche und essen was«, sagte Clara und gab mir einen Stups.

Etwas hielt mich noch fest. Ich war desorientiert, irgendetwas stimmte mit meiner Haltung nicht; mein Körper fühlte sich so schwer an, als säße ich.

»Du kannst die Augen jetzt aufmachen«, sagte Clara.

Es war mir noch nie so schwer gefallen, die Augen zu öffnen, wie in diesem Moment. Es schien ewig zu dauern und kaum hatte ich sie auf, fielen sie wieder zu. Dieses Öffnen und Zufallen schien eine ganze Weile so zu gehen, bis Clara mich an den Schultern schüttelte.

»Taisha, Augen auf!«, rief sie. »Dass du mir nicht einfach wegtrittst, hörst du?«

Ich schüttelte den Kopf, um ihn freizubekommen, und da sprangen die Augen auf. Sie waren die ganze Zeit geschlossen gewesen. Es war stockdunkel, aber es drang doch so viel Mondlicht durch die Blätter, dass ich Claras Umriss erkennen konnte. Wir saßen in den beiden Rattansesseln unter dem Baum.

»Wie bin ich hierher gekommen?«, fragte ich benommen.

»Zu Fuß«, sagte Clara trocken.

»Aber was ist passiert? Eben war es doch noch ganz hell und ich konnte alles deutlich sehen.«

»Passiert ist, dass du in der Welt der Schatten warst«, erwiderte Clara; es klang wie eine Gratulation. »Ich habe an deinem Atemrhythmus gemerkt, dass du da warst. Ich wollte dich nicht erschrecken, sonst hätte ich gesagt, du sollst mal nach deinem Schatten sehen. Und wenn du das getan hättest, dann wüsstest du jetzt ...«

Urplötzlich wusste ich, was Clara sagen wollte. »Da waren keine Schatten«, stieß ich erregt hervor. »Es war hell, aber nichts hatte einen Schatten.«

Clara nickte. »Heute Abend hast du etwas wirklich Wertvolles herausgefunden, Taisha. In den Welten außerhalb dieser Welt gibt es keine Schatten!«

12

Nachdem ich mich über acht Monate redlich um meine Rekapitulation bemüht hatte, konnte ich mich den ganzen Tag damit beschäftigen, ohne darüber zu brüten oder mich ablenken zu lassen. Einmal, als ich das Gebäude meines letzten High-School-Jahres, das Klassenzimmer und die Lehrer visualisierte, faszinierte es mich so sehr, zwischen den Bankreihen entlangzugehen und nachzusehen, wo die anderen aus meiner Klasse saßen, dass ich schließlich mit mir selbst redete.

»Wenn du Selbstgespräche führst, kannst du nicht richtig atmen«, hörte ich eine Stimme sagen.

Ich schreckte auf und stieß mir den Kopf an der Höhlenwand. Ich öffnete meine Augen, und das Bild des Klassenzimmers verblasste, als ich mich zum Eingang wandte. Vor dem hellen Hintergrund sah ich eine kauernde Männergestalt. Augenblicklich wusste ich, dass es der Meister-Zauberer war, den ich oben in den Hügeln schon einmal gesehen hatte. Er trug dieselbe grüne Windjacke und dieselbe Hose, aber diesmal konnte ich sein Profil sehen; er hatte eine vorspringende Nase und eine leicht fliehende Stirn.

»Nicht starren«, hörte ich ihn sagen. Es war eine leise Stimme, wie das Rollen eines Baches über Kiesel. »Wenn du mehr über das Atmen erfahren willst, dann bleib ganz still und geh zurück in dein inneres Gleichgewicht.«

Ich atmete tief durch, bis mich seine Gegenwart nicht mehr ängstigte und ich stattdessen Erleichterung empfand, dass ich ihn endlich kennen lernte. Er setzte sich mit überkreuzten Beinen und leicht vorgebeugt in den Höhleneingang, wie Clara es immer tat.

»Du bewegst dich zu ruckartig«, sagte er, die Stimme war wie ein leises Murmeln. »Atme so.«

Er atmete tief ein und wandte dabei den Kopf in einer weichen Bewegung nach links. Dann atmete er bis zum letzten Rest aus, wieder mit dieser ebenmäßigen Kopfbewegung, diesmal nach rechts. Danach drehte er den Kopf von der rechten Schulter zur linken und wieder zurück, ohne zu atmen, und schließlich wieder in die Mitte. Ich machte es nach und atmete so tief und vollständig ein und aus, wie ich konnte.

»Schon besser«, sagte er. »Wenn du ausatmest, wirf alle Gedanken und Gefühle raus, die du gerade durchgehst. Und beweg den Kopf nicht nur mit den Halsmuskeln. Du musst ihn mit den Energielinien aus deiner Körpermitte lenken. Diese Linien hervorzulocken ist eins der Dinge, die man mit der Rekapitulation erreicht.«

Er sagte, gleich unterhalb des Nabels sei ein Schlüsselzentrum der Kraft und alle Körperbewegungen, auch die Atmung, müssten sich dieses Energiepunkts bedienen. Es wäre gut, fuhr er fort, wenn ich meinen Atemrhythmus so mit den Kopfbewegungen synchronisierte, dass sie zusammen die unsichtbaren Energielinien aus meiner Körpermitte lockten und sie ins Unendliche ausdehnten.

»Gehören diese Linien zu meinem Körper oder muss ich sie mir vorstellen?«, fragte ich.

Er veränderte leicht seine Sitzposition, bevor er antwortete: »Diese unsichtbaren Linien gehören zu deinem weichen Körper, deinem Doppel. Je mehr Energie du durch Manipulation dieser Linien hervorlockst, desto stärker wird dein Doppel.«

»Ich meinte mit meiner Frage: Sind sie real oder imaginär?«

»Wenn die Wahrnehmung sich weitet, ist nichts mehr real und nichts imaginär«, erwiderte er. »Da ist dann nur noch Wahrnehmung. Mach die Augen zu und sieh selbst.«

Ich wollte die Augen nicht schließen. Ich wollte die Augen offen haben für den Fall, dass er plötzlich irgendetwas tat. Aber mein Körper wurde willenlos und schwer und die Augen fielen mir zu, mochte ich sie noch so angestrengt aufreißen.

»Was ist das Doppel?«, konnte ich mit Mühe noch fragen, bevor ich in schlaftrunkene Benommenheit verfiel.

»Gute Frage«, sagte er. »Sie zeigt, dass ein Teil von dir noch wach ist und zuhört.« Ich spürte, wie er einen tiefen Atemzug machte, der ihm den Brustkorb weitete. »Der stoffliche Körper ist eine Hülle, ein Behälter, wenn du so willst«, sagte er, nachdem er lang ausgeatmet hatte. »Durch Konzentration auf deinen Atem kannst du den festen Körper sich auflösen lassen, so dass nur noch der weiche, ätherische Teil übrig ist.«

Dann korrigierte er sich und sagte, dass der stoffliche Körper sich eigentlich nicht auflöse, sondern wir durch die veränderte Fixierung unseres Bewusstseins darauf aufmerksam würden, dass der Körper eigentlich nie fest gewesen sei. Diese Einsicht sei die genaue Umkehrung dessen, was in unserer Kindheit und Jugend geschah. Als Säuglinge waren wir uns unseres Doppels vollkommen bewusst; je größer wir wurden, desto mehr richteten wir uns auf die stoffliche Seite aus und desto mehr verloren wir unser ätherisches Sein aus dem Blick, bis wir als Erwachsene schließlich nicht mehr wussten, dass unsere weiche Seite überhaupt existiert.

»Der weiche Körper ist eine Masse von Energie«, erklärte er. »Wir nehmen nur seine harte äußere Schale wahr. Unserer ätherischen Seite können wir gewahr werden, wenn wir unsere *Absicht* wieder auf sie ausrichten.«

Er unterstrich, dass unser stofflicher Körper untrennbar mit seinem ätherischen Gegenstück verbunden ist, diese Verbindung uns aber verborgen sei, weil wir unser Denken und Fühlen ausschließlich auf den stofflichen Körper richteten. Um das Bewusstsein von unserer harten Seite auf die andere zu verlagern, wo alles im Fluss ist, müssen wir die Barriere beseitigen, die zwischen den beiden Seiten unserer Ganzheit entstanden ist.

Ich wollte ihn fragen, wie das zu bewerkstelligen sei, war jedoch außerstande, meine Gedanken auszusprechen.

»Die Rekapitulation trägt dazu bei, unsere Voreingenommenheit aufzulösen«, antwortete er auf meine stumme Frage. »Aber dann braucht es immer noch sehr viel Feingefühl und Konzentration, um das Doppel zu erreichen. Im Moment nutzt du deine ätherische Seite schon in gewissem Umfang. Du bist halb im Schlaf, aber irgendein Teil ist wach und aufnahmebereit. Dieser Teil hört mich und spürt meine Anwesenheit.«

Mit besonderem Nachdruck wies er darauf hin, dass mit dem Freisetzen der in uns gebundenen Energie eine beträchtliche Gefahr verbunden sei, denn unser Doppel sei verletzlich und könne leicht Schaden nehmen durch die Verlagerung unseres Bewusstseins von unserer harten auf diese weiche Seite.

»Man kann versehentlich eine Öffnung im ätherischen Gewebe schaffen und riesige Mengen Energie verlieren«, sagte er mahnend, »kostbare Energie, die du dringend brauchst, um ein gewisses Maß an Klarheit und Kontrolle in deinem Leben zu wahren.«

»Was ist das ätherische Gewebe?«, nuschelte ich wie im Schlaf.

»Das ätherische Gewebe ist ein Leuchten, das den stofflichen Körper umgibt«, erklärte er. »Dieses energetische Gewebe wird durch unser alltägliches Leben in Fetzen gerissen. Große Stücke gehen einfach verloren oder verknäulen sich mit den Energiebändern anderer. Wenn jemand zu viel von seiner Lebenskraft verliert, wird er krank oder stirbt.«

Seine Stimme hatte mich so vollkommen eingeschläfert, dass ich wie im Tiefschlaf aus dem Bauch atmete. Ich war an die Höhlenwand gesunken, empfand aber ihre Härte nicht.

»Das Atmen wirkt auf der physischen wie auf der ätherischen Ebene«, sagte er. »Es repariert alle Schäden im ätherischen Gewebe und sorgt dafür, dass es stark und geschmeidig bleibt.«

Ich wollte etwas zu meiner Rekapitulation fragen, konnte aber die Worte nicht bilden; sie kamen mir so weit weg vor. Doch er gab mir die Antwort trotzdem.

»Eben das hast du die letzten Monate mit deiner Rekapitulation gemacht. Du ziehst Fasern deines ätherischen Gewebes, die durch dein Alltagsleben verloren gegangen sind oder sich verfangen haben, zu dir zurück. Durch die Ausrichtung auf das jeweilige Geschehen holst du dir zurück, was du in über zwanzig Jahren an Tausenden von Schauplätzen gelassen hast.«

Ich hätte noch gern gewusst, ob das Doppel eine bestimmte Gestalt oder Farbe hat. Ich dachte an die Aura. Er antwortete nicht. Nach einer langen Stille öffnete ich mühsam die Augen und sah, dass ich allein war. Angestrengt blickte ich durch das Dunkel zum hellen Eingang hin, wo ich zuvor seinen Umriss gegen das

Licht gesehen hatte. Ich nahm an, dass er sich ein Stück zur Seite entfernt hatte und ganz in der Nähe darauf wartete, dass ich aus der Höhle kroch. Während ich noch zum Eingang schaute, erschien vor mir in der Luft, vielleicht einen halben Meter entfernt, eine helle Lichtkugel. Einerseits erschreckte mich diese Sinnestäuschung, doch zugleich ging ein solcher Zauber von ihr aus, dass ich den Blick nicht abwenden konnte. Ich hatte die für den Verstand unsinnige Gewissheit, dass dieses Licht lebendig und bewusst war und wahrnahm, dass meine Aufmerksamkeit auf es gerichtet war. Plötzlich verdoppelte diese glühende Kugel ihre Größe und umgab sich mit einem tief purpurnen Ring.

Ich schloss schaudernd die Augen in der Hoffnung, die Erscheinung würde verschwinden, damit ich beim Verlassen der Höhle nicht durch dieses Licht musste. Das Herz pochte mir heftig in der Brust und ich schwitzte. Die Kehle war trocken und wie zugeschnürt. Mit großer Anstrengung gelang es mir, den Atem zu beruhigen. Als ich die Augen öffnete, war das Licht nicht mehr da. Ich war versucht, das Ganze einfach als Traum zu erklären, denn ich fiel bei meiner Rekapitulation häufig in Halbschlaf. Aber die Erinnerung an den Meister-Zauberer und alles, was er gesagt hatte, war so lebendig, dass ich mir der Wirklichkeit des Erlebten fast sicher war.

Vorsichtig kroch ich aus der Höhle, zog mir die Schuhe an und nahm den kurzen Weg zum Haus. Clara stand an der Wohnzimmertür, als erwartete sie mich. Noch keuchend stieß ich hervor, ich hätte entweder eben mit dem Meister-Zauberer gesprochen oder einen unglaublich lebensechten Traum von ihm gehabt. Sie lächelte und wies mit einer kaum merklichen Kinnbewegung zum Sessel hin. Mir stockte der Atem. Da saß er, der Mann, der vor ein paar Minuten noch bei mir in der Höhle gewesen war; nur trug er jetzt andere Kleidung, eine graue Wollweste, ein Sporthemd und eine elegante Hose.

Er war viel älter – aber auch vitaler –, als ich gedacht hatte. Sein Alter war für mich unmöglich zu schätzen, er hätte vierzig, aber auch siebzig sein können. Er schien sehr kräftig zu sein und war weder hager noch beleibt. Er war dunkel und sah indianisch aus. Unter seiner vorspringenden Nase erkannte ich jetzt den starken Mund und das eckige Kinn und die blitzenden schwarzen Augen hatten wirklich den eindringlichen Blick, den ich schon in der Höhle empfunden hatte. Alle diese Züge wurden noch unterstrichen durch sein dichtes, schimmernd weißes Haar. Das Erstaunliche an diesem Haar war, dass es ihn nicht zu einem alten Mann machte, wie man es sonst gewohnt ist. Ich musste daran denken, wie alt mein Vater wirkte, als sein Haar sich silbern färbte, und wie sehr er sich mühte, es unter künstlichen Färbungen und Hüten verschwinden zu lassen; es half alles nichts, denn das Alter war in seinem Gesicht, in seinen Händen, in seinem ganzen Körper.

»Taisha, darf ich dir unseren Besuch vorstellen?«, sagte Clara. »Das hier ist Mr John Michael Abelar.«

Der Mann stand höflich auf und streckte mir die Hand hin. »Sehr erfreut, Taisha«, sagte er in akzentfreiem Englisch und schüttelte mir kräftig die Hand.

Ich hätte ihn gern gefragt, was er hier tat, wie er sich so schnell umgezogen hatte und ob er wirklich bei der Höhle gewesen war oder nicht. Ein Dutzend Fragen ging mir im Kopf herum, aber ich war zu verdattert und auch zu schüchtern, um sie zu stellen. Ich versuchte, so zu tun, als sei ich ganz ruhig und nicht annähernd so verstört, wie ich es tatsächlich war. Ich erwähnte sein ausgezeichnetes Englisch und seine klare Ausdrucksweise vorhin in der Höhle.

»Nett, dass du das sagst«, erwiderte er mit entwaffnendem Lächeln. »Aber man darf erwarten, dass ich ordentlich Englisch spreche. Ich bin ein Yaqui, in Arizona geboren.«

»Wohnen Sie in Mexiko, Mr Abelar?«, fragte ich unbeholfen.

»Ja. Ich wohne in diesem Haus. Bei Clara.«

Er warf ihr einen Blick zu, den ich nur als schiere Zuneigung deuten konnte. Mir fiel nichts mehr ein, was ich hätte sagen können. Aus irgendeinem unbekannten Grund war ich plötzlich sehr verlegen und peinlich berührt.

»Wir sind nicht Mann und Frau«, sagte Clara, wie um mich zu beruhigen, und beide schüttelten sich vor Lachen.

Aber ihr Lachen machte mir das Herz nicht leichter, sondern brachte mich nur noch mehr in Verlegenheit. Und was das Schlimmste war, mir wurde auf einmal klar, was ich da empfand: pure Eifersucht. Ein plötzlicher Besitzimpuls, das Gefühl, dass er mir gehörte.

Schnell versuchte ich, meine Verlegenheit mit trivialen Fragen zu überspielen: »Sind Sie schon lange hier in Mexiko?«

»Ja, bin ich.«

»Und haben Sie vor, in die Staaten zurückzukehren?«

Er fixierte mich mit einem grimmigen Blick, lächelte dann aber und sagte in sehr freundlichem Tonfall: »Das sind belanglose Einzelheiten, Taisha. Warum fragst du nichts über das, was wir in der Höhle besprochen haben? War irgendwas unklar?«

Clara schlug vor, dass wir uns setzten. Sie und ich saßen auf dem Sofa, Mr Abelar im Sessel. Ich bat ihn, mir noch mehr über das Doppel zu erzählen. Dieses Thema interessierte mich außerordentlich.

»Es gibt ein paar Menschen, die Meister des Doppelgängers sind«, begann er. »Sie können nicht nur ihr Bewusstsein auf ihn ausrichten, sondern ihn auch aktiv werden lassen. Die meisten von uns nehmen allerdings kaum auch nur sein Vorhandensein wahr.«

»Was macht denn der Doppelgänger?«

»Alles, was wir möchten. Er kann über Bäume springen oder durch die Luft fliegen, er kann klein oder groß werden oder Tiergestalt annehmen. Oder er kann die Gedanken anderer lesen oder selbst ein Gedanke werden und sich augenblicklich über ungeheure Entfernungen hinwegbewegen.«

»Er kann sogar wie das Selbst handeln«, warf Clara ein und sah mich direkt an. »Wenn man weiß, wie man ihn benutzt, kann man vor irgendwem auftauchen und mit ihm reden, als wäre man selbst da.«

Mr Abelar nickte. »In der Höhle konntest du meine Anwesenheit mit dem Doppel wahrnehmen. Und erst als der Verstand wieder wach wurde, hattest du Zweifel an der Realität der Erfahrung.«

»Ich habe immer noch Zweifel«, sagte ich. »Waren Sie wirklich da?«

»Natürlich«, erwiderte er augenzwinkernd. »So wirklich, wie ich jetzt hier bin.«

Einen Augenblick lang überlegte ich, ob ich vielleicht jetzt träumte. Aber mein Verstand sagte mir, dass das unmöglich sein könne. Trotzdem, nur um sicherzugehen, berührte ich den Tisch; er fühlte sich fest an.

»Wie haben Sie das gemacht?«, fragte ich und lehnte mich in die Polster.

Mr Abelar antwortete nicht gleich, er schien sich die Worte zurechtzulegen. »Ich habe meinen physischen Körper losgelassen und meinem Doppelgänger freie Hand gelassen«, sagte er. »Wenn unser Bewusstsein an den Doppelgänger gebunden ist, haben die Gesetze der stofflichen Welt keinen Einfluss mehr auf uns. Wir stehen dann unter der Herrschaft ätherischer Kräfte. Solange unser Bewusstsein jedoch an den physischen Körper gebunden ist, unterliegen wir der Schwerkraft und anderen Beschränkungen.«

Ich wusste immer noch nicht, ob das bedeutete, dass er an zwei Orten zugleich sein konnte. Er schien meine Verwirrung zu spüren.

»Clara hat mir erzählt, dass du dich für die Kampfkünste interessierst«, sagte Mr Abelar. »Der Unterschied zwischen einem gewöhnlichen Menschen und einem Kung-Fu-Meister besteht darin, dass der Meister Kontrolle über seinen weichen Körper gewonnen hat.«

»Das haben meine Karate-Lehrer mir auch immer gesagt«, antwortete ich. »Die Kampfkunst trainiert die weiche Seite des Körpers. Aber ich habe nie verstanden, was sie meinten.«

»Sie haben vermutlich gemeint«, sagte er, »dass einer, der seine Kampfkunst wirklich beherrscht, den Gegner an den verwundbaren Punkten seines weichen Körpers trifft. Zerstörerisch ist nicht die Kraft seines stofflichen Körpers, sondern der Umstand, dass er im ätherischen Körper des Gegners eine Öffnung schafft. In diese Öffnung kann er eine Kraft schleudern, die das ätherische Gewebe zerreißt und große Schäden anrichten kann. Der Gegner hat dann vielleicht das Gefühl, nur einen leichten Schlag abbekommen zu haben, aber es kann sein, dass er Stunden oder Tage später an diesem Schlag stirbt.«

»Das stimmt«, schaltete Clara sich ein. »Lass dich nie von äußeren Bewegungen täuschen, von dem, was du siehst. Viel wichtiger ist das, was du nicht siehst.«

Von meinen Karate-Lehrern hatte ich oft entsprechende Geschichten gehört. Aber wenn ich sie fragte, wie dergleichen bewerkstelligt würde, bekam ich nur unzusammenhängende Erklärungen. Damals dachte ich, dass meine japanischen Lehrer vielleicht nicht in der Lage waren, solch subtile Dinge auf Englisch zu erklären. Jetzt sprach Mr Abelar von etwas ganz Ähnlichem, und obwohl er sich bestens auszudrücken verstand, begriff ich immer noch nicht, was mit dem weichen Körper oder Doppelgänger gemeint war und wie man sich seine mysteriösen Kräfte erschließt.

Ich fragte mich, ob Mr Abelar vielleicht eine Kampfkunst praktizierte, aber bevor ich ihn fragen konnte, sprach er weiter: »Die echten Kampfkünstler, wie Clara sie mir aufgrund ihrer Schulung in China geschildert hat, sind auf die Beherrschung ihres weichen Körpers aus. Und den Doppelgänger beherrscht man nicht mit dem Verstand, sondern mit der *Absicht*. Man kann sich ihm nicht denkend nähern, man kann ihn nicht rational verstehen. Wir müssen ihn fühlen, weil er mit leuchtenden Energielinien verbunden ist, die kreuz und quer durchs Universum laufen.« Er berührte sich am Kopf und wies nach oben. »Eine Linie zum Beispiel geht vom Scheitelpunkt aus nach oben und gibt dem Doppelgänger sein Ziel und seine Richtung. An dieser Linie ist der Doppelgänger sozusagen aufgehängt und sie zieht ihn in die Richtung, in die er möchte. Wenn er aufwärts möchte, braucht er nur ›aufwärts‹ zu *beabsichtigen*. Wenn er in den Boden einsinken möchte, braucht er nur ›abwärts‹ zu *beabsichtigen*. So einfach ist das.«

Clara fragte mich, ob ich mich erinnerte, was sie mir an dem Tag gesagt hatte, als wir im Garten den Sonnenatem geübt hatten: dass der Scheitelpunkt des Kopfes stets geschützt sein müsse. Ich erwiderte, dass ich mich sehr gut erinnerte und seitdem nicht mehr ohne Hut aus dem Haus zu gehen wagte. Sie fragte weiter, ob ich Mr Abelars Worten folgen könne. Ich versicherte, ich verstünde ihn ohne weiteres, wenngleich die Einzelheiten mir rational nicht nachvollziehbar seien. Tatsächlich war seine Darstellung mir einerseits unbegreiflich, zugleich aber vertraut und plausibel. Clara nickte und sagte, das liege daran, dass er sich direkt an eine Seite von mir wandte, die nicht rational war und die Dinge unmittelbar erfassen konnte, zumal wenn ein Zauberer sie direkt ansprach.

Was Clara da sagte, traf zu. Mr Abelar hatte etwas an sich, was auf mich eine noch beruhigendere Wirkung hatte als sie. Es lag nicht an seiner höflichen, leisen Art, sondern da war etwas in der Eindringlichkeit seines Blicks, das mich zuzuhören und seinen Erläuterungen zu folgen zwang, obwohl sie für den Verstand unsinnig waren. Ich hörte mich fragen, als wüsste ich, wovon die Rede war:

»Werde ich irgendwann fähig sein, meinen weichen Körper zu erreichen?«

»Die Frage ist, Taisha, ob du ihn erreichen willst«, sagte Mr Abelar.

Ich überlegte kurz. Durch meine Rekapitulation hatte ich herausgefunden, dass ich selbstgefällig und feige war und allem Unangenehmen, Mühsamen oder Beängstigenden immer erst mal auswich. Aber ich war auch sehr auf ungewöhnliche Erfahrungen aus und hatte, wie Clara mir einmal gesagt hatte, eine gewisse Neigung zur Tollkühnheit.

»Ich möchte zu gern wissen, was es mit dem Doppelgänger auf sich hat«, sagte ich. »Also ja, ich möchte ihn erreichen.«

»Um jeden Preis?«

»So lange ich nicht meinen Körper verkaufen muss.« Mehr als diese kümmerliche Antwort fiel mir nicht ein.

Sie bekamen beide einen solchen Lachanfall, dass ich schon fürchtete, sie würden sich gleich am Boden wälzen. Ich hatte das gar nicht scherzhaft gemeint, denn schließlich wusste ich ja wirklich nicht, was sie für heimliche Pläne mit mir hatten. Mr Abelar schien meine Gedanken zu erahnen, denn er sagte, es sei an der Zeit, mich mit gewissen Grundsätzen ihrer Welt vertraut zu machen. Er richtete sich auf und wurde ganz ernst.

»Was die Menschen normalerweise umtreibt, ist für uns nicht mehr von Bedeutung«, sagte er. »Moral und Unmoral und selbst das Fehlen von Moral interessieren uns nicht mehr. Alles, was wir an Energie haben, fließt in das Erkunden neuer Wege.«

»Können Sie mir ein Beispiel für einen neuen Weg geben, Mr Abelar?«, fragte ich.

»Aber gewiss. Wie wäre es mit deiner derzeitigen Beschäftigung, der Rekapitulation? Ich spreche deshalb jetzt mit dir, weil du mit Hilfe der Rekapitulation genug Energie gespeichert hast, um gewisse körperliche Grenzen zu durchbrechen. Du hast, wenn auch nur für Augenblicke, unvorstellbare Dinge wahrgenommen, die, um mit Claras Worten zu sprechen, nicht zu deinem alltäglichen Inventar gehören.«

»Mein alltägliches Inventar ist ziemlich kaputt«, warnte ich. »Mir wird durch die Rekapitulation allmählich klar, dass ich völlig verrückt war. Und ich muss immer noch verrückt sein. Der Beweis: Ich bin hier und weiß nicht, ob ich wache oder träume.«

Wieder brachen sie in Gelächter aus, als sähen sie sich eine Comedy-Sendung an, bei der eben die Pointe gefallen war.

»Ich weiß sehr gut, wie verrückt du bist«, sagte Mr Abelar im Ton einer abschließenden Feststellung. »Aber nicht weil du hier bei uns bist. Außerdem bist du weniger verrückt, als dass du dich gehen lässt. Immerhin, seit du hier bist, hast du dich nicht mehr ganz so gehen lassen wie früher, auch wenn du selbst einen anderen Eindruck hast. Bleibt also gerechterweise einzuräumen, dass manches von dem, was du Claras Bericht zufolge geschafft hast, zum Beispiel das Eintreten in die Welt der Schatten, nichts mit Sichgehenlassen oder Verrücktheit zu tun hat. Das ist aus der Sicht der Alltagswelt unvorstellbar und hat keinen Namen – ein neuer Weg.«

Es folgte ein langes Schweigen, das mich unruhig hin- und herrutschen ließ. Ich hätte gern etwas gesagt, um den Bann zu brechen, aber mir fiel nichts ein. Noch schlimmer wurde es dadurch, dass Mr Abelar mir immer wieder Seitenblicke zuwarf. Dann flüsterte er Clara etwas zu, und sie lachten beide in sich hinein, was mich furchtbar irritierte, weil sie ja nur über mich lachen konnten.

»Vielleicht geh ich jetzt besser in mein Zimmer«, sagte ich und wollte aufstehen.

»Bleib sitzen, wir sind noch nicht fertig«, sagte Clara.

»Du hast keine Ahnung, wie sehr wir deine Anwesenheit schätzen«, sagte Mr Abelar unvermittelt. »Wir finden dich komisch, weil du so exzentrisch bist. Bald wirst du noch jemand anderen aus unserer Gruppe kennen lernen, eine Frau, die genauso exzentrisch wie du ist, aber viel älter. Du erinnerst uns an sie, wie sie in ihrer Jugend war. Deswegen lachen wir. Nimm es uns nicht übel.«

Ich mochte es gar nicht, wenn man über mich lachte, aber seine Entschuldigung war so echt, dass ich sie annahm. Mr Abelar sprach dann wieder über den Doppelgänger, als hätte es keine Unterbrechung gegeben.

»Wenn wir unsere Vorstellungen vom physischen Körper mehr und mehr loslassen, verlagert sich das Bewusstsein ganz allmählich oder auch plötzlich auf unsere weiche Seite. Um das zu beschleunigen, muss unsere physische Seite absolut still bleiben, gleichsam suspendiert wie im Tiefschlaf. Das ist die Schwierigkeit: unseren physischen Körper zum Mitmachen zu überreden; er gibt die Kontrolle nämlich nicht gern ab.«

»Und wie kann ich von meinem physischen Körper loslassen?«, fragte ich.

»Du musst ihn überlisten«, sagte er. »Du gibst ihm das Gefühl, tief eingeschlafen zu sein; du ziehst dein Bewusstsein von ihm ab und schläferst ihn dadurch gezielt ein. Wenn Körper und Geist zur Ruhe gekommen sind, wacht der Doppelgänger auf und nimmt die Sache in die Hand.«

»Ich glaube, ich kann Ihnen nicht folgen«, sagte ich.

»Taisha, spiel hier nicht den *Advocatus Diaboli*«, fuhr Clara mich an. »Du musst das in der Höhle schon gemacht haben. Um den *Nagual* zu sehen, musst du deinen Doppelgänger benutzt haben. Du hast geschlafen und warst gleichzeitig vollkommen bewusst.«

Ich horchte auf. Sie hatte Mr Abelar als »Nagual« bezeichnet. Ich fragte, was dieses Wort bedeute.

»John Michael Abelar ist der Nagual«, sagte sie voller Stolz. »Er ist mein Führer; er ist mein Leben, durch ihn bin ich, was ich bin. Er ist nicht, auch nicht im weitesten Sinne, mein Mann, und doch ist er die Liebe meines Lebens. Wenn er das alles mal für dich ist, dann ist er auch für dich der Nagual. Bis dahin ist er Mr Abelar oder auch John Michael.«

Mr Abelar lachte, als machte Clara Scherze, aber Clara hielt meinen Blick noch lange genug fest, um mir zu verstehen zu geben, dass es ihr ernst war.

Nach einer Weile brach Mr Abelar das Schweigen. »Um den weichen Körper zu aktivieren, müssen zuerst bestimmte Körperzentren geöffnet werden, die wie Pforten sind. Wenn alle Pforten offen sind, kann dein Doppelgänger aus seiner Schutzhülle heraustreten. Ohne das bleibt er für immer in seine Schale eingeschlossen.«

Er bat Clara, eine Matte aus dem Schrank zu holen. Er breitete sie auf dem Boden aus und forderte mich auf, mich mit anliegenden Armen auf den Rücken zu legen.

»Was wollen Sie jetzt mit mir machen?«, fragte ich besorgt.

»Nicht das, was du denkst«, raunzte er.

Clara kicherte. »Taisha hat immer ein waches Auge auf die Männer«, erklärte sie Mr Abelar.

»Hat ihr nicht gut getan«, gab er zurück und meine Verlegenheit wuchs ins Grenzenlose. Dann sah er mich an und erklärte, er werde mir eine einfache Methode zeigen, mit der ich das Bewusstsein von meinem physischen Körper auf das ihn umgebende Energiegewebe verlagern könne.

»Leg dich hin und mach die Augen zu, aber schlaf nicht ein.«

Sehr befangen tat ich, was er sagte; mich vor ihnen hinzulegen hatte ein seltsames Gefühl von Wehrlosigkeit zur Folge. Er kniete sich neben mich und sprach sanft und eindringlich. »Stell dir Linien vor, die seitlich aus deinem Körper kommen, von den Füßen aufwärts.«

»Und wenn ich mir keine Linien vorstellen kann?«

»Du kannst, wenn du nur willst. Du musst alle Kraft aufbieten und diese Linien durch deine *Absicht* erscheinen lassen.«

Er erläuterte, das sei eigentlich kein Vorstellen der Linien, sondern ein nicht näher zu erklärendes Herausziehen, das an den Zehen beginne und sich seitlich am Körper bis zum Kopf hinaufziehe. Außerdem sollte ich Linien empfinden, die von meinen Fußsohlen ausgingen und sich dann um meinen ganzen Körper legten, bis zum Hinterkopf; und schließlich Linien, die von meiner Stirn nach oben und dann abwärts an der Vorderseite meines Körpers entlang bis zu den Füßen ausstrahlten, so dass ein Netz oder Kokon aus leuchtender Energie entstand.

»Das musst du üben, bis du von deinem stofflichen Körper loslassen und deine Aufmerksamkeit willentlich auf dein leuchtendes Netz übertragen kannst«, sagte er. »Schließlich kannst du das Netz dann mit einem einzigen Gedanken auswerfen und halten.«

Ich versuchte loszulassen. Seine Stimme war beruhigend. Sie hatte etwas Hypnotisches; manchmal schien sie ganz nah zu sein, dann wieder von weither zu kommen. Er schärfte mir ein, auf Stellen zu achten, wo das Netz sich gespannt anfühlte oder die Linien schwer zu dehnen waren oder sich sogar zurückrollten: das seien Stellen, wo mein Körper schwach oder geschädigt sei.

»Solche Stellen kannst du heilen, wenn du den Doppelgänger das Netz ausbreiten lässt«, sagte er.

»Wie mache ich das?«

»Indem du es *beabsichtigst*, aber nicht mit Gedanken. *Beabsichtige* es mit deiner *Absicht*, also mit der Schicht, die unter dem Denken liegt. Hör genau hin, such unter den Gedanken danach, abseits der Gedanken. Die *Absicht* ist vom Denken so weit weg, dass wir nicht über sie sprechen können; wir können sie nicht einmal fühlen. Aber wir können sie benutzen.«

Mit meiner *Absicht* zu *beabsichtigen*, das war mir völlig unvorstellbar. Mr Abelar sagte, es dürfe mir eigentlich nicht schwer fallen, das Netz auszuwerfen, denn in den letzten Monaten hätte ich durch meine Rekapitulation unwissentlich immer wieder mal solche ätherischen Linien projiziert. Am besten sei es, mit der Konzentration auf meinen Atem zu beginnen.

Nach Stunden, so schien es mir, während deren ich ein oder zwei Mal eingenickt sein muss, begann ich eine intensive kribbelnde Wärme in den Füßen und im Kopf zu fühlen. Die Wärme dehnte sich aus und bildete einen Ring, der meinen Körper der Länge nach einschloss.

Mit leiser Stimme rief Mr Abelar mir ins Gedächtnis, ich solle meine Aufmerksamkeit auf die Wärme außerhalb meines Körpers richten und sie auszudehnen versuchen, indem ich sie von innen herausdrückte und sich ausweiten ließ.

Ich konzentrierte mich auf den Atem, bis alle Spannung in mir sich gelöst hatte. Ich entspannte mich noch weiter und ließ die prickelnde Wärme sich ihren eigenen Weg suchen. Sie ging nicht nach außen und dehnte sich nicht aus. Sie zog sich vielmehr zusammen, bis ich auf einem riesigen Ballon zu liegen und im All zu schweben schien. Der Atem stockte und eine plötzliche Erstickungsangst kam über mich. Dann brach sich etwas Bahn, was außerhalb meiner selbst war, und übernahm das Atmen für mich. Wellen von besänftigender Energie umgaben mich, pulsierend, dann wurde alles schwarz und ich konnte mein Bewusstsein auf nichts mehr ausrichten.

13

Ich erwachte davon, dass Clara mir sagte, ich solle mich aufsetzen. Es dauerte einige Zeit, bis ich der Aufforderung nachkommen konnte, denn erstens war ich völlig desorientiert und zweitens waren mir die Beine eingeschlafen. Clara war sich meiner Schwierigkeiten offenbar bewusst, denn sie packte mich unter den Armen und half mir aufzusitzen. Dann stopfte sie ein Kissen in meinen Rücken, so dass ich ohne ihre Hilfe sitzen konnte. Ich war in meinem Bett und hatte mein Nachthemd an. Dem Lichteinfall nach musste es später Nachmittag sein.

»Was ist passiert?«, murmelte ich. »Hab ich die ganze Nacht geschlafen?«

»Allerdings«, erwiderte Clara. »Ich war schon in Sorge. Du bist völlig ausgeklinkt und in einem Niemandsland der Wahrnehmung gelandet. Es war einfach kein Durchkommen mehr zu dir. Da haben wir gedacht, es ist das Beste, wenn du es wegschläfst.«

Ich beugte mich vor und rieb mir die Beine, bis das Ameisenlaufen aufhörte. Ich war immer noch wie übernächtigt und fühlte mich seltsam entkräftet.

»Du musst mit mir reden, bis du wieder richtig zu dir kommst«, sagte Clara in einem Ton, der keinen Widerspruch duldete. »Das ist jetzt mal eine Situation, in der reden gut für dich ist.«

»Mir ist gar nicht nach reden«, sagte ich und ließ mich wieder in die Kissen sacken. Mir brach der kalte Schweiß aus, Arme und Beine waren schlapp und wie aus Gummi. »Hat Mr Abelar was mit mir gemacht?«

»Solange ich hingesehen hab, nicht.« Clara lachte vergnügt über ihren eigenen Witz. Sie ergriff meine Hände und rieb die Handrücken, um mich wieder zu beleben.

»Was war denn nun wirklich los, Clara? Ich weiß überhaupt nichts mehr.«

Sie machte es sich auf der Bettkante bequem. »Deine erste Begegnung mit dem Nagual war zu viel für dich«, sagte sie. »Du bist zu schwach, das war los. Aber du solltest dich gar nicht erst damit befassen; du bist so leicht zu entmutigen. Außerdem möchte ich nicht, dass du zwischen den Zeilen liest, wie du das so gern tust, und dann die falschen Schlüsse ziehst.«

»Wenn ich gar nicht weiß, was passiert ist, wie soll ich da zwischen den Zeilen lesen?«, sagte ich zähneklappernd.

»Du würdest schon einen Weg finden«, seufzte Clara. »Du bist Expertin im voreiligen Schlussfolgern. Und dass du nicht weißt, was los ist, macht gar nichts; du meinst doch immer, du wüsstest es.«

Unübersichtliche Situationen hasste ich, das musste ich zugeben. Ich wollte wissen, was vorging, damit ich mich auf alle Eventualitäten einstellen konnte.

»Deine Mutter hat dir beigebracht, die perfekte Frau zu sein«, sagte Clara. »Eine perfekte Frau beobachtet ihre Umgebung genau und zieht aus ihrer Beobachtung sofort alle notwendigen Schlüsse, vor allem, wenn ein Mann im Spiel ist. Sie erahnt seine geheimsten Wünsche. Sie bemerkt an ihm jede noch so feine Stimmungsänderung, weil sie immer meint, solche Änderungen hingen von dem ab, was sie selbst sagt oder tut. Folglich glaubt sie, es sei ihre Aufgabe, dem Mann alles recht zu machen.«

Ich hatte durch meine Rekapitulation erfahren, dass ich tatsächlich immer wieder so handelte, und musste Clara Recht geben. Ich war bestens geschult. Schon an einem Blick oder einem Seufzen oder dem Tonfall meines Vaters erkannte ich, was er dachte oder fühlte. Bei meinen Brüdern war es ebenso. Der leiseste Wink – und ich sprang. Schlimmer noch, ich brauchte nur den Eindruck zu haben, dass ein Mann mich nicht mochte, schon überschlug ich mich schier, um ihn für mich einzunehmen.

Clara versetzte mir einen leichten Stoß in die Seite, wie um meine Aufmerksamkeit zu gewinnen.

»Wären wir beide gestern Abend allein gewesen, dann wärst du wahrscheinlich nicht so publikumswirksam in Ohnmacht gefallen«, sagte sie mit einem höchst unzarten Lächeln.

»Was soll das heißen? Dass ich Mr Abelar attraktiv finde?«

»Genau das. Wenn ein Mann in der Nähe ist, verwandelst du dich augenblicklich. Du wirst dann die Frau, die alles aufbietet, um die Aufmerksamkeit des Mannes auf sich zu ziehen, sogar eine Ohnmacht.«

»Da muss ich dir leider widersprechen. Ich wollte mich wirklich nicht vor Mr Abelar produzieren.«

»Denk mal drüber nach. Streite es nicht einfach ab. Ich meine das nicht als Angriff gegen dich. Ich mach dich nur auf eine Reaktionsweise aufmerksam, die auch mal meine war.«

Ganz in der Tiefe wusste ich, wovon Clara sprach. Mr Abelar besaß trotz seines Alters einen solch charismatischen Charme, dass ich ihn äußerst anziehend fand. Doch ich gab es nicht zu, weder mir selbst noch Clara gegenüber. Zum Glück verfolgte Clara das Thema nicht weiter.

»Ich versteh dich sehr gut, ich hatte auch meinen John Michael Abelar«, sagte sie. »Das war der Nagual Julian Grau, der schönste und liebenswürdigste Mensch, den es je gegeben hat. Er war charmant, schelmisch und komisch, wirklich unvergesslich. Alle aus meiner Familie beteten ihn an, auch John Michael. Wir haben den Boden geküsst, auf dem er ging.«

Als ich Clara so schwärmen hörte, konnte ich mir den Gedanken nicht verkneifen, dass sie zu lange im Orient gewesen war. Ich hatte die Verehrung, die Karate-Schüler ihrem Lehrer oder *Sensei* erweisen, immer als abstoßend empfunden. Auch sie küssten buchstäblich den Boden, auf dem ihr Lehrer ging, wenn sie den Kopf bis zum Boden neigten, sobald der Meister den Raum betrat. Ich sagte Clara nichts davon, aber ich fand, dass sie durch solche Verehrung ihres Lehrers sich selbst erniedrigte.

»Alles, was wir wissen, haben wir vom Nagual Julian«, sagte sie, meine kritische Haltung offenbar nicht bemerkend. »Sein Leben war dem Ziel geweiht, uns zur Freiheit zu führen. John Michael Abelar erhielt von ihm besondere Unterweisungen, durch die er schließlich der neue Nagual werden konnte.«

»Heißt das, Clara, dass ein Nagual wie ein König ist?«, fragte ich, weil ich sie auf die Gefahr und den Irrtum allzu großer Verehrung aufmerksam machen wollte.

»Nein. Keineswegs. Ein Nagual kommt sich in keiner Weise wichtig vor. Und genau deshalb lieben wir ihn über alles.«

»Ich wollte wissen, Clara, ob er seine Stellung durch Erbfolge bekommt«, korrigierte ich mich schnell.

»O ja, er ist ein Erbe, aber nicht wie ein König. Könige sind die Söhne von Königen. Ein Nagual muss vom *Geist* erwählt werden. Er kann sich nicht selbst als Führer einsetzen; das muss der *Geist* tun. Ein Nagual ist zunächst mal ein Mensch von außergewöhnlicher Energie. Aber erst wenn ihm die Regel des Naguals vermittelt worden ist, wird er tatsächlich ein Nagual.«

Ich verstand, was Clara sagte, aber irgendetwas daran bereitete mir ein seltsames Missbehagen. Ich überlegte, was es sein mochte, und kam darauf, dass ich mit der Aussage, der *Geist* müsse die Wahl treffen, nichts anzufangen wusste.

»Wie entscheidet der *Geist,* wen er wählt?«, fragte ich.

Clara schüttelte den Kopf. »Das, liebe Taisha, ist ein unergründliches Geheimnis. Ein Nagual kann entweder tun, was der *Geist* sagt, oder jämmerlich versagen.«

Ich dachte an Mr Abelar und überlegte, was der *Geist* mit ihm vorhaben mochte. Ich dachte auch daran, dass Clara gesagt hatte, er werde vielleicht eines Tages auch für mich der Nagual sein.

»Wo ist Mr Abelar überhaupt?«, fragte ich möglichst beiläufig.

»Er ist gegangen, als er sah, dass du nur noch zum Auszählen dalagst.«

»Kommt er wieder?«

»Sicher. Er wohnt ja hier.«

»Wo denn, Clara? Auf der linken Seite?«

»Ja. Da ist er im Moment. Vielleicht nicht eben jetzt, aber zur Zeit. Manchmal wohnt er auch bei mir auf der rechten Seite. Ich versorge ihn.«

Mein Eifersuchtsanfall war so gewaltig, dass ich direkt einen Schub frischer Energie spürte. »Du sagtest, er ist nicht dein Mann, nicht wahr, Clara?«, fragte ich mit einem höchst unliebsamen Zucken um die Mundwinkel.

Clara lachte so unbändig, dass sie sich schließlich japsend aufs Bett fallen ließ. Als sie wieder hochkam, sagte sie: »Der Nagual John Michael Abelar hat all das, was es heißt, männlichen Geschlechts zu sein, transzendiert.«

»Was heißt das, Clara?«

»Das heißt, dass er kein Mensch mehr ist. Aber ich kann dir all das nicht erklären; dazu fehlt es mir an Finesse und dir an Auffassungsgabe. Soweit ich sehe, hat der Nagual dir die Kristalle gegeben, weil ich es einfach nicht schaffe, dir die Dinge zu erklären.«

»Aber du sprichst doch vollkommen klar.«

»Dann liegt es daran, dass du nicht vollkommen klar verstehst.«

»Das ist doch Blödsinn, Clara.«

»Wieso kann ich dir dann nicht klarmachen, wer wir sind und was wir mit dir im Sinn haben?«

Ich atmete ein paar Mal tief durch, um die nervöse Unruhe im Bauch zu dämpfen. »Was habt ihr denn mit mir im Sinn?«, fragte ich, wieder mal am Rand der Panik.

»Das ist für mich sehr schwer zu erklären«, begann sie. »Du und ich gehören ganz eindeutig derselben Tradition an. Du gehörst zu dem, was wir sind. Deshalb treibt irgendetwas uns dazu, dir zu vermitteln, was wir wissen.«

»Wen meinst du, wenn du ›wir‹ sagst? Dich selbst und Mr Abelar?«

Clara schwieg einen Augenblick, wie um sich Zeit zu geben, die richtige Antwort zu finden. »Wir sind mehr als zwei, wie ich dir ja schon gesagt habe. Eigentlich bin ich nicht mal deine Lehrerin. Der Nagual John Michael Abelar ist auch nicht dein Lehrer. Das ist jemand anders.«

»Halt, Clara, Moment. Ich komm wieder nicht mit. Wer ist dieser andere?«

»Eine Frau wie du, aber älter und von unvergleichlicher Kraft. Ich führe dich lediglich ein, als eine Art Platzanweiser. Meine Aufgabe ist es, dich vorzubereiten; dafür zu sorgen, dass du durch die Rekapitulation genügend Energie speicherst, um dieser anderen Frau begegnen zu können. Und glaub mir, ihre Gegenwart ist noch vernichtender als die des Naguals.«

»Ich verstehe nicht, was du mir da sagen willst, Clara. Soll das heißen, dass sie gefährlich ist und mir vielleicht was tut?«

»Das ist das Problem, wenn ich deine Fragen zu beantworten versuche«, sagte Clara. »Du kommst durcheinander, weil wir beide nur eine oberflächliche Verbindung zueinander haben. Du stellst eine Frage und erwartest eine klare, für dich nachvollziehbare Antwort; ich gebe eine Antwort, die mir nachvollziehbar scheint, und bringe dich ganz durcheinander. Ich schlage vor, dass du entweder gar nicht mehr fragst oder meine Antworten annimmst, ohne gleich das Flattern zu kriegen.«

Ich hätte gern noch mehr über Mr Abelar gewusst und über die Pläne, die diese andere Frau mit mir haben mochte; also versprach ich Clara lieber, ich würde ihre Antworten künftig besonnen abwägen, ohne in Aufregung und Panik zu verfallen.

»Schön. Probieren wir es gleich mal aus«, sagte Clara mit leichtem Zögern. »Ich erzähle dir jetzt, was der Nagual dir gestern Abend gesagt hat, bevor du ihm weggestorben bist. Und da ich kein Mann bin, wirst du auf mich sicher anders reagieren als auf ihn. Vielleicht hörst du sogar zu.«

»Aber ich kann mich nicht erinnern, dass er irgendetwas gesagt hat, nachdem ich eingeschlafen bin.«

Sie schwieg und schien in meinem Gesicht nach Anzeichen des Erinnerns zu suchen. Sie schüttelte den Kopf, da sie offenbar keine fand, während ich mich ganz ruhig und aufmerksam gab und zur Bekräftigung dieser Haltung sogar lächelte.

»Er hat dir von all den Wesen erzählt, die in diesem Haus leben«, begann Clara. »Er hat dir gesagt, dass sie alle Zauberer sind, einschließlich Manfred.«

In dem Augenblick, als sie Manfreds Namen sagte, schnappte etwas in mir um. »Ich wusste es«, platzte ich heraus, ohne erst nachzudenken. Dass Manfred ein Zauberer war, kam mir völlig plausibel vor, wenn ich mir auch nicht erklären konnte, weshalb das so war. Ich sagte Clara, dass mir dieser Gedanke selbst schon mal gekommen sein musste, wenngleich ich immer noch nicht genau wusste, was ein Zauberer ist.

»Natürlich weißt du das«, sagte Clara mit breitem Lächeln.

»Nein, wirklich nicht.«

Clara sah mich verblüfft an. »Willst du wirklich sagen, dass du nicht mehr weißt, dass der Nagual dir das alles erklärt hat.«

»Nein, ich weiß nichts davon.«

»Ein Zauberer ist für uns jemand, der durch Disziplin und Beharrlichkeit die Grenzen der natürlichen Wahrnehmung sprengen kann«, sagte Clara mit einer gewissen Förmlichkeit im Tonfall.

»Das macht die Sache nicht klarer«, sagte ich. »Wie soll Manfred das denn anstellen?«

Sie schien meine Verwirrung zu genießen. »Das dürfte wohl wieder eines deiner Missverständnisse sein, Taisha. Ich rede nicht nur von Manfred. Du hast noch nicht begriffen, dass alle hier im Haus Zauberer sind. Nicht nur der Nagual, Manfred und ich, sondern auch die anderen vierzehn, die du noch nicht gesehen hast. Wir alle sind Zauberer und daher abstrakte Wesen. Wenn du dir unter Zauberei etwas Konkretes vorstellen willst, mit Ritualen und Zaubertränken, dann kann ich dir nur sagen, dass es solche Zauberer zwar gibt, aber nicht in diesem Haus.«

Wir redeten offenbar aneinander vorbei. Ich meinte Manfred und sie sprach von Leuten, die ich noch nicht einmal zu Gesicht bekommen hatte. Erst als sie es jetzt so ganz direkt aussprach, kam es endlich bei mir an, dass sie alle Zauberer waren, Clara, Mr Abelar und die unsichtbaren anderen. Ich stellte aber keine Fragen mehr, sondern hielt es im Hinblick auf unsere Abmachung für besser zu schweigen.

Clara erklärte weiter, dass abstrakte Zauberer nur die Freiheit suchen und zu dem Zweck ihr Wahrnehmungsvermögen zu steigern trachten. Konkrete Zauberer wie die Zauberer des alten Mexiko suchen Macht und persönliche Befriedigung und wollen sich selbst immer noch wichtiger machen.

»Was ist denn gegen persönliche Befriedigung einzuwenden?«, fragte ich und trank einen Schluck aus dem Glas, das auf dem Nachttisch stand.

»Na klar«, sagte sie mit einem besorgten Blick, »Taisha schlägt sich auf die Seite der konkreten Zauberer. Kein Wunder, dass der Nagual dir diese Kristallpfeile gegeben hat.«

Trotz meines Versprechens, ruhig zu bleiben, begannen Wellen von nervöser Unruhe in mir zu pulsieren, als Clara die Kristalle erwähnte. Ich bekam heftige Bauchkrämpfe und sah darin die Zeichen einer beginnenden Darmgrippe.

»Es ist für mich so gut wie unmöglich, dir zu erklären, was wir tun«, sagte Clara. »Und zu vermitteln, warum wir es tun, wäre noch schwieriger. Diese Fragen musst du deiner Lehrerin stellen.«

»Meiner Lehrerin?«

»Du hörst nicht zu, Taisha. Ich hab dir doch schon gesagt, dass du eine Lehrerin hast. Du bist ihr noch nicht begegnet, weil dir die nötige Energie dazu fehlt. Dazu gehört zehn Mal so viel Energie wie zu der Begegnung mit dem Nagual und davon hast du dich ja noch nicht mal erholt. Du siehst ziemlich grün um die Nase aus.«

»Ich glaub, ich habe eine Grippe«, sagte ich. Mir war äußerst schwindelig.

Clara schüttelte den Kopf. »Du hast einen schlimmen Anfall von Sichgehenlassen.« Dann fuhr sie fort: »Auch der Nagual könnte dir alles erklären, was du wissen willst. Dummerweise glaubst du, er sei ein Mann, und wenn er länger als fünf Minuten mit dir redet, fällst du todsicher in dein Weibchenschema. Deshalb brauchst du eine Lehrerin.«

»Bauschst du diese Männlich-Weiblich-Sache nicht ein bisschen zu sehr auf?«, fragte ich und versuchte aufzustehen.

Ich fühlte mich schwach und die Beine zitterten. Das Zimmer fing an, sich zu drehen, und fast hätte ich die Besinnung verloren. Clara hielt mich gerade noch am Arm fest.

»Wir werden bald wissen, ob ich was aufbausche«, sagte sie. »Jetzt gehen wir mal nach draußen und setzen uns unter dem Baum in den Schatten. Vielleicht bringt die frische Luft dich wieder auf die Beine.«

Sie half mir in eine lange Jacke und irgendeine Hose und führte mich wie eine Schwerkranke auf den Patio hinter dem Haus.

Wir setzten uns auf Strohmatten unter den gigantischen Zapote-Baum, der seinen Schatten fast über den gesamten Patio warf. Einmal hatte ich Clara gefragt, ob ich von den Früchten dieses

Baumes essen durfte. Sie hatte mich schnell beiseite genommen und gesagt: »Iss einfach, aber rede nicht darüber.« Ich tat, was sie mir gesagt hatte, fühlte mich aber seitdem schuldig, als ob ich den Baum damit beleidigt hätte.

Wir saßen schweigend da und hörten dem Wind zu, wie er in den Blättern flüsterte. Nach einer Weile trottete Manfred um die Hausecke daher; er hatte an der Seite des Hauses einen eigenen Raum, mit einer großen Schwingklappe in der Tür, so dass er kommen und gehen konnte, wie er wollte. Er kam zu mir und leckte mir die Hand. Ich blickte in seine seelenvollen Augen und wusste, dass wir die besten Freunde waren. Wie auf eine stumme Einladung hin machte er es sich, so gut es ging, auf meinem Schoß bequem. Ich streichelte sein weiches, seidiges Fell und empfand die tiefe Zuneigung, die ich zu ihm gefasst hatte. Ein unerklärliches Mitleid ergriff mich und ich beugte mich vor und umarmte ihn. Im nächsten Augenblick weinte ich, so Leid tat er mir.

»Wo sind deine Kristalle?«, fragte Clara. Ihr barscher Tonfall brachte mich in die Wirklichkeit zurück.

»In meinem Zimmer«, sagte ich und ließ Manfred los, um mir mit dem Ärmel die Tränen abzuwischen.

Kaum hatte Manfred Claras missbilligenden Blick bemerkt, sprang er von meinem Schoß und setzte sich in einiger Entfernung unter einen anderen Baum.

»Du solltest sie ständig bei dir haben«, schnaubte Clara. »Wie du bereits weißt, haben Waffen wie diese Kristalle nichts mit Krieg und Frieden zu tun. Du kannst so friedliebend sein, wie du willst, und trotzdem Waffen brauchen. Du brauchst sie zum Beispiel gerade jetzt, um gegen deine Feinde zu kämpfen.«

»Ich hab doch gar keine Feinde, Clara«, schnüffelte ich. »Kein Mensch weiß, dass es mich überhaupt gibt.«

Clara beugte sich zu mir her. »Der Nagual hat dir diese Kristalle gegeben, damit du eine Hilfe hast gegen deine Feinde«, sagte sie sanft. »Hättest du sie jetzt zur Hand, dann könntest du deine Zaubergesten mit ihnen machen und dein Selbstmitleid mit ihnen bekämpfen und auflösen.«

»Ich hab mir gar nicht selbst Leid getan, Clara«, verteidigte ich mich. »Der arme Manfred hat mir Leid getan.«

Clara lachte und schüttelte den Kopf. »Manfred kann einem unmöglich Leid tun. Manfred ist ein Krieger, in welcher Gestalt auch immer. In dir dagegen ist jede Menge Selbstmitleid und es äußert sich mal so, mal so. Im Moment ist es eben ›der arme Manfred‹.«

Wieder traten mir Tränen in die Augen, denn wahrhaftig, außer meiner Unsicherheit hatte ich auch noch einen grundlosen See von Mitleid – eines Mitleids, das immer nur mir selbst galt. Ich hatte genügend rekapituliert, um zu wissen, dass ich diese Reaktionsweise von meiner Mutter gelernt hatte, die sich alle Tage ihres Lebens selbst Leid tat, zumindest in der Zeit, die ich miterlebte. Da ich kaum je eine andere persönliche Regung an ihr erlebte, eignete ich mir dieses Gefühl auch an.

»Du solltest deine Kristallwaffen zwischen den Fingern halten und die Zaubergesten ausführen, auf das Herz deiner Feinde zielen, die so schwer zu stellen sind – zum Beispiel das Gefühl der eigenen Wichtigkeit, das mal als Selbstmitleid, mal als Entrüstung und mal als ach so berechtigte Traurigkeit daherkommt«, setzte Clara ihre Attacke fort.

Ich konnte sie nur entgeistert anstarren. Es kam noch mehr: Ich sei schwach und knicke sofort ein, wenn man nur den leisesten Druck auf mich ausübe. Am meisten kränkte sie mich aber mit der Aussage, die ganzen Monate des Rekapitulierens seien für die Katz gewesen, nichts als seichte Träumereien; ich hätte nichts weiter getan, als mich in wehmütigen Reminiszenzen an mein wunderbares Selbst zu ergehen oder mich in Selbstmitleid über meine nicht so wunderbaren Augenblicke zu suhlen.

Ich konnte nicht begreifen, weshalb sie so gnadenlos über mich herfiel. Eine namenlose Wut stieg in mir hoch, so dass mir die Ohren sausten. Ich begann hemmungslos zu weinen und verfluchte mich selbst, dass ich Clara Gelegenheit gegeben hatte, mich derart zu verletzen. Ich hörte ihre Worte wie von sehr weit her: »Wichtigtuerei, mangelnde Zielstrebigkeit, maßloser Ehrgeiz, unaufgearbeitete Lüsternheit, Feigheit – die Liste der Fein-

Mutterthemen

de, die deinen Flug zur Freiheit verhindern wollen, ist endlos und du darfst deinen Kampf gegen sie nicht einen Augenblick aus den Augen verlieren.«

Sie sagte, ich solle mich beruhigen, sie habe mir lediglich zeigen wollen, dass unsere Grundeinstellungen und Gefühle die eigentlichen Feinde seien, so destruktiv und gefährlich wie irgendein bis an die Zähne bewaffneter Bandit, dem wir auf der Straße begegnen mochten.

»Der Nagual hat dir diese Kristalle gegeben, damit du deine Energien bündeln kannst«, sagte sie. »Sie sind hervorragend dazu geeignet, unsere Aufmerksamkeit zu sammeln und zu fixieren. Das ist ganz allgemein die Eigenschaft von Quarz-Kristallen und bei diesen besonderen Kristallen ist es mehr als eine Eigenschaft, nämlich die *Absicht*, die ihnen mitgegeben wurde. Um deine Aufmerksamkeit zu sammeln und auszurichten, brauchst du nichts weiter zu tun, als deine Gesten mit ihnen zu machen.«

Da wünschte ich mir, ich hätte die Kristalle bei mir; stattdessen blickte ich aber in Manfreds mitfühlende, glänzende Augen. Mir kam der Gedanke, dass sie das Licht so reflektierten, wie ich es bei den Kristallen gesehen hatte. Für einen Augenblick ruhten unsere Blicke ineinander und mir kam eine plötzliche irrationale Gewissheit: Manfred war ein Zauberer der alten Tradition, der Geist eines Zauberers, der aus irgendeinem Grund in einem Hundekörper gefangen war. In dem Augenblick, als ich das dachte, ließ Manfred wie zur Bestätigung ein kurzes, scharfes Bellen hören.

Mir kam auch der Gedanke, dass vielleicht Manfred die Kristalle für mich in der Höhle gefunden und den Nagual zu ihnen geführt hatte, wie er ja auch mich zu meinem Lieblingsausguck in den Hügeln oberhalb des Hauses geführt hatte.

»Du hast mich mal gefragt, woher ich so viel über Kristalle weiß«, unterbrach Clara meine Spekulationen. »Ich konnte es dir da noch nicht sagen, weil du dem Nagual noch nicht begegnet warst. Jetzt hast du ihn kennen gelernt und ich kann dir sagen ...« Sie atmete tief ein und beugte sich zu mir herüber. »Wir sind Zauberer derselben Tradition wie die alten Seher. Alle ihre alten esoterischen Rituale und Beschwörungen sind auf uns übergegangen und wir wissen, wie man sie anwendet, aber wir sind nicht an ihrer Anwendung interessiert.«

»Manfred ist ein alter Zauberer!«, rief ich aufgeregt, vor lauter Staunen ganz vergessend, dass ich Clara meine Überlegungen noch nicht mitgeteilt hatte.

Clara sah mich an, als fürchtete sie um meinen Verstand, dann bekam sie einen Lachanfall, der eine Fortsetzung des Gesprächs unmöglich machte. Manfred bellte, als amüsierte auch er sich köstlich. Und ich hätte schwören können, dass Claras Lachen entweder ein Echo hatte oder hinter der Hausecke noch jemand war, der ebenfalls lachte.

Ich kam mir unsäglich töricht vor. Clara war nicht interessiert an Einzelheiten über das Licht, das Manfreds Augen widerspiegelten.

»Ich sagte dir ja, dass du langsam und gar nicht so intelligent bist, aber du hast mir ja nicht geglaubt«, hielt sie mir vor. »Aber gräm dich nicht, wir anderen sind auch nicht so furchtbar intelligent. Wir sind alle arrogante, blöde, begriffsstutzige Affen.«

Sie klopfte mir zur Bekräftigung leicht auf den Kopf. Ich ließ mich nicht gern als begriffsstutzigen Affen titulieren, aber die Aufregung über meine Entdeckung war so groß, dass ich ihre Bemerkung durchgehen ließ.

»Der Nagual hatte noch andere Gründe, dir diese Kristalle zu geben«, fuhr Clara fort, »aber die muss er dir selbst erklären. Eins weiß ich allerdings sicher, nämlich dass du ein Futteral für sie machen musst.«

»Was für ein Futteral?«

»Es kann aus jedem Material sein, das dir geeignet erscheint.«

»Was für ein Futteral hast du denn für deine gemacht, Clara?«

»Ich selbst hatte nie Kristalle, aber ich hab in meiner Jugend mal mit ihnen hantiert.«

»Du redest, als wärst du alt. Je länger ich dich kenne, desto jünger wirkst du auf mich.«

Sie lachte frei heraus wie ein Kind und sagte: »Ich mach eben regelmäßig meine Zaubergesten, um diese Illusion zu erhalten. Zauberer erzeugen Illusionen. Sieh dir nur Manfred an.«

Kaum fiel sein Name, da streckte er auch schon den Kopf hinter dem Baum hervor und starrte uns an. Ich hatte das sonderbare Gefühl, er wüsste, dass wir über ihn sprachen, und wollte kein Wort verpassen.

»Was ist denn mit Manfred?«, fragte ich und sprach instinktiv leiser.

»Man möchte doch schwören, dass er ein Hund ist«, flüsterte auch Clara. »Aber das ist seine Kunst, Illusionen zu erzeugen.« Sie knuffte mich in die Seite und fügte noch ein verschmitztes Augenzwinkern hinzu. »Du hast nämlich völlig Recht, Taisha. Manfred ist gar kein Hund.«

Ich wusste nicht, ob sie mich bloß zu einer Zustimmung bewegen wollte, denn Manfred hatte sich jetzt aufgesetzt und hörte ganz genau zu, oder ob sie wirklich meinte, was sie sagte. Bevor ich zu einem Ergebnis kam, drang ein schriller Schrei aus dem Haus, der Manfred und sie aufspringen und in diese Richtung laufen ließ. Ich wollte hinterher, aber Clara drehte sich um und sagte barsch: »Du bleibst da. Ich komm gleich wieder.«

Sie lief ins Haus, mit Manfred auf den Fersen.

14

Wochen vergingen, dann Monate. Ich achtete kaum noch auf Zeit und Datum. Clara, Manfred und ich lebten in vollkommener Harmonie. Clara hatte aufgehört, mich anzugreifen – oder ich fühlte mich nicht mehr angegriffen. Meine Zeit war mit der Rekapitulation und mit Kung-Fu-Übungen angefüllt; ich übte mit Clara oder Manfred, der mit seinem knappen Zentner Muskeln und Knochen ein wahrlich gefährlicher Gegner war. Von seinem mächtigen Kopf gerammt zu werden wäre wie der Schlag eines Preisboxers, dessen war ich mir sicher.

Da war nur ein Widerspruch, den ich nicht auflösen konnte und der mir Sorgen machte. Clara sagte, meine Energie nehme eindeutig zu, da ich mich jetzt mit Manfred regelrecht unterhalten könne; ich hingegen empfand eher das Gegenteil: dass es mit mir ganz langsam den Bach hinunterging.

Wenn Manfred und ich allein waren, verband mich eine unbeschreibliche Zuneigung mit ihm. Und diese bedingungslose Liebe ließ eine Brücke zwischen uns entstehen, über die er mir manchmal seine Gedanken und Stimmungen mitteilen konnte. Ich wusste, dass Manfreds Gefühle einfach und direkt waren wie bei einem Kind. Er konnte fröhlich sein oder Missbehagen empfinden, er war stolz, wenn er etwas geschafft hatte, und wenn ihn etwas ängstigte, verwandelte sich seine Furcht augenblicklich in Wut. Am meisten jedoch bewunderte ich seinen Mut und seine mitfühlende Art. Mir schien, dass ihm Clara wirklich Leid tat, weil sie wie eine Kröte aussah. Und sein Lebensmut war einzigartig. Es war der Mut eines entwickelten Bewusstseins, das seiner Lage – eingesperrt in einen Hundekörper – gewahr ist. Ich empfand, dass Manfred unsagbar allein war. Und wer solcher Einsamkeit standzuhalten vermag, muss unvergleichlichen Mut haben.

Einmal kehrte ich am Nachmittag von der Höhle zurück und

setzte mich zum Ausruhen in den Schatten des Zapote-Baums. Manfred kam zu mir, legte sich über meine Beine und schlief augenblicklich ein. Auch ich wurde von seinem Schnarchen und der warmen Schwere auf meinem Schoß schläfrig. Ich muss eingeschlafen sein, denn ich erwachte plötzlich aus einem Traum von einem Streit mit meiner Mutter, bei dem es um das Wegräumen des Bestecks nach dem Abwasch ging. Mr Abelar starrte mich mit durchdringenden, kalten Augen an. Sein Blick, seine Körperhaltung, die scharf geschnittenen Züge und diese vollständige Konzentration gaben mir das Gefühl, ich sähe einen Adler. Ich konnte nur ehrfürchtig staunen.

»Was ist passiert?«, fragte ich. Es war kühl und dunkel geworden, Dämmerschatten fielen auf den Patio.

»Manfred hat sich an dich rangemacht und schlürft deine Energie wie ein Süchtiger, das ist passiert«, sagte er mit breitem Grinsen. »Mit mir hat er das auch gemacht. Zwischen euch beiden scheint eine echte Verbindung zu bestehen. Versuch doch mal, ob du ihn *Sapito* nennen kannst, ohne dass er böse wird.«

»Nein, das kann ich nicht«, sagte ich und fuhr mit den Fingern über Manfreds Kopf. »Er ist so schön und so einsam und sieht einer Ka-er-ö-te-e in keiner Weise ähnlich.«

Es kam mir selbst lächerlich vor, das Wort zu buchstabieren, aber ich wollte Manfred auf keinen Fall verärgern.

»Auch Kröten sind schön und einsam«, sagte Mr Abelar nun schelmisch.

Plötzlich war ich neugierig, beugte mich über Manfred und flüsterte ihm liebevoll *Sapito* ins Ohr. Er gähnte, als fände er meine einfühlende Rücksichtnahme langweilig.

Mr Abelar lachte. »Gehen wir lieber ins Haus, bevor Manfred dich ganz ausgesaugt hat«, sagte er. »Außerdem ist es drinnen wärmer.«

Ich schob Manfred von meinem Schoß und folgte Mr Abelar ins Haus. Ich nahm sehr steif Platz; mit einem Mann in einem dunklen leeren Haus allein zu sein brachte mich in Verlegenheit. Er zündete die Benzinlampe an, setzte sich dann in respektvoller Entfernung aufs Sofa und sagte: »Soweit ich weiß, willst du mir ein paar Fragen stellen. Das ist jetzt die richtige Zeit, also schieß los.«

Im ersten Moment fiel mir überhaupt nichts ein. So direkt mit seinem eindringlichen Blick konfrontiert zu sein brachte mich etwas aus der Fassung. Dann fragte ich schließlich: »Was ist mit mir passiert an dem Abend, als ich Sie das erste Mal gesehen habe, Mr Abelar? Clara hat gesagt, dass sie es mir nicht gut genug erklären kann, und ich selbst kann mich an kaum was erinnern.«

»Dein Doppelgänger hat die Führung übernommen«, stellte er sachlich fest. »Und du hast dein Alltags-Selbst nicht mehr unter Kontrolle gehabt.«

»Nicht mehr unter Kontrolle gehabt?«, fragte ich besorgt. »Soll das heißen, dass ich was getan habe, was man besser nicht tut?«

»Nichts, was ich deiner Mama nicht erzählen könnte«, schmunzelte er. Seine Augen glitzerten spitzbübisch. »Spaß beiseite, Taisha, du hast lediglich dein leuchtendes Netz so weit ausgeworfen, wie du konntest. Du hast erfahren, wie man auf dieser unsichtbaren Hängematte ruhen kann, die im Grunde ein Teil von dir ist. Später, wenn du die Sachen besser beherrschst, kannst du anfangen, diese Linien zu bewegen, um auf Dinge einzuwirken.«

»Ist der Doppelgänger im stofflichen Körper oder außerhalb?«, fragte ich. »Neulich abends hatte ich jedenfalls das Gefühl, dass für einen Augenblick etwas die Führung übernahm, was eindeutig außerhalb war.«

»Eigentlich beides«, sagte Mr Abelar. »Er ist innen und außen zugleich. Wie soll ich sagen? Um ihn beherrschen zu können, muss das, was sich frei schwebend außerhalb befindet, mit der im physischen Körper eingeschlossenen Energie verbunden sein. Die äußere Kraft wird durch unbeugsame Aufmerksamkeit angelockt und gehalten, während die innere Energie durch geheimnisvolle Pforten im Körper und in seiner unmittelbaren Umgebung freigesetzt wird. Wenn die beiden Seiten verschmelzen, entsteht eine Kraft, die uns zu unvorstellbaren Dingen befähigt.«

»Wo sind diese geheimnisvollen Pforten, von denen Sie sprechen?«, fragte ich, unfähig, seinem Blick standzuhalten.

»Manche sind nah an der Hautoberfläche, andere tief im Körperinnern«, antwortete Mr Abelar. »Es gibt sieben Hauptpforten. Solange sie geschlossen sind, bleibt unsere innere Energie im physischen Körper eingeschlossen. Das Doppel in uns macht sich nur auf ganz subtile Weise bemerkbar und wir können durchs Leben gehen, ohne je zu bemerken, dass es überhaupt da ist. Wenn man es aber befreien möchte, dann müssen die Pforten geöffnet werden – und das geschieht durch die Rekapitulation und die Atemübungen, die Clara dir gezeigt hat.«

Er versprach mir, er selbst werde mich zur bewussten Öffnung der ersten Pforte führen, sobald ich den abstrakten Flug gemeistert hätte. Er legte Wert auf die Feststellung, dass man sich in seiner Grundhaltung völlig ändern müsse, um die Pforten zu öffnen, denn der Doppelgänger bleibe nicht etwa aufgrund der stofflichen Beschaffenheit des Körpers gefangen, sondern weil wir von vornherein glaubten, dass der Körper fest sei.

»Könnten Sie mir nicht beschreiben, wo diese Pforten sind, damit ich sie selber aufmachen kann?«

Er sah mich an und schüttelte den Kopf. »Mit der Kraft hinter den Pforten herumzuspielen ist dumm und gefährlich. Die Freisetzung des Doppelgängers muss allmählich und harmonisch vor sich gehen. Dazu gehört übrigens, dass man enthaltsam bleibt.«

»Weshalb muss man enthaltsam bleiben?«

»Hat Clara dir nicht von den leuchtenden Würmern erzählt, die ein Mann im Körper einer Frau zurücklässt?«

»Doch, doch«, sagte ich, ziemlich unangenehm berührt. »Aber ich muss zugeben, dass ich ihr nicht recht geglaubt habe.«

»Das war ein Fehler«, sagte er ungehalten, »denn diese Sache muss erst einmal gründlich und gewissenhaft rekapituliert werden, weil man ansonsten buchstäblich ein Würmerfass öffnet. Und mit Sex würde man nur noch Öl ins Feuer gießen.«

Er lachte vergnügt und ich kam mir töricht vor.

»Aber im Ernst, das Speichern der sexuellen Energie ist der erste Schritt der Reise zum ätherischen Körper, der Reise ins Bewusstsein und in die vollkommene Freiheit.«

In diesem Augenblick trat Clara ein. Sie trug einen wallenden weißen Kaftan, der sie wie eine riesige Kröte aussehen ließ. Ich gluckste in mich hinein über diesen respektlosen Gedanken und sah gleich zu Mr Abelar hinüber; ich hätte schwören können, dass er den gleichen Gedanken hatte. Clara setzte sich in den Sessel und lächelte uns beide an, die wir so steif auf der Couch saßen.

»Seid ihr schon bei den Pforten?«, fragte sie Mr Abelar. »Kneift Taisha deswegen die Beine so zusammen?«

Mr Abelar nickte todernst. »Ich wollte ihr gerade erzählen, dass die Geschlechtsorgane eine ganz besonders große Pforte sind. Ich hab aber das Gefühl, dass sie mich nicht verstehen wird. In dem Bereich gibt es bei ihr noch so einiges an Missverständnissen.«

»O ja, die gibt es«, sagte Clara.

Sie brachen gleichzeitig in schallendes Gelächter aus, aber ich fand die Sache kein bisschen komisch. Ich hasste es, wenn man über mich lachte und redete, als wäre ich gar nicht im Zimmer. Ich wollte ihnen eben sagen, dass sie mich überhaupt nicht verstanden, als Clara mich ansprach.

»Verstehst du, weshalb wir dir sexuelle Enthaltsamkeit empfehlen?«, fragte sie.

»Für die Reise zur Freiheit«, sprach ich nach, was Mr Abelar gesagt hatte. Dann fragte ich Clara geradeheraus, ob sie und Mr Abelar enthaltsam lebten oder nur anderen Empfehlungen gaben, nach denen sie selbst sich nicht richten mochten.

»Ich hab dir ja gesagt, dass wir nicht Mann und Frau sind«, antwortete Clara völlig ungerührt. »Wir sind Zauberer, die sich nur für Kraft interessieren, die Energie sammeln und nicht verlieren wollen.«

Ich fragte Mr Abelar, ob er wirklich ein Zauberer sei und was das bedeute. Er antwortete nicht gleich, sondern sah Clara an, als ersuchte er um ihre Genehmigung, etwas auszuplaudern. Clara stimmte mit einem kaum wahrnehmbaren Nicken zu.

»Mir gefällt das Wort ›Zauberer‹ nicht sonderlich«, sagte er. »An diesem Begriff hängen zu viele Überzeugungen und Vorstellungen, die nichts mit dem gemein haben, was wir tun.«

»Was ist das eigentlich, was Sie tun?«, fragte ich. »Clara meint, dass nur Sie mir das sagen können.«

Mr Abelar richtete sich auf und warf mir einen Blick zu, der mich erschreckte und hellwach und aufmerksam machte. »Wir sind eine Gruppe von sechzehn Leuten, mich eingeschlossen, und ein anderes Wesen: Manfred«, begann er förmlich. »Zehn dieser Leute sind Frauen. Wir tun alle das Gleiche: Unser Leben ist der Entwicklung unseres Doppelgängers gewidmet. Wir benutzen unseren ätherischen Körper und können so viele Naturgesetze der stofflichen Welt außer Kraft setzen. Wenn das Zauberei ist, dann sind wir alle Zauberer. Wenn nicht, dann sind wir es nicht. Macht das dir die Sache ein bisschen klarer?«

»Da Sie mich über den Doppelgänger belehren: Werde ich auch eine Zauberin sein?«

»Ich weiß nicht«, erwiderte er und betrachtete mich aufmerksam. »Das wird alles von dir abhängen. Es liegt an jedem Einzelnen selbst, ob er sein Schicksal erfüllt oder vermasselt.«

»Aber Clara hat gesagt, dass jeder in diesem Haus aus einem bestimmten Grund hier ist. Weshalb bin ich also hier? Weshalb gerade ich?«

»Das ist eine ziemlich knifflige Frage«, sagte Mr Abelar lächelnd. »Sagen wir, dass etwas uns gezwungen hat, dich einzubeziehen. Kannst du dich an diesen Abend vor ungefähr fünf Jahren erinnern, als man dich in einer kompromittierenden Situation mit einem jungen Mann erwischt hat?«

Ich fing augenblicklich zu niesen an, die typische Reaktion, wenn ich mich bedroht fühlte. Bei meiner Rekapitulation hatte ich mich immer wieder an solche kompromittierenden Situationen erinnern müssen. Mit vierzehn fing es an, dass ich immer hinter den Jungen her war, grad so, wie ich als Kind ständig meinen Brüdern nachgerannt war. In meiner Familie mochte mich keiner und ich brauchte so dringend jemanden, der mich liebte. Aber ich brachte es doch jedes Mal fertig, die möglichen Kandidaten zu verschrecken, bevor sie mir allzu nahe kommen konnten. Mein aggressives Liebeswerben brachte mir den Ruf eines leichten Mädchens ein, das vor nichts zurückschreckte, wenngleich ich sicher nur die Hälfte von dem, was Freunde und Familie mir unterschoben, wirklich getan hatte.

»In einem Autokino in Kalifornien, wo du am Imbissstand gearbeitet hast, da bist du erwischt worden, auf der Theke. Weißt du noch?«, hörte ich Mr Abelar sagen.

Wie sollte ich das je vergessen? Es war eines der schlimmsten Erlebnisse meines Lebens, eine so heikle Sache, dass ich sie beim Rekapitulieren bisher immer nur gestreift hatte. Ich hatte damals während der Schulferien einen Job in einem Autokino, wo ich Hotdogs und Erfrischungsgetränke verkaufte. Gegen Ende des Sommers gestand Kenny, der junge Mann, der für den Imbissstand zuständig war, mir seine Liebe. Bis zu dem Augenblick hatte ich kaum Notiz von ihm genommen, weil ich mehr den Chef im Auge hatte, der gut aussah und Geld hatte. Dummerweise interessierte der sich mehr für Rita, meine rotschopfige Kollegin, die neunzehn und einfach eine Wucht war. Jeden Abend, kaum hatte der Film angefangen, verschwand sie im Büro des Chefs und schloss die Tür ab. Wenn sie kurz vor der Pause wieder herauskam, war ihre pink-weiß karierte Uniform ziemlich derangiert und das Haar hing ihr wirr um den Kopf. Wie beneidete ich sie um so viel Aufmerksamkeit! Verschärfend wirkte der Umstand, dass sie zur Kassiererin befördert wurde, während ich weiter Popcorn und Limonade über den Tresen schieben musste.

Als Kenny mir sagte, ich sei schön und begehrenswert, begann ich ihn mit anderen Augen zu sehen. Ich sah darüber hinweg, dass er sehr picklig war, literweise Bier trank, sich Country-Musik anhörte, Stiefel trug und mit einem furchtbar breiten texanischen Einschlag sprach. Auf einmal fand ich ihn männlich und attraktiv. Seine Eltern waren katholisch und wussten nicht, dass er Marihuana rauchte, und mehr wollte ich gar nicht wissen; die Liebe winkte und persönliche Details sollten ihr nicht im Wege stehen.

Als ich ihm sagte, ich würde am Ende der Woche mit diesem Job aufhören, weil meine Familie Urlaub in Deutschland machen wolle und ich mitfahren müsse, wurde er richtig feurig. Er sagte, meine Eltern wollten uns ja nur auseinander bringen. Er nahm meine Hand und schwor, er könne ohne mich nicht leben. Dann machte er mir einen Heiratsantrag, aber ich war noch nicht sechzehn und sagte ihm, dass wir damit noch warten müssten. Er umarmte mich leidenschaftlich und sagte, dann sollten wir doch wenigstens miteinander schlafen. Ich wusste nicht, ob er irgendwann vor der Deutschlandreise oder gleich jetzt meinte, aber ich war ganz seiner Meinung und plädierte für gleich jetzt. Wir hatten zwanzig Minuten bis zum Beginn der Vorstellung. Ich räumte die noch nicht fertigen Brötchen vom Arbeitstisch und fing an, mich auszuziehen.

Er hatte schreckliche Angst. Er schlotterte mit seinen zweiundzwanzig Jahren wie ein kleiner Junge. Wir umarmten und küssten uns, aber bevor noch mehr geschehen konnte, platzte plötzlich ein alter Mann herein. Kaum hatte er uns gesehen, da schnappte er sich einen Strohbesen, schlug mir damit auf den Rücken und jagte mich halbnackt in den Vorraum, wo die Leute schon vor dem Imbiss Schlange standen. Es gab ein riesiges Hallo und Gelächter und zu allem Überfluss erkannte ich zwei meiner Lehrer unter den Leuten. Sie waren so entsetzt wie ich. Einer von ihnen meldete die Sache dem Direktor, der wiederum meine Eltern informierte. Der Klatsch hörte irgendwann wieder auf, aber ich blieb das Gespött der ganzen Schule. Noch Jahre hasste ich diesen grässlichen alten Mann, der sich anmaßte, mein moralischer Richter zu sein. Ich glaubte, er habe wirklich mein Leben ruiniert, denn ich durfte Kenny nie wieder sehen.

»Ich war dieser Mann«, sagte Mr Abelar, als hätte er meine Gedanken verfolgt.

In dem Augenblick erst traf mich die Erinnerung an meine öffentliche Demütigung mit voller Gewalt. Und den Mann vor mir zu haben, der an allem schuld war, das war mehr, als ich ertragen konnte. Ich fühlte mich so zutiefst gekränkt, dass ich nur noch weinen konnte. Und das Schlimmste war, dass Mr Abelar die ganze Sache offenbar nicht einmal Leid tat.

»Seit diesem Abend bin ich auf der Suche nach dir«, sagte er grinsend.

Ich glaubte allerlei abartige sexuelle Untertöne in seinem Blick und seinen Worten zu erkennen. Das Herz zersprang mir fast vor

Zorn und Angst. Jetzt wusste ich es: Clara hatte mich mit finsteren Absichten nach Mexiko gebracht; es gab da irgendein Komplott, das die beiden von Anfang an gegen mich geschmiedet hatten, und es konnte nur mit irgendwelchen sexuellen Perversionen zu tun haben. Ihr Gerede von Enthaltsamkeit glaubte ich nicht, nicht einen Augenblick.

»Was haben Sie jetzt mit mir vor?« Mir brach die Stimme vor Angst.

Clara sah mich verwundert an, dann lachte sie, als begriffe sie plötzlich, was in mir vorging. Mr Abelar sah Clara an und sagte mit der gleichen brechenden Stimme: »Was haben wir jetzt mit ihr vor?« Dann fiel er dröhnend in Claras Lachen ein. Ich hörte Manfred in seinem Raum heulen; auch er schien zu lachen. Ich war am Ende, vernichtet. Ich stand auf, um zu gehen, doch Mr Abelar drückte mich wieder auf die Couch.

»Scham und eigene Wichtigkeit, das ist ein furchtbares Gespann«, sagte er ernst. »Du hast diesen Zwischenfall noch nicht rekapituliert, sonst wärst du jetzt nicht in so einer Verfassung.« Dann wurde sein strenger Blick beinah mild und er fügte hinzu: »Nichts haben Clara und ich mit dir vor. Du hast dir selbst schon genug angetan. An dem Abend damals war ich auf der Suche nach der Toilette, machte aber eine Tür auf, die nur für Angestellte war. Da ein Nagual sich jeder seiner Handlungen bewusst ist und so ein Versehen demzufolge niemals vorkommt, musste ich annehmen, dass es mir bestimmt war, dich zu finden, und dass du eine besondere Bedeutung für mich hast. Als ich dich da halbnackt sah, eben im Begriff, dich einem schwachen Mann zu überlassen, der dein Leben hätte zerstören können, habe ich sehr gezielt gehandelt und dich mit dem Besen geschlagen.«

»Sie haben mich dem Gelächter meiner Familie und meiner Freunde ausgeliefert, das war Ihr gezieltes Handeln!«, schrie ich.

»Schon möglich. Aber ich habe auch deinen ätherischen Körper gepackt und eine Energielinie um ihn gebunden. Von dem Tag an habe ich immer gewusst, wo du warst, und trotzdem habe ich fünf Jahre gebraucht, um dich in eine Lage zu bringen, in der du mir zuhören würdest.«

Erst jetzt begann mir der ganze Umfang dieses unglaublichen Komplotts zu dämmern. Ich starrte ihn fassungslos an. »Soll das heißen, Sie haben ständig gewusst, wo ich bin?«

»Ich habe jede deiner Bewegungen verfolgt«, bestätigte er knapp.

»Sie haben mir also nachspioniert?« Ich wollte es immer noch nicht ganz glauben.

»Ja, könnte man so sagen«, bestätigte er.

»Wusste Clara auch, dass ich in Arizona lebe?«

»Natürlich. Wir wussten alle, wo du bist.«

»Dann war es also kein Zufall, dass Clara und ich uns damals in der Wüste trafen«, sagte ich und mir blieb buchstäblich die Luft weg. Dann stieg die Wut in mir hoch und ich drehte mich zu Clara um. »Du wusstest, dass ich da sein würde, oder?«

Clara nickte. »Ja, ich wusste es. Du bist da so regelmäßig aufgetaucht, dass es nicht schwer war, dich aufzuspüren.«

»Aber du hast doch gesagt, dass du ganz zufällig da warst!«, rief ich. »Du hast mich angelogen; du hast mich mit Tricks dazu gebracht, mit dir nach Mexiko zu kommen. Und du hast mich seit dem Tag ständig belogen und dir hinter meinem Rücken ins Fäustchen gelacht, weiß der Teufel warum.« All die Zweifel, all der Argwohn, die monatelang unter Verschluss geblieben waren, brachen sich jetzt Bahn. Ich konnte nur noch schreien. »Die ganze Sache war für euch nur ein Spaß; mal sehen, wie dämlich, wie leichtgläubig sie ist!«

Mr Abelar warf mir einen wilden Blick zu, aber ich starrte genauso wild zurück. Er gab mir einen leichten Schlag auf den Kopf, um mich zu beruhigen. »Du irrst dich gewaltig, junge Dame«, sagte er streng. »Das war für uns keineswegs ein Spaß. Ich will zugeben, dass wir viel zu lachen haben über deine köstlichen Dummheiten, aber nichts von dem, was wir tun, ist Lüge oder Trick. All das ist vollkommen ernst; für uns geht es dabei sogar um Leben und Tod.«

Er war so ernst, sein Blick so zwingend, dass ein Großteil meiner Wut verpuffte und nichts als tiefe Verstörung zurückblieb.

»Was hatte Clara mit mir zu tun?«, fragte ich und sah Mr Abelar an.

»Ich habe Clara mit einer höchst delikaten Mission betraut: dich herzubringen«, erklärte er. »Und sie hat es geschafft. Du bist ihr gefolgt, und zwar aus eigenem innerem Antrieb. Es ist äußerst schwierig, dich zum Annehmen einer Einladung zu bewegen, und bei einem völlig fremden Menschen ist es so gut wie unmöglich. Aber sie hat es geschafft – und das war ein Meisterstreich. Eine so hervorragend gemeisterte Aufgabe kann ich nur loben und bewundern.«

Clara sprang auf und verneigte sich huldvoll. Dann setzte sie sich wieder und sagte sehr ernst: »Ohne Scherz, der Nagual hat Recht, es war die schwierigste Aufgabe, die ich je zu bewältigen hatte. Eine Zeit lang dachte ich, du würdest dich doch noch von deinem Argwohn mitreißen lassen und mir sagen, dass ich abhauen soll. Ich musste sogar lügen und dir von meinem buddhistischen Geheimnamen erzählen.«

»Heißt das, du hast gar keinen?«

»Nein, hab ich nicht. Mein Streben nach Freiheit hat jedes Geheimnis in mir ausgebrannt.«

»Aber ich weiß immer noch nicht, wie Clara wissen konnte, wo sie mich finden würde«, sagte ich zu Mr Abelar. »Wie konnte sie wissen, dass ich gerade zu der Zeit in Arizona war?«

»Durch deinen Doppelgänger«, antwortete er, als könnte nichts selbstverständlicher sein.

In dem Augenblick wurde ich plötzlich ganz klar und verstand genau, was er meinte. Ich wusste sogar, dass es nur so möglich war, mich im Auge zu behalten.

»An dem Abend in dem Imbissstand habe ich eine Energielinie an deinen ätherischen Körper gebunden«, erklärte er. »Der Doppelgänger besteht aus reiner Energie und deshalb ist es nicht übermäßig schwierig, ihn zu markieren. Angesichts der Umstände unserer Begegnung, dachte ich, sei das wohl das Mindeste, was ich für dich tun könnte. Als eine Art Schutz.«

Er sah mich an, als erwartete er weitere Fragen, aber ich war völlig beschäftigt mit dem Versuch, mich an weitere Einzelheiten jenes Abends zu erinnern, als er plötzlich aufgetaucht war.

»Willst du mich nicht fragen, wie ich dich markiert habe?«, fragte er mit eindringlichem Blick.

In meinen Ohren knackte es, der ganze Raum fühlte sich plötzlich energiegeladen an und alles war sonnenklar. Ich musste Mr Abelar diese Frage nicht stellen, ich kannte die Antwort schon.

»Durch den Schlag mit dem Besen!«, rief ich. Es war mir unmittelbar klar; allerdings, wenn ich darüber nachdachte, erklärte es eigentlich gar nichts und wirkte eher unsinnig.

Mr Abelar nickte, offenbar froh darüber, dass ich selbst einmal auf etwas gekommen war. »Ganz recht. Ich hab dich mit dem Besen rausgejagt und dir dabei einen Schlag auf den Rücken gegeben – das war die Markierung. Dadurch habe ich eine bestimmte Energie in dir hinterlassen. Und die ist bis heute in dir.«

Clara kam herüber und musterte mich. »Ist dir noch nie aufgefallen, dass deine linke Schulter höher ist als die rechte?«

Doch, ich wusste, dass eines meiner Schulterblätter weiter herausstand als das andere; dadurch waren Hals und Schultern häufig verspannt. »Ich dachte, das sei schon von Geburt an so«, sagte ich.

»Niemand kommt mit dem Zeichen des Naguals zur Welt«, lachte Clara. »Die Energie des Naguals sitzt hinter deinem linken Schulterblatt. Denk mal nach: Sind deine Schultern nicht erst nach dem Schlag mit dem Besen ungleich geworden?«

Ich musste zugeben, dass meine Mutter gerade in dieser Zeit meines Ferienjobs im Autokino bemerkte, dass mit meinem Rücken etwas nicht stimmte. Sie nähte mir damals ein Sommerkleid und bei der Anprobe zeigte sich, dass es nicht richtig saß. Sie war ziemlich erschrocken, als sie sah, dass der Fehler nicht in ihrer Arbeit, sondern in meinen Schulterblättern lag; das eine stand eindeutig höher als das andere. Am nächsten Tag ließ sie mich vom Hausarzt untersuchen; er stellte eine leichte seitliche Krümmung der Wirbelsäule fest. Die Diagnose lautete auf angeborene Skoliose, doch er versicherte meiner Mutter, die Abweichung sei so gering, dass sie sich keine Sorgen machen müsse.

»Gut, dass der Nagual nicht noch mehr Energie in dir hinterlassen hat«, frotzelte Clara, »sonst hättest du jetzt einen Buckel.«

Ich wandte mich Mr Abelar zu. Ich spürte, wie sich meine

Rückenmuskeln spannten, wie sie es immer taten, wenn ich nervös war. »Da Sie mich jetzt an Land gezogen haben, was sind Ihre weiteren Absichten?«, fragte ich.

Er tat einen Schritt auf mich zu und mit diesem kalten Blick in den Augen, der alles Menschliche hinter sich gelassen zu haben schien, sagte er: »Seit dem Tag, an dem ich dich gefunden habe, will ich nichts weiter, als noch einmal das Gleiche tun wie damals: die Tür aufmachen und dich rausjagen. Nur diesmal will ich dich durch die Tür der alltäglichen Welt in die Freiheit jagen.«

Diese Worte und was hinter ihnen stand entfesselten eine Fülle von Gefühlen in mir. So weit ich mich zurückerinnern kann, war ich immer auf der Suche nach etwas; immer schaute ich aus dem Fenster oder die Straße hinunter, als wartete gleich hinter der nächsten Ecke irgendetwas oder irgendjemand auf mich. Und ständig hatte ich Vorahnungen, Träume von Flucht, wenn ich auch nicht wusste wovor. Dieses Gefühl hatte mich Clara ins Unbekannte folgen lassen. Und es hielt mich hier, obgleich ich oft genug empfand, dass die Aufgabe nicht zu bewältigen sei. Während ich da stand und Mr Abelar in die Augen blickte, umfing mich ein unbeschreibliches Gefühl von Geborgenheit. Ich wusste, dass ich endlich gefunden hatte, wonach ich immer auf der Suche gewesen war. Einem plötzlichen Gefühl reiner Zuneigung folgend küsste ich ihm die Hand. Und aus unvermuteter Tiefe kamen leise Worte, die dem Verstand nichts, dem Gefühl aber alles bedeuteten: »Sie sind auch für mich der Nagual.«

Seine Augen leuchteten, auch er war erleichtert, dass es endlich zu einem Verstehen gekommen war. Er fuhr mir liebevoll durchs Haar und all die aufgestauten Ängste, Niederlagen und Enttäuschungen entluden sich in einer Sturzflut von Tränen.

Clara stand auf und reichte mir ein Taschentuch. »Aus so einer Stimmung kriegt man dich erfahrungsgemäß nur raus, wenn man dich wütend macht oder dir Nüsse zu knacken gibt«, sagte sie. »Ich mach jetzt mal beides, hör zu: Ich wusste nicht nur, wo ich dich in der Wüste finden würde, sondern dieses stickige kleine Apartment – weißt du noch? –, aus dem ich deine Sachen rausräumen lassen sollte – na, das Haus, in dem es war, gehört meiner Cousine.«

Ich sah Clara völlig verdattert an und konnte kein Wort sagen. Das Gelächter der beiden brach los wie eine Explosion, die in meinem Kopf nachhallte. Keine andere Offenbarung hätte mich mehr überraschen können. Als die Betäubung langsam nachließ, stieg nicht die Wut auf, die sonst immer kam, wenn ich mich manipuliert fühlte, sondern ein tiefes Staunen über die Präzision ihrer Schachzüge, ihre unvorstellbare Meisterschaft, die ihnen, wie ich jetzt endlich begriff, nicht Macht über mich gab, sondern Kontrolle über sich selbst.

15

Etliche Monate danach schickte Clara mich einmal nicht zum Rekapitulieren in die Höhle, sondern sagte, ich solle dableiben, während sie im Garten arbeitete. Ich sah ihr zu, wie sie zwischen Patio und Gemüsegarten säuberlich das Laub zusammenharkte. Oben auf dem Laubhaufen legte sie einige besonders schöne braune Blätter in eine Ellipse.

»Was machst du da?«, fragte ich und kam neugierig näher. Den ganzen Vormittag hatte ich in der Höhle Erinnerungen an meinen Vater rekapituliert und etwas Drückendes und Düsteres folgte mir seitdem. Ich hatte ihn immer für ein schwülstig und arrogant daherredendes Ungeheuer gehalten. Jetzt sah ich plötzlich den traurigen, gebrochenen Mann, den Krieg und durchkreuzte Ambitionen vernichtet hatten, und ich fühlte mich innerlich wie ausgeblutet.

»Ich baue ein Nest für dich«, antwortete Clara. »Darin sollst du dann wie eine brütende Glucke sitzen. Ich brauche dich ausgeruht, weil wir heute Nachmittag Besuch bekommen.«

»Wer kommt denn?«, fragte ich so beiläufig wie möglich.

Monat für Monat hatte Clara mir versprochen, sie werde mich den anderen Mitgliedern der Gruppe des Naguals – ihren mysteriösen Verwandten, die inzwischen aus Indien zurückgekehrt waren – vorstellen, aber dazu war es nie gekommen. Immer wenn ich darauf zu sprechen kam, hatte sie gesagt, ich müsse mich erst mit noch gründlicherem Rekapitulieren läutern, denn in meiner jetzigen Verfassung könne man mich eigentlich niemandem präsentieren. Ich glaubte ihr. Je mehr ich die Erinnerungen an meine Vergangenheit aufarbeitete, desto deutlicher wurde mir die Notwendigkeit der energetischen Reinigung.

»Du hast meine Frage nicht beantwortet, Clara«, sagte ich mürrisch. »Wer kommt heute?«

»Das sei mal dahingestellt«, sagte sie und gab mir eine Handvoll kupferfarbener trockener Blätter. »Die legst du dir über den Nabel und dann bindest du dein Rekapitulationstuch darüber.«

»Das hab ich in der Höhle gelassen«, sagte ich.

»Hoffentlich verwendest du es auch richtig. Das Tuch dient bei der Rekapitulation als Stütze. Du wickelst es dir um den Bauch und bindest es an den Pflock, den ich in der Höhle eingeschlagen habe. Dann kippst du nicht um und schlägst dir den Kopf an, wenn du mal einschläfst oder es deinem Doppelgänger womöglich einfällt aufzuwachen.«

»Soll ich es holen?«

Sie schnalzte kopfschüttelnd mit der Zunge. »Dazu haben wir jetzt keine Zeit. Unser Besuch kann jeden Moment kommen und du musst entspannt und in bestmöglicher Verfassung sein. Du kannst meins benutzen.«

Sie lief ins Haus und war im Nu mit einem safranfarbenen Tuchstreifen zurück. Es war wirklich schön. Ein kaum wahrnehmbares Muster war darin eingewoben und im Sonnenlicht glänzte die Seide geheimnisvoll und veränderte ihre Farbe von einem dunklen Gold in ein sanftes Bernstein. »Wenn du irgendwo Schmerzen oder eine Verletzung hast, wickelst du das Tuch einfach um die Stelle und du bist im Nu wiederhergestellt. Es hat ein bisschen Kraft, weil ich jahrelang mit ihm rekapituliert habe. Eines Tages wirst du das über dein Tuch bestimmt auch sagen können.«

»Warum kannst du mir nicht sagen, wer heute kommt?«, quengelte ich. »Du weißt doch, ich hasse Überraschungen. Ist es der Nagual?«

»Nein, jemand anders, aber mindestens genauso kraftvoll. Wenn du ihr begegnest, musst du ruhig und frei von Gedanken sein, sonst hast du nichts von ihrer Gegenwart.«

Mit überzogen feierlichem Ernst fuhr sie fort, die Regel verlange, dass ich heute alle Zaubergesten anwendete, die sie mich gelehrt hatte – und nicht weil jemand überprüfen wollte, ob ich sie beherrschte, sondern weil ich an einen Scheideweg gelangt sei, an dem ich eine neue Richtung einschlagen müsse.

»Halt Clara, warte; du jagst mir Angst ein, wenn du von Veränderungen sprichst. Mir graut vor neuen Richtungen.«

»Es liegt mir fern, dir Angst machen zu wollen«, versicherte sie. »Ich muss allerdings zugeben, dass ich selbst ein bisschen in Sorge bin. Du hast doch deine Kristalle bei dir?«

Ich knöpfte meine Weste auf, um ihr die ledernen Schulterhalfter zu zeigen, die ich mit ihrer Hilfe für die beiden Quarzkristalle angefertigt hatte. So waren die Kristalle einzeln unter den Achselhöhlen gesichert, jedes in einem maßgeschneiderten Lederbeutel mit überhängender Lasche und Druckknopfverschluss.

»Am besten, du nimmst sie heraus und hältst sie bereit«, sagte Clara. »Sammle damit deine Energie. Warte nicht, bis du dazu aufgefordert wirst. Du musst das nach eigenem Ermessen tun, wann immer du das Gefühl hast, dass du einen Energieschub brauchst.«

Zweierlei war aus Claras Worten unschwer abzuleiten: Mir stand eine Begegnung bevor, bei der es um viel ging, und unser geheimnisvoller Besuch war eine Frau.

»Ist sie eine deiner Verwandten?«, fragte ich.

»Das ist sie«, erwiderte Clara mit einem kühlen Lächeln. »Sie ist meine Verwandte, sie gehört zu unserem Trupp. Aber jetzt entspann dich und stell mir keine Fragen mehr.«

Ich wollte wissen, wo ihre Verwandten sich aufhielten. Sie konnten unmöglich im Haus wohnen, denn dann müsste ich ihnen gelegentlich begegnen oder zumindest Zeichen ihrer Anwesenheit erkennen. Aber ich hatte niemanden gesehen und meine Neugier wurde immer mehr zur Besessenheit. Ich nahm an, dass Claras Verwandte sich bewusst vor mir versteckten und mich vielleicht heimlich beobachteten. Das ärgerte mich nicht nur, sondern stachelte mich auch an, irgendeinen von ihnen auf frischer Tat zu ertappen. Anlass zu diesem zwanghaften Drang war zweifellos das Gefühl, ständig beobachtet zu werden.

Ich stellte Fallen auf: Ich ließ bewusst einen meiner Zeichenstifte irgendwo liegen, um zu sehen, ob jemand ihn wegnahm; ich schlug eine Zeitschrift an einer bestimmten Stelle auf und sah später nach, ob darin geblättert worden war. In der Küche untersuchte ich das Geschirr auf Anzeichen des Gebrauchs. Ich glättete sogar den Pfad hinter dem Haus und überprüfte nach einer Weile, ob fremde Spuren zu sehen waren. Doch mit meinem ganzen kriminalistischen Scharfsinn stieß ich nie auf andere Spuren als die von Clara, Manfred und mir selbst. Wenn sich da jemand vor mir versteckte, konnte er mir unmöglich entgangen sein. Wie es aussah, befand sich sonst niemand im Haus – trotz der unheimlichen Gewissheit, dass noch andere da sein mussten.

»Clara, bitte, ich muss dich einfach noch was fragen, sonst werde ich wahnsinnig«, brach es schließlich aus mir heraus. »Wo wohnen deine Verwandten?«

Clara sah mich überrascht an. »Das hier ist ihr Haus. Sie wohnen hier, wo sonst?«

»Ja, aber wo? Wo stecken sie?« Ich war nahe daran, von meinen Fallen zu erzählen, in denen ich nichts gefangen hatte, ließ es dann aber doch lieber.

»Oh, jetzt weiß ich, was du meinst«, sagte Clara. »Du hast keine Spur von ihnen finden können, trotz deiner ganzen Detektivarbeit. Das ist wenig erstaunlich. Du findest nichts, weil meine Verwandten auf der linken Seite bleiben.«

»Und da kommen sie nie raus?«

»Doch, doch, aber sie meiden die rechte Seite, weil du da wohnst und man dich nicht stören will. Jeder weiß, wie viel Wert du auf deine Privatsphäre legst.«

»Aber sich nicht ein einziges Mal zeigen? Wird da die Rücksicht nicht ein bisschen übertrieben?«

»Keineswegs. Du musst vollkommen allein bleiben, um dich auf die Rekapitulation zu konzentrieren. Als ich sagte, dass wir heute Besuch bekommen, meinte ich, dass eine meiner Verwandten von der linken Seite hier zu uns herüberkommen wird, um dich zu sehen. Sie wartet schon eine ganze Weile darauf, mit dir reden zu können, aber sie musste warten, bis du ein Minimum an Ordnung geschaffen hast. Und wie gesagt, ihr zu begegnen ist noch aufreibender als der Umgang mit dem Nagual. Du musst genügend Kraft gesammelt haben, sonst gehst du so jämmerlich unter wie neulich, als der Nagual da war.«

Clara half mir, die Blätter auf den Bauch zu legen und das Tuch darüberzubinden.

»Die Blätter und das Tuch werden den energetischen Ansturm dieser Frau ein wenig dämpfen«, sagte Clara. Sie sah mich an und fügte leise hinzu: »Und andere Schläge auch. Also, was auch passiert, nimm das Tuch nicht ab.«

»Was wird denn mit mir passieren?«, fragte ich und stopfte nervös noch mehr Laub unter das Tuch.

Clara zuckte die Schultern. »Das wird von deiner Kraft abhängen«, sagte sie und zog den Knoten fest zu. »Deinem momentanen Aussehen nach zu urteilen, kann das wirklich nur der Himmel wissen.«

Mit zitternden Fingern knöpfte ich mein Hemd wieder zu und steckte es in die ausgebeulte Hose. Mit dem breiten gelben Tuch um den Leib wirkte ich etwas füllig. Die Blätter waren ein sprödes, kratziges Kissen auf meinem Bauch. Doch allmählich kam das nervöse Flattern im Magen zur Ruhe; mir wurde warm und ein Gefühl der Entspannung breitete sich im ganzen Körper aus.

»Jetzt setz dich auf den Laubhaufen und tu, was eine Glucke tut«, ordnete Clara an.

Ich muss sie wohl verblüfft angeschaut haben, denn sie fragte: »Was, meinst du, tut eine Henne wohl beim Brüten?«

»Woher soll ich das denn wissen?«

»Sie bleibt ganz still sitzen und lauscht auf die Eier unter sich, wendet ihnen all ihre Aufmerksamkeit zu. Sie lauscht und ihre konzentrierte Aufmerksamkeit lässt keinen Augenblick nach. Dieses Lauschen ist ihre unbeugsame *Absicht*, die auf das Schlüpfen der Küken gerichtet ist. Den Tieren ist dieses stille Lauschen von Natur aus zu Eigen, aber wir Menschen haben es verlernt und müssen es deshalb üben.«

Clara setzte sich auf einen großen hellgrauen Felsbrocken mir gegenüber. Der Stein hatte eine natürliche Vertiefung, die ihn zu einer Art Sessel machte.

»Döse jetzt wie eine Glucke und lausche mit deinem inneren Ohr, während ich rede. Konzentrier dich auf die Wärme in deiner Gebärmutter und lass deine Aufmerksamkeit nicht abschweifen.

Nimm die Geräusche um dich herum wahr, erlaube es deiner Aufmerksamkeit aber nicht, ihnen nachzugehen.«

»Ist das wirklich nötig, dass ich hier so sitze, Clara? Wäre ein Nickerchen nicht viel erfrischender?«

»Leider nein. Wie gesagt, die Gegenwart unserer Besucherin ist ziemlich aufreibend. Wenn du nicht genug Energie hast, gehst du sang- und klanglos unter. Glaub mir, sie ist nicht so sanftmütig wie ich. Sie ist eher wie der Nagual, rücksichtslos und hart.«

»Warum ist sie denn so?«

»Sie kann nicht anders. Sie ist den Menschen und ihren Angelegenheiten so fern, dass ihre Energie dich völlig aus dem Gleis werfen könnte. Bei ihr besteht kein Unterschied mehr zwischen ihrem stofflichen Körper und dem ätherischen Doppel. Anders gesagt: Sie ist eine Meister-Zauberin.«

Clara musterte mich kritisch und die Ränder unter meinen Augen veranlassten sie zu der Bemerkung: »Du hast nachts bei Laternenlicht gelesen, stimmt's? Was meinst du, weshalb wir in den Schlafzimmern kein elektrisches Licht haben?«

Ich erwiderte, ich hätte, seit ich hier war, nicht eine einzige Seite gelesen; die Rekapitulation und all die anderen Dinge, die sie mir aufgetragen hatte, ließen mir keine Zeit für irgendetwas anderes. »Lesen gehört auch nicht gerade zu meinen Lieblingsbeschäftigungen«, sagte ich, »aber manchmal stöbere ich ein bisschen in den Bücherregalen auf dem Flur.« Dass ich das nur tat, um zu sehen, ob jemand ein Buch herausgenommen hatte, verschwieg ich.

Sie lachte und sagte: »Ein paar aus meiner Familie sind richtige Leseratten. Ich nicht.«

»Aber liest du denn nicht zum Vergnügen, Clara?«

»Nein. Ich lese nur, wenn ich Information brauche. Aber unter den anderen gibt es ein paar, die lesen, weil es ihnen Spaß macht.«

»Wie kommt es dann, dass nie ein Buch fehlt?«, fragte ich in betont beiläufigem Tonfall.

Clara kicherte. »Sie haben drüben ihre eigene Bibliothek«, sagte sie. Dann fragte sie mich: »Liest du denn zum Vergnügen, Taisha?«

»Nein. Ich lese auch nur, wenn ich mich informieren muss.«

Ich erzählte ihr, dass die Freude am Lesen bei mir schon während der Schulzeit im Keim erstickt worden war. Ein Freund meines Vaters war Inhaber eines Buchvertriebs und pflegte ihm kistenweise die Restbestände nicht mehr lieferbarer Titel zu schenken. Mein Vater sichtete die Sachen dann und gab mir die literarischen Werke, die ich, wie er sagte, neben meinen normalen Hausaufgaben lesen sollte. Für mich verstand es sich immer von selbst, dass ich sie ganz zu lesen hatte und dass ich eins durchhaben musste, bevor ich mit dem nächsten anfing. Wie überrascht war ich später, als ich feststellte, dass manche Leute etliche Bücher gleichzeitig lesen und je nach Lust und Laune mal in diesem, mal in jenem schmökern.

Clara sah mich an und schüttelte den Kopf, als könne man mich nur noch abschreiben. »Unter Druck machen Kinder wirklich die merkwürdigsten Sachen«, sagte sie. »Jetzt weiß ich, weshalb du so viele zwanghafte Züge hast. Wenn du dich jetzt an diese Geschichten erinnerst, wirst du ziemlich schockierende Entdeckungen machen, jede Wette. Als Kinder können wir nicht hinterfragen, was uns vorgesetzt wird, und so hast auch du fraglos angenommen, dass du jedes Buch von vorn bis hinten durchlesen müsstest. Die Angehörigen meiner Familie haben sehr klare Anschauungen von dem, was Kindern angetan wird.«

»Ich kann schon kaum noch an was anderes denken als an deine Verwandten, Clara.«

»Das wundert mich nicht, schließlich rede ich ja immer wieder von ihnen.«

»Das ist es nicht allein, Clara«, sagte ich. »Es ist mehr eine Art körperliche Empfindung. Ich weiß nicht warum, aber ich muss immer an sie denken. Ich träume sogar von ihnen.«

Während ich das sagte, fügte sich in mir etwas zusammen. Ich stellte Clara eine ganz direkte Frage. Sie selbst hatte mich schon früher gekannt und ihre Cousine, die ja meine Vermieterin war, kannte mich natürlich auch. War ich womöglich auch ihren anderen Verwandten schon einmal begegnet?

»Natürlich, jeder Einzelne von ihnen kennt dich«, sagte Clara, als sei das völlig selbstverständlich, aber das war eigentlich keine Antwort auf meine Frage. Ich hatte nicht die mindeste Ahnung, wer sie sein mochten.

»Dann muss ich dich mal ganz frontal fragen, Clara: Kenne ich sie?«

»Solche Fragen sind unmöglich zu beantworten, Taisha. Am besten, du stellst sie gar nicht erst.«

Ich schmollte. Ich stand von meinem Blätternest auf, aber Clara drückte mich wieder ins Laub. »Schon gut, schon gut, kleines Schnüffelfräulein«, sagte sie. »Ich sag es dir, wenn du nur sitzen bleibst. Du kennst sie alle, aber du erinnerst dich ganz bestimmt nicht daran, sie je gesehen zu haben. Selbst wenn einer meiner Verwandten hier direkt vor dir stünde, würdest du wahrscheinlich nicht die leiseste Ahnung haben. Zugleich würdest du aber merken, dass irgendetwas in dir in höchster Aufregung ist. Reicht dir das?«

Nein, ihre Antwort befriedigte mich ganz und gar nicht. Sie schien mir vielmehr zu beweisen, dass sie bewusst in Rätseln sprach und mich an der Nase herumführte.

»Es muss dir großen Spaß machen, mich auf die Folter zu spannen«, sagte ich entrüstet.

Clara lachte aus vollem Hals. »Ich spiele nicht mit dir«, sagte sie dann. »Zu erklären, was wir sind und was wir tun, ist schwieriger als alles, was du dir vorstellen kannst. Ich wäre froh, wenn ich es klarer ausdrücken könnte, aber es geht nicht. Deshalb hat es keinen Zweck, auf Erklärungen zu bestehen, wo keine möglich sind.«

Ich rutschte unbehaglich hin und her. Die Beine waren mir eingeschlafen. Clara schlug vor, ich solle mich auf den Bauch legen und den Kopf auf dem angewinkelten rechten Arm ruhen lassen. Das tat ich und diese Lage erwies sich als bequem. Der Boden und die Blätter gaben mir Erdung und innerlich war ich still, aber wach und aufmerksam.

Clara beugte sich zu mir her und strich mir liebevoll über den Kopf. In ihrem Blick war etwas, das mich ihre Hand ergreifen und für einen Augenblick festhalten ließ. »Ich muss jetzt gehen,

Taisha«, sagte sie und löste meine Hand. »Aber sei ganz ruhig, wir sehen uns wieder.« In ihren grünen Augen blitzten helle bernsteinfarbene Punkte. Und die Glut dieser Augen war das Letzte, was ich sah.

Ich wachte auf, als jemand mich mit einem Stock am Rücken berührte. Über mir stand eine fremde Frau. Sie war groß, schlank und von unglaublich eindrucksvoller Erscheinung. Ihre Züge waren von seltener Feinheit und Klarheit – ein kleiner Mund, ebenmäßige Zähne, eine vollendet gezeichnete Nase, ein ovales Gesicht, eine zarte, fast durchscheinend weiße und nordisch wirkende Gesichtshaut und glänzend graues Lockenhaar. Wenn sie lächelte, hätte sie ein Mädchen sein können, unternehmungslustig und sinnlich. Mit entspannten Zügen wirkte sie wie eine Europäerin, reif und von sehr kultivierter Erscheinung. Sie trug ein elegantes Kleid und ihre bequemen Schuhe unterstrichen diesen Eindruck der Eleganz eher noch, was mich verblüffte, denn in den Vereinigten Staaten wirkte eine gut gekleidete Frau, die vernünftiges Schuhwerk trug, leicht ein wenig matronenhaft.

Sie war älter, aber zugleich auch jünger als Clara – an Jahren eindeutig älter, aber von ihrer ganzen Erscheinung her jünger. Und sie besaß etwas, was ich nur als innere Vitalität bezeichnen konnte. Im Vergleich zu ihr wirkte selbst Clara noch unfertig und dieses Wesen hier war das Endprodukt. Ich wusste, dass dieser Mensch, der mich hier mit echtem Interesse betrachtete, unvorstellbar anders war, so anders vielleicht wie ein Vertreter einer anderen Spezies.

Ich setzte mich auf und stellte mich eilig vor. Sie antwortete sehr freundlich.

»Ich bin Nelida Abelar«, sagte sie auf Englisch. »Ich wohne hier mit meinen Gefährten. Zwei davon kennst du schon, Clara und den Nagual, John Michael. Du wirst auch die anderen bald kennen lernen.«

Sie sprach mit leichter Tonmodulation. Ihre Stimme war wohltuend und so durch und durch vertraut, dass ich sie nur fassungslos anstarren konnte. Sie lachte, wohl darüber, dass mir aus purer Verblüffung das Lächeln im Gesicht erstarrt war. Auch ihr rauchiges Lachen klang fern vertraut; ich hatte das Gefühl, es schon einmal gehört zu haben. Mir kam der Gedanke, dass ich dieser Frau schon einmal unter ganz anderen Umständen begegnet war, aber es wollte mir einfach nicht einfallen, wo das war. Je länger ich sie anstarrte, desto größer wurde die Gewissheit, dass ich sie früher einmal gekannt hatte, aber nicht mehr wusste wann.

»Was ist denn?«, fragte sie im Tonfall der Besorgnis. »Hast du das Gefühl, dass wir uns nicht zum ersten Mal sehen?«

»Ja, ja«, sagte ich aufgeregt und mir war so, als würde mir jeden Augenblick einfallen, woher ich sie kannte.

»Du wirst dich früher oder später daran erinnern«, sagte sie und der besänftigende Tonfall gab mir zu verstehen, dass keine Eile bestand. »Durch den Fegeatem, mit dem du deine Rekapitulation begleitest, wirst du dich früher oder später an alles in deinem Leben erinnern können, sogar an deine Träume. Dann wirst du auch wissen, wann und wo wir uns begegnet sind.«

Ich wurde verlegen, da ich so vollkommen überrumpelt worden war und sie immer noch anstarrte. Ich erhob mich und stand nun direkt vor ihr, aber nicht herausfordernd, sondern in einer Art heiliger Scheu.

»Wer bist du?«, fragte ich verstört.

»Das hab ich dir doch schon gesagt«, erwiderte sie lächelnd »Und wenn du meinst, dass ich vielleicht das bin, was man eine Persönlichkeit nennt, muss ich dich enttäuschen. Ich bin in keiner Weise bedeutend. Ich bin nichts als jemand aus einer Gruppe von Leuten, die die Freiheit suchen. Du bist dem Nagual begegnet und deshalb wird jetzt der nächste Schritt sein, dass du mich kennen lernst. Das ist deshalb so, weil ich für dich verantwortlich bin.«

Ihr letzter Satz löste sofort alte Ängste in mir aus. Mein Leben lang hatte ich um meine Selbstständigkeit gerungen und ich hatte so erbittert gekämpft, wie ich nur konnte.

»Ich will nicht, dass jemand für mich verantwortlich ist«, sagte ich. »Ich habe zu lange um meine Unabhängigkeit gekämpft, als dass ich mich noch von irgendwem gängeln lassen könnte.«

Ich dachte, das würde sie verärgern, aber sie lachte und

klopfte mir auf die Schulter. »So hab ich das nicht gemeint. Niemand will dich unter seiner Fuchtel haben. Der Nagual hat eine Erklärung für deine aufsässige Art. Er glaubt wirklich, dass du einen ausgesprochenen Kampfgeist hast. Er meint, dass du eindeutig verrückt bist, aber im positiven Sinne.«

Der Nagual, sagte sie, erklärte meine Verrücktheit damit, dass ich unter ungewöhnlichen Umständen und in einer verzweifelten Lage gezeugt worden sei. Dann erzählte Nelida mir Einzelheiten aus dem Leben meiner Eltern, die nur meine Eltern selbst kennen konnten. Vor meiner Zeugung, als meine Eltern in Südafrika lebten und arbeiteten, sei mein Vater aus Gründen, die er nie preisgab, inhaftiert worden. Ich hatte mir immer eingeredet, er sei nicht wirklich im Gefängnis, sondern in einem Lager für politische Gefangene gewesen. Nelida sagte, mein Vater habe einem Wärter das Leben gerettet und dieser Wärter habe ihn später entkommen lassen, indem er sich im entscheidenden Augenblick umdrehte.

»Aber man war hinter ihm her«, erzählte Nelida weiter, »und so lief er zu seiner Frau, um ein allerletztes Mal bei ihr zu sein. Für ihn bestand kein Zweifel daran, dass man ihn fangen und töten würde. Und in dieser leidenschaftlichen Umarmung zwischen Leben und Tod wurdest dann du gezeugt. Die Angst und Lebensgier deines Vaters übertrugen sich auf dich. Deshalb bist du dein Leben lang ruhelos und widerspenstig gewesen und warst immer auf der Suche nach Freiheit.«

Ich hörte kaum noch, was sie sagte. Diese Enthüllungen waren für mich ein solcher Schlag, dass es mir in den Ohren rauschte und die Knie weich wurden. Ich musste mich an einen Baum lehnen, um nicht zu fallen.

Bevor ich etwas sagen konnte, fuhr sie fort: »Deine Mutter war deshalb so unglücklich und voller heimlicher Verachtung für deinen Vater, weil er das gesamte Familienvermögen verbrauchte, um für seine Fehler zu zahlen, worin auch immer die bestanden haben mögen. Das Geld ging aus und sie mussten Südafrika verlassen, bevor du geboren wurdest.«

»Wie kannst du Dinge über meine Eltern wissen, die sogar ich nur andeutungsweise weiß?«

Nelida lächelte. »Ich weiß sie, weil ich für dich verantwortlich bin.«

Und wieder war da diese plötzliche Angst, die mich zittern ließ. Wenn sie die Geheimnisse meiner Eltern kannte, wusste sie dann auch über mich Bescheid? Ich hatte mich immer sicher gefühlt in der uneinnehmbaren Festung meines Selbst. Ich wiegte mich in der Sicherheit, dass alles, was ich fühlte oder dachte und tat, nicht weiter schlimm war, solange es heimlich geschah und niemand etwas davon wusste. Das war, wie es jetzt aussah, ein Irrtum, denn diese Frau schien Zugang zu meinem Innersten zu haben. Höchste Zeit, meinen Stand zu festigen.

»Wenn ich auch sonst vielleicht nichts bin«, sagte ich trotzig, »ich bin mein eigener Herr. Niemand ist für mich verantwortlich. Und niemand macht mir Vorschriften.«

Nelida lachte über mein plötzliches Aufbrausen. Sie zerwühlte mir das Haar, wie der Nagual es gemacht hatte, eine zutiefst vertraute und besänftigende Geste. »Niemand will dir Vorschriften machen, Taishika«, sagte sie freundlich, meinen Ärger zerstreuend. »Ich musste dir all das sagen, weil ich dich auf ein ganz bestimmtes Manöver vorzubereiten habe.«

Ich hörte ihr mit gespannter Aufmerksamkeit zu, denn ich spürte, dass sie mir jetzt etwas Ungeheuerliches eröffnen würde.

»Clara hat dich mit großem Geschick auf den Stand gebracht, den du jetzt erreicht hast. Du stehst für immer in ihrer Schuld. Sie hat ihre Aufgabe abgeschlossen und ist gegangen. Zu schade, dass du ihr nicht mal gedankt hast für ihre Fürsorglichkeit und Freundlichkeit.«

Ich fühlte etwas Namenloses, Entsetzliches auf mich zukriechen. »Was? Was? Clara gegangen?«, stammelte ich.

»Ja.«

»Aber sie kommt doch wieder, oder?«

Nelida schüttelte den Kopf. »Nein. Wie ich gesagt habe, ihre Arbeit ist getan.«

Das war der Augenblick des einzig echten Gefühls in meinem ganzen bisherigen Leben. Alles, was ich je gefühlt hatte, war im Vergleich dazu unwirklich. Weder mein Zorn noch meine Wutanfälle oder meine Anwandlungen von Zuneigung, ja nicht mal mein Selbstmitleid waren echt und wirklich im Vergleich zu dem rasenden Schmerz dieses Augenblicks. Ich war wie betäubt. Ich hätte gern geweint, aber es ging nicht. Da wusste ich, dass echter Schmerz keine Tränen kennt.

»Und Manfred? Ist Manfred auch weg?«, fragte ich.

»Ja. Er hat seine Arbeit, dich zu beschützen, getan.«

»Und der Nagual? Werde ich ihn wieder sehen?«

»In der Welt der Zauberer ist alles möglich«, sagte Nelida und berührte mich an der Hand. »Aber eins ist gewiss: In ihr ist nichts, worauf man sich einfach verlassen könnte. Wenn wir Dank zu sagen haben, dann jetzt; ein Morgen gibt es nicht.«

Ich starrte sie mit weit aufgerissenen Augen fassungslos an. Sie erwiderte meinen Blick und flüsterte: »Es gibt keine Zukunft. Höchste Zeit, dass du das begreifst. Und wenn du mit dem Rekapitulieren fertig bist und die Vergangenheit ganz gelöscht hast, wird nur noch die Gegenwart übrig bleiben. Dann wirst du wissen, dass die Gegenwart nur ein Augenblick ist, mehr nicht.«

Nelida strich mir sanft über den Rücken und sagte, ich solle atmen. Der Schmerz war so groß, dass ich aufgehört hatte zu atmen. »Werde ich mich jemals ändern? Gibt es überhaupt eine Chance für mich?«, fragte ich flehend.

Ohne zu antworten wandte Nelida sich ab und ging auf das Haus zu. Als sie bei der Hintertür war, winkte sie mir mit dem Zeigefinger.

Ich wäre ihr gern nachgelaufen, konnte mich aber nicht bewegen. Ich begann leise zu wimmern, dann entrang sich mir ein seltsam fremdes Winseln, nicht wie von einem Menschen. Jetzt wusste ich, weshalb mir Clara ihr Schutztuch um den Leib gewickelt hatte – um diesen Schlag zu dämpfen. Ich legte mich bäuchlings, das Gesicht in die Blätter gepresst, auf den Laubhaufen und ließ den tierischen Schrei heraus, der mich fast erstickte. Er befreite mich nicht von der Qual. Da holte ich meine Kristalle heraus, legte sie zwischen die Finger und beschrieb mit ausgestreckten Armen große linksdrehende Kreise, die immer kleiner wurden.

Ich zielte mit den Kristallen auf meine Trägheit und Nachlässigkeit und außerdem auf meine Feigheit und auf mein absolut nutzloses Selbstmitleid.

16

Nelida wartete an der Hintertür geduldig auf mich. Ich brauchte Stunden, um mich wieder zu beruhigen; jetzt war es später Nachmittag. Ich folgte ihr ins Haus. Auf dem Gang unmittelbar vor der Wohnzimmertür blieb sie so abrupt stehen, dass ich sie beinah angerempelt hätte.

»Clara hat dir ja gesagt, dass ich auf der linken Seite wohne«, sagte sie und drehte sich zu mir um. »Ich werde dich mit nach drüben nehmen. Aber erst wollen wir uns noch eine Weile ins Wohnzimmer setzen, damit du wieder zu Atem kommst.«

Ich keuchte und mein Puls ging beunruhigend schnell.

»Ich bin in guter körperlicher Verfassung«, versicherte ich ihr. »Ich hab mit Clara jeden Tag Kung-Fu geübt. Nur im Moment fühle ich mich nicht besonders gut.«

»Kein Grund zur Sorge«, beruhigte mich Nelida. »Meine Energie bedrängt dich ein bisschen. Durch diesen zusätzlichen Druck bist du etwas kurzatmig und dein Herz schlägt schneller. Wenn du dich an meine Energie gewöhnt hast, wird sie dir nichts mehr ausmachen.«

Sie nahm mich bei der Hand und führte mich zu einem auf dem Boden liegenden Sitzkissen, auf dem ich an der Vorderkante des Sofas abgestützt sitzen konnte.

»Wenn du aufgeregt bist wie gerade jetzt, dann stütz das Kreuz an irgendeinem Möbelstück ab oder greif hinter dich und drück deine Hände gegen den oberen Teil der Nieren.«

Diese Sitzhaltung mit abgestütztem Kreuz wirkte eindeutig beruhigend auf mich. Ein paar Augenblicke später atmete ich wieder normal und die Verkrampfung im Bauch löste sich.

Nelida ging vor mir auf und ab und ich folgte ihr mit dem Blick.

»So«, sagte sie, ohne in ihrem weichen, entspannten Schritt

innezuhalten, »damit das ein für allemal klar ist: Wenn ich sage, dass ich für dich verantwortlich bin, dann meine ich damit, dass ich dafür zu sorgen habe, dass du die vollkommene Freiheit erreichst. Also komm mir nicht mehr mit deinem Kampf um Selbstständigkeit. Deine impulsiven Feldzüge gegen deine Familie interessieren mich nicht. Du hast zwar dein Leben lang mit deinen Leuten im Streit gelegen, aber dein Kampf war ohne Ziel und Richtung. Es wird Zeit, dass du deiner natürlichen Stärke und deinem blinden Drang ein würdiges Ziel gibst.«

Sie ging weiter auf und ab, doch es lag darin, wie ich bemerkte, nichts von nervöser Spannung. Sie schien damit vielmehr meine Aufmerksamkeit zu fesseln, denn ich fühlte mich ebenso gelöst wie wach und aufnahmebereit.

Ich fragte sie noch einmal, ob ich Clara und Manfred je wieder sehen würde. Nelida sah mich an mit einem Blick, der mich frösteln ließ.

»Nein, du siehst sie nicht wieder«, sagte sie. »Jedenfalls nicht in dieser Welt. Beide haben ihr makellos Bestes gegeben, um dich auf den großen Flug vorzubereiten. Ein Wiedersehen gibt es nur, wenn es dir gelingt, deinen Doppelgänger zu wecken und ins Abstrakte überzuwechseln. Wenn nicht, dann werden sich Clara und Manfred in Erinnerungen verwandeln, über die du noch eine Weile redest oder auch nicht, um sie dann allmählich zu vergessen.«

Ich schwor ihr, dass ich weder Clara noch Manfred je vergessen würde; sie würden immer ein Teil von mir sein, auch wenn ich sie niemals wieder sehen sollte. Doch obwohl etwas in mir wusste, dass es so sein würde, war diese so endgültige Trennung mir unerträglich. Ich hätte gern geweint, wie es früher so oft und ohne weiteres möglich gewesen war, aber meine Zaubergesten mit den Kristallen hatten wohl gewirkt – das Weinen war von mir abgefallen. Und jetzt, wo ich es wirklich gebraucht hätte, funktionierte es nicht mehr. Ich war innerlich leer. Ich war, was ich immer gewesen war: kalt. Nur täuschte ich jetzt nichts anderes mehr vor. Ich erinnerte mich an Claras Worte, dass diese Kälte nicht Grausamkeit oder Härte sei, sondern unerschütterlicher Gleichmut.

Jetzt wusste ich endlich, was es heißt, ohne Mitleid zu sein.

»Halte dich nicht bei deinem Verlust auf«, sagte Nelida. »Jedenfalls jetzt nicht. Sehen wir lieber zu, wie man Energie sammeln kann für das, was irgendwann kommen muss, für den abstrakten Flug. Du weißt jetzt, dass du zu uns gehörst, insbesondere zu mir. Du musst heute versuchen, auf meine Seite des Hauses zu kommen.«

Nelida zog ihre Schuhe aus und setzte sich mir gegenüber in den Sessel. Mit einer geschmeidigen Bewegung hob sie die Knie bis an die Brust und stellte ihre Füße auf die Sitzfläche, während sie den langen Rock über die Knie nach unten zog, so dass nur die Füße und Fußgelenke zu sehen waren.

»Jetzt versuch mal, ohne Zimperlichkeit, Urteile und großes Getue auszukommen«, sagte sie.

Und bevor ich etwas antworten konnte, hob sie den Rock und spreizte die Beine. »Schau auf meine Scheide«, befahl sie. »Das Loch zwischen den Beinen einer Frau ist die energetische Öffnung ihrer Gebärmutter, ein Organ großer Kraft und vieler Möglichkeiten.«

Zu meinem Entsetzen trug sie keine Unterhose und ich sah ihr direkt in ihren Schritt. Ich wollte den Blick abwenden, aber ich war wie gebannt. Ich starrte mit halboffenem Mund. Sie war haarlos, Bauch und Beine waren hart und glatt, ohne jede Spur von Falten oder Fett.

»Da ich nicht als weibliches Wesen in der Welt bin, hat meine Gebärmutter anderes im Sinn als die einer gewöhnlichen, undisziplinierten Frau«, sagte Nelida ohne jeden Anflug von Befangenheit. »Sieh also zu, dass dir nichts Entwürdigendes in den Sinn kommt.«

Sie war wirklich schön und mich packte der schiere Neid. Sie war mindestens drei Mal so alt wie ich, aber in einer ähnlichen Haltung hätte ich kaum ein so gutes Bild abgegeben. Ohnehin wäre es mir nie in den Sinn gekommen, mich irgendwem nackt zu zeigen. Ich trug immer lange Bademäntel, als hätte ich etwas zu verbergen. In Erinnerung an meine eigene Verschämtheit sah ich höflich weg, aber vorher erhaschte ich noch einen kurzen Blick auf etwas, was ich nur als reine Energie bezeichnen kann: Der Bereich um ihren Scheideneingang schien eine Kraft auszustrahlen, die mich schwindlig machte, wenn ich hinsah.

Ich machte die Augen zu, mochte sie denken, was sie wollte. Nelidas Lachen war weich und sprudelnd wie eine endlose Wasserkaskade.

»Du bist jetzt vollkommen entspannt«, sagte sie. »Sieh mich noch mal an und atme ein paar Mal tief ein, um dich aufzuladen.«

»Nein, warte«, sagte ich in plötzlicher Angst. Es war nicht die Angst, wieder auf ihre Vagina blicken zu müssen, sondern der Schock über das, was mir eben klar geworden war: Der Anblick ihrer Nacktheit hatte etwas Unglaubliches mit mir gemacht, er hatte meine Beklemmung gelöst und mich all meine Prüderie einfach preisgeben lassen. Von einem Augenblick auf den anderen war eine tiefe Vertrautheit zwischen mir und Nelida entstanden. Mühsam stotterte ich ihr vor, was mir eben aufgegangen war.

»Genau dazu ist die Energie aus der Gebärmutter ja da«, sagte Nelida vergnügt. »Aber jetzt los, du musst mich noch mal ansehen und tief atmen. Danach kannst du denken, so viel du willst.«

Ich tat es und empfand keinerlei Scham. Durch das Einatmen ihrer Energie fühlte ich mich seltsam belebt und so, als hätte sich ein Band zwischen uns gebildet, das Worte überflüssig machte.

»Wenn du die Energie aus der Gebärmutter beherrschst und zirkulieren lässt, kannst du wahre Wunder wirken«, sagte Nelida und zog den Rock wieder herunter.

Ihre primäre Aufgabe, erklärte Nelida, habe die Gebärmutter zwar in der Vermehrung und Arterhaltung, doch darüber hinaus besitze sie noch subtile und äußerst differenzierte sekundäre Funktionen, von denen die Frauen leider nichts wüssten. Aber um die Entwicklung gerade dieser Funktionen ginge es ihr und mir.

Es freute mich so, dass sie mich einschloss, dass ich eine Art wohliges Kitzeln im Bauch verspürte. Ich hörte aufmerksam zu, als sie erklärte, die wichtigste dieser sekundären Funktionen bestehe darin, dass die Gebärmutter eine Art Schaltzentrale für den Doppelgänger werde. Während Männer ihren Doppelgänger mit einer Mischung aus Willen und Verstand leiten müssten, stünde den Frauen ihre Gebärmutter zur Verfügung, eine gewaltige Kraftquelle vieler geheimnisvoller Eigenschaften und Funktionen, die alle dazu da seien, den Doppelgänger zu schützen und aufzubauen.

»All das hängt natürlich davon ab, dass du dich von all der belastenden Energie befreist, die Männer in dir hinterlassen haben«, sagte sie. »Aber dafür wird die gründliche Rekapitulation deines Sexuallebens schon sorgen.«

Die Gebärmutter einzusetzen, betonte sie, sei eine besonders wirkungsvolle und direkte Methode, um den Doppelgänger zu erreichen. Sie erinnerte mich an eine Zaubergeste, die ich gelernt hatte, bei der man direkt mit der Öffnung der Scheide atmet.

»Mit der Gebärmutter erspüren weibliche Tiere die Dinge und regulieren ihren Körper«, sagte Nelida. »Durch die Gebärmutter können Frauen Kraft in ihrem Doppelgänger erzeugen und speichern, Kraft, mit der sie aufbauen oder zerstören können – oder eins werden mit allem, was um sie ist.«

Wieder empfand ich ein Kribbeln im Bauch, ein sanftes Vibrieren, das sich diesmal bis in die Genitalien ausbreitete und dann an den Innenseiten der Oberschenkel herablief.

»Außer mit der Energie der Gebärmutter«, fuhr Nelida fort, »kann man den Doppelgänger, auch der Andere genannt, noch durch magische Bewegungen erreichen. Deshalb hat Clara dir die Zaubergesten beigebracht. Heute musst du zwei davon anwenden, um dich richtig auf das vorzubereiten, was dich erwartet.«

Sie ging zum Schrank, holte eine Strohmatte heraus, rollte sie aus und sagte, ich solle mich hinlegen. Ich lag auf dem Rücken und sie ließ mich die Knie ein wenig beugen, die Arme über der Brust kreuzen und dann musste ich einmal nach rechts und einmal nach links rollen. Diese Bewegung wiederholte ich sieben Mal. Beim Rollen musste ich die Wirbelsäule in Schulterhöhe ein wenig runden.

Sie sagte, ich solle mich wieder mit gekreuzten Beinen auf das Kissen vor der Couch setzen, während sie selbst im Sessel Platz nahm. Sie atmete ganz langsam durch die Nase ein. Dann wand sich ihre linke Hand mit graziösen Bewegungen nach außen und oben, als bohrte sie ein Loch in die Luft. Sie fuhr hinein, griff nach etwas und als Nelida den Arm zurückzog, hatte ich fast überdeutlich den Eindruck, dass sie damit zugleich ein Seil aus dem Loch in der Luft zog. Danach machte sie die gleiche Bewegung mit der rechten Hand.

Während ich Nelida zusah, wurde mir klar, dass ihre Bewegungen von der gleichen Art waren wie die Zaubergesten, die Clara mir gezeigt hatte, aber sie hatten mehr Leichtigkeit, Geschmeidigkeit und Energie. Claras Zaubergesten waren wie Bewegungen der Kampfkunst, schön und voll innerer Kraft. Nelidas Gesten waren von erschreckender, fast bedrohlicher Tiefe, aber auch ein wunderbarer Anblick. Sie strahlten eine nervöse Energie aus, hatten jedoch nichts Erregtes.

Während dieser Bewegungen war Nelidas Gesicht wie eine schöne Maske, die Züge symmetrisch und vollkommen. Während ich ihr bei diesen makellosen Bewegungen zusah, die sie in völliger Gelassenheit, wie allem menschlichen Empfinden entrückt, ausführte, fiel mir ein, wie Clara gesagt hatte, dass Nelida unerbittlich sei.

»Diese Geste ist dazu da, Energie aus der Unendlichkeit zu holen, die gleich hinter all dem liegt, was wir sehen«, sagte sie. »Versuch auch mal, ob du ein Loch machen und hinter die Fassade der sichtbaren Dinge langen kannst, um die Energie in die Hand zu bekommen, die uns erhält. Jetzt!«

Ich versuchte ihre schnellen, anmutigen Bewegungen nachzumachen, kam mir aber im Vergleich steif und unbeholfen vor. Und so sehr ich meine Phantasie auch bemühen mochte, ich fühlte kein Loch, durch das ich langte, um nach Energie zu greifen. Dennoch, als ich mit der Geste fertig war, fühlte ich mich stark und zum Bersten voll mit Energie.

»Es gehört eigentlich nicht viel dazu, mit dem ätherischen Körper in Kontakt zu kommen oder ihn zu erreichen«, sagte Nelida, »und es geht nicht nur über die Gebärmutter oder über magische Bewegungen. Laute sind ein sehr wirksames Mittel, um seine Aufmerksamkeit auf uns zu lenken.«

Nelida erklärte, dass wir Worte an den Ursprung unseres Bewusstseins, den Doppelgänger, richten könnten, um damit zu erreichen, dass er sich manifestiert.

»Vorausgesetzt natürlich, dass wir genug Energie haben«, fügte sie hinzu. »Wenn das der Fall ist, bedarf es manchmal nur einiger ausgewählter Worte oder eines anhaltenden Geräuschs und vor unseren Augen öffnet sich etwas Unvorstellbares.«

»Wie richtet man Worte an den Doppelgänger?«, fragte ich.

Sie breitete die Arme zu einer allumfassenden Geste aus. »Der Doppelgänger ist beinah grenzenlos. Genauso, wie der stoffliche Körper mit anderen Körpern im Austausch steht, gibt es auch eine Verbindung zwischen dem Doppelgänger und der universellen Lebenskraft.«

Unvermittelt stand sie auf. »Wir haben unsere Zaubergesten gemacht und ausgiebig geredet«, sagte sie. »Jetzt wollen wir mal sehen, ob wir auch handeln können. Ich möchte, dass du dich vor die Tür stellst, die zur linken Haushälfte führt. Du musst dabei vollkommen ruhig sein, aber alles um dich herum genau wahrnehmen.«

Ich ging ihr nach, den Gang hinunter bis zu der Tür, die immer geschlossen geblieben war. Clara hatte mir gesagt, sie bliebe auch dann geschlossen, wenn alle Familienmitglieder im Haus seien. Da sie mir das Versprechen abgenommen hatte, diese Tür niemals und unter keinen Umständen zu öffnen, wie neugierig ich auch werden mochte, beachtete ich sie nach einer Weile kaum noch.

Jetzt stand ich also vor ihr. Ich konnte nichts Ungewöhnliches an ihr entdecken, sie ähnelte all den anderen Holztüren im Haus. Nelida öffnete sie behutsam. Ich sah einen Flur wie auf der rechten Seite des Hauses.

»Ich möchte, dass du jetzt ein Wort mehrmals wiederholst«, sagte Nelida, die direkt hinter mir stand. »Es ist das Wort ›*Absicht*‹. Du musst drei oder vier Mal oder auch öfter ›*Absicht*‹ sagen, aber es muss ganz aus deiner Tiefe kommen.«

»Ganz aus meiner Tiefe?«

»Lass deine Körpermitte das Wort ausstoßen, laut und klar. Rufe ›*Absicht*‹; schrei es heraus, mit all deiner Kraft.«

Ich zögerte. Ich mochte nicht schreien, wie ich es auch hasste, wenn jemand mir gegenüber die Stimme erhob. Als Kind hatte ich gelernt, dass es unhöflich ist zu schreien, und mir graute vor den lauten Streitereien meiner Eltern.

»Nur nicht zimperlich«, sagte Nelida. »Schrei so laut und so oft, wie es nötig ist.«

»Woher weiß ich, wann es genug ist?«

»Du hörst auf, wenn etwas passiert oder wenn ich Halt sage, weil nichts passiert. Los jetzt!«

Ich sagte das Wort *»Absicht«*. Es klang zaghaft, schwächlich, unsicher. Sogar für mein eigenes Ohr war nichts Überzeugendes daran. Aber ich wiederholte es immer wieder und jedes Mal mit etwas mehr Kraft. Meine Stimme wurde jedoch nicht voller, sondern schrill und laut, und schließlich entrang sich mir ein Schrei, der nicht mehr mein eigener war, so schaurig, dass ich beinah ohnmächtig wurde. Aber ich kannte ihn. Es war der gleiche gellende Schrei wie an dem Tag, als Clara und Manfred ins Haus rannten und ich draußen unter dem Baum bleiben musste. Ich begann zu zittern und mir wurde so schwindlig, dass mir die Beine einknickten und ich am Türpfosten herunterrutschte, bis ich auf dem Boden saß.

»Nicht bewegen!«, rief Nelida, aber da sank ich schon dahin und lag kraftlos da.

»Zu dumm, dass du dich bewegt hast, als du hättest stehen bleiben sollen«, sagte Nelida streng, lächelte dann aber, als sie sah, dass ich am Rande einer Ohnmacht war. Sie kauerte sich neben mich und rieb mir Hände und Nacken, um mich wiederzubeleben.

»Weshalb hast du mich schreien lassen?«, murmelte ich und richtete mich an der Wand auf.

»Wir haben versucht, deinen Doppelgänger auf uns aufmerksam zu machen«, antwortete Nelida. »Das universelle Bewusstsein hat zwei Ebenen: einmal die Ebene des Sichtbaren, der Ordnung, all der Dinge, die gedacht und benannt werden können, und zum anderen die Ebene des Nicht-Manifestierten, der Energie, die alle Dinge erschafft und erhält.

Da wir uns an die Sprache und den Verstand halten, betrachten wir die Ebene des Sichtbaren als die Wirklichkeit. Sie scheint eine Ordnung zu haben und gibt uns den Eindruck von Stabilität und Berechenbarkeit. Tatsächlich ist sie aber vergänglich und wandelbar und entgleitet uns ständig. Was wir für dauerhafte Wirklichkeit halten, ist nur das oberflächliche Erscheinungsbild einer unermesslichen und unbegreiflichen Kraft.«

Ich war von so bleierner Müdigkeit erfasst, dass ich ihren Worten kaum folgen konnte und mehrmals gähnte. Nelida lachte über meine angestrengt aufgerissenen Augen, mit denen ich den Eindruck wacher Aufmerksamkeit zu vermitteln suchte.

»Du und ich wollen mit diesem Geschrei erreichen«, fuhr sie fort, »dass das Unsichtbare auf uns aufmerksam wird, die Kraft, der dein Dasein entspringt, die Kraft, die dich eines Tages über den Abgrund tragen soll.«

Ich wollte ihr zuhören, aber ein seltsamer Gedanke lenkte mich immer wieder ab. Kurz bevor ich zusammengesackt war, hatte ich für einen Augenblick etwas höchst Ungewöhnliches gesehen. Die Luft in dem Korridor jenseits der Tür hatte Blasen geworfen wie damals in meinem Zimmer in jener ersten Nacht, die ich in diesem Haus verbrachte.

Während Nelida noch sprach, wandte ich mich ab, um noch einmal in den Gang zu blicken, doch sie verstellte mir schnell die Sicht. Dann hob sie ein Blatt vom Boden auf, das aus meiner Schutzbinde gefallen sein musste.

»Vielleicht kann dieses Blatt die Sache klarer machen«, sagte sie und hielt es mir hin. Sie sprach schnell, als wüsste sie um meine schwindende Aufmerksamkeit und versuchte schnell noch, so viel wie möglich zu vermitteln. »Es ist trocken und spröde, flach und rund, braun mit einem rötlichen Einschlag. Wir erkennen es als Blatt, weil unsere Sinne, unsere Wahrnehmungsinstrumente, und das Denken, das den Dingen Namen gibt, uns sagen, dass es ein Blatt ist. Ohne sie ist das Blatt abstrakte, reine, undifferenzierte Energie. Dieselbe unwirkliche, ätherische Energie, die durch dieses Blatt fließt, durchströmt und erhält auch alles andere. Wir selbst sind wie alles andere einerseits real und andererseits bloße Erscheinung.«

Sie legte das Blatt behutsam wieder auf den Boden, als wäre es so zart, dass es bei der leisesten Berührung zerbrechen würde.

Nelida schwieg einen Augenblick, wie um mir Gelegenheit zu geben, ihre Worte ganz aufzunehmen, aber ich wurde schon wieder durch den Flur jenseits der Tür abgelenkt, an dessen anderem Ende ich Lichtstreifen durch ein Fenster fallen sah. Ganz flüchtig sah ich einige Männer und Frauen, drei oder vier Leute, die für einen Augenblick den Kopf aus der Tür ihres Zimmers herausstreckten. Ich dachte mir, sie seien durch meine Schreie geweckt worden und wollten nun sehen, was der Tumult bedeute.

»Mit deiner Disziplin ist es wirklich nicht weit her!«, blaffte Nelida mich an. »Deine Aufmerksamkeit ist entschieden zu kurzatmig.«

Ich versuchte Nelida zu zeigen, was ich gesehen hatte, aber sie brachte mich mit einem Blick zum Schweigen. Ein Schauer lief mir den Rücken hinauf und ich zitterte unwillkürlich. Und während ich so verwirrt und wehrlos dasaß, kam mir der absonderlichste aller meiner bisherigen Gedanken: Nelida kam mir bekannt vor, weil ich sie in einem Traum gesehen hatte. Nein, ich hatte sie nicht nur in einem Traum gesehen, sondern in einer Serie wiederkehrender Träume, und die Leute da drüben ...

»Keinen Schritt weiter!«, schrie Nelida mich an. »Untersteh dich, hast du mich verstanden? Dass du mir auf keinen Fall abschweifst! Ich brauche deine ungeteilte Aufmerksamkeit hier.«

Sie zog mich hoch, bis ich wieder stand, und sagte, ich solle mich zusammenreißen. Ich tat mein Bestes, denn es ließ sich nicht leugnen, dass sie mir Angst einflößte. Ich hatte mir immer viel darauf zugute gehalten, dass niemand mir Befehle erteilen konnte, aber ein einziger Blick von dieser Frau brachte meine Gedanken zum Schweigen und flößte mir ehrfürchtige Scheu, aber auch Angst ein.

Nelida versetzte mir mit dem Knöchel einen Schlag auf den Kopf, der mich so schnell wieder ins Gleichgewicht brachte, wie ihre heftigen Worte mich verstört hatten.

»Ich rede mir hier den Mund fusslig, weil Clara mir gesagt hat, dass man dich so am besten beruhigen und dein Interesse wecken kann«, sagte sie. »Ich möchte dich um jeden Preis so weit haben, dass du durch diese Tür gehen kannst.«

Ich sagte ihr, ich sei ganz sicher, sie in meinen Träumen gesehen zu haben. Und das sei nicht alles, denn ich hätte das Gefühl, dass auch die Leute, die eben den Kopf zur Tür herausgestreckt hätten, mir bekannt seien.

Als ich diese Leute erwähnte, trat Nelida einen Schritt zurück und musterte mich, als suchte sie meinen Körper nach Zeichen ab. Sie schwieg einen Augenblick, vielleicht weil sie etwas mitzuteilen hatte und überlegte, ob sie es tun solle oder nicht.

»Wir sind eine Gruppe von Zauberern, wie der Nagual und Clara dir schon gesagt haben. Wir bilden eine Linie, allerdings nicht im biologischen Sinne. In diesem Haus leben zwei Zweige dieser Linie, jeder besteht aus acht Personen. Die Angehörigen von Claras Zweig sind die Graus und die Angehörigen meines Zweigs sind die Abelars. Unsere Ursprünge verlieren sich in grauer Vorzeit. Wir zählen uns nach Generationen. Ich gehöre zu der Generation, die eben jetzt die Führung innehat, und das bedeutet, dass ich das Wissen meiner Gruppe an jemanden weitergeben kann, der wie ich ist. Und das bist du. Du bist eine Abelar.«

Sie drehte mich zum Korridor der anderen Seite hin und stellte sich hinter mich. »Jetzt ist Schluss mit Reden. Schau in den Gang da drüben und rufe das Wort ›*Absicht*‹. Ich glaube, du bist so weit, uns alle persönlich kennen zu lernen.«

Ich rief drei Mal *»Absicht«*. Diesmal schlug meine Stimme nicht in Kreischen um, sondern klang voll und so, als trüge sie über die Mauern des Hauses hinaus. Beim dritten Mal begann die Luft im Gang zu sprudeln und zu sprühen. Milliarden winziger Blasen funkelten und glühten wie alle zugleich entzündet. Ich hörte ein leises Summen, das mich an einen gedämpften Generator erinnerte. Dieses hypnotische Surren zog mich über die Schwelle, vor der Nelida und ich standen. Die Ohren fielen mir zu und ich musste mehrmals schlucken, bis sie wieder aufgingen. Dann hörte das Summen auf und ich stand mitten in einem Gang, der das genaue Spiegelbild des Korridors auf der anderen Seite war, wo mein Zimmer lag. Nur war dieser Gang voller Leute. Sie waren alle aus ihren Zimmern gekommen und starrten mich an, als wäre ich von einem anderen Planeten und hätte mich soeben vor ihren Augen materialisiert.

Am anderen Ende erkannte ich Clara. Sie lächelte strahlend und breitete die Arme aus, wie um mich an sich zu drücken. Dann sah ich Manfred, aufgeregt scharrend. Ihm war die gleiche Freude anzusehen wie Clara. Ich lief auf sie zu, aber ich konnte meine Schritte auf dem Boden nicht fühlen und flog wie von einem Katapult abgeschnellt. Zu meinem Entsetzen flog ich an Clara und Manfred und all den anderen Leuten vorbei. Ich hatte keine Kontrolle über meine Bewegungen, ich konnte nur hilflos Claras und Manfreds Namen rufen, als ich an ihnen vorbeiflog und weiter über den Gang und das Haus, über die Bäume und Hügel hinaus in eine blendende Helle und zuletzt in eine absolut schwarze Stille.

17

Ich träumte vom Umgraben im Garten, als ein stechender Schmerz im Nacken mich weckte. Ohne die Augen zu öffnen, tastete ich nach den Kissen, um sie mir behaglich unter dem Kopf zurechtzustopfen und meinem Nacken Erleichterung zu verschaffen. Aber ich fand keine Kissen und fühlte nicht einmal die Matratze. Dafür hatte ich ein schwindliges Gefühl, als hätte ich am Abend zu viel gegessen und getrunken. Ganz langsam öffnete ich die Augen, aber mein Blick fiel nicht wie erwartet auf die Wand oder die Decke, sondern auf Äste und grüne Blätter. Ich versuchte mich aufzurichten und alles kam ins Wanken. Da wurde mir klar, dass ich nicht in meinem Bett war; ich hing in einer Art Ledergeschirr in der Luft und nicht die Welt um mich herum schwankte, sondern ich selbst. Mir war vollkommen klar, dass dies kein Traum war. Ich bemühte mich krampfhaft, meine Gedanken und Wahrnehmungen zu ordnen, und kam schließlich darauf, dass ich in diesem Ledergeschirr mittels eines Flaschenzugs in die oberen Äste eines Baums gehievt worden war.

Dieses seltsame Erwachen und dann die Entdeckung, dass unter mir nichts war, lösten eine plötzliche Höhenangst in mir aus. Ich war noch nie in meinem Leben in einer Baumkrone gewesen. Ich begann um Hilfe zu schreien. Niemand kam und so schrie ich weiter, bis mir die Stimme versagte. Erschöpft hing ich schließlich wie ein Rollbraten da. Dieses körperliche Entsetzen hatte mich außerdem der Kontrolle über meine Schließmuskeln beraubt und damit war die Katastrophe vollkommen. Immerhin hatte das Schreien mich auch von Angst entleert und so begann ich mich jetzt umzusehen, um zu einer nüchternen Einschätzung meiner Lage zu kommen.

Arme und Hände waren frei, und wenn ich den Kopf senkte, konnte ich sehen, was mich da in der Luft hielt. Dicke braune

Ledergurte waren mir um Hüfte, Brust und Beine geschnallt. Um den Baumstamm war ein weiterer Riemen befestigt, der das Ende eines mit einem Flaschenzug versehenen Seils hielt. Ich erkannte, dass ich nichts weiter tun musste, als dieses Seil zu lösen und mich herunterzulassen. Es kostete mich gewaltige Anstrengungen, das Seil zu erreichen und mich mit zitternden Armen und Händen langsam abzulassen. Aber als ich dann unten war, konnte ich die Riemenschnallen eine nach der anderen lösen und mich von dem Geschirr befreien.

Ich lief ins Haus und rief nach Clara. Eine vage Erinnerung sagte mir, dass ich sie nicht finden würde, aber es war mehr ein Gefühl als ein klares Wissen. Ganz automatisch begann ich nach ihr und Manfred zu suchen, fand aber keinen von beiden. Langsam dämmerte mir, dass alles irgendwie anders geworden war, aber ich wusste nicht, was sich verändert hatte und seit wann und vor allem warum. Ich wusste nur, dass etwas unwiderruflich zerbrochen war.

Ich verfiel in einen langen inneren Monolog. Weshalb nur musste Clara gerade jetzt, wo ich sie am dringendsten brauchte, eine ihrer mysteriösen Reisen machen? Dann sagte ich mir, es könnte vielleicht auch andere Gründe für ihre Abwesenheit geben. Vielleicht wich sie mir bewusst aus oder besuchte ihre Verwandten auf der linken Seite. Dann fiel mir die Begegnung mit Nelida wieder ein und ich stürzte zu der Verbindungstür zwischen den beiden Hausseiten und versuchte sie zu öffnen – gegen Claras ausdrückliches Verbot, mir an dieser Tür zu schaffen zu machen. Sie war verschlossen. Ich rief ein paar Mal laut hinüber, dann trat ich ärgerlich gegen die Tür und ging zu meinem Zimmer. Bestürzt stellte ich fest, dass es ebenfalls verschlossen war. In wachsender Panik probierte ich sämtliche Türen auf dem Korridor und fand sie alle verschlossen – bis auf eine, die zu einer Art Rumpelkammer führte. Ich hatte diesen Raum, Claras Anweisung folgend, nie betreten. Aber die Tür war immer eine Hand breit offen, und sooft ich an ihr vorbeikam, hatte ich einen Blick durch den Spalt riskiert.

Diesmal ging ich hinein und rief nach Clara und Nelida, sie

sollten sich endlich zeigen. Das Zimmer war dunkel, aber bis in den letzten Winkel mit einem Sammelsurium der kuriosesten Dinge gefüllt, die ich je gesehen hatte. Es war derart voll gestellt mit grotesken Skulpturen und allerlei Kisten und Kästen, dass man sich kaum noch bewegen konnte. Ein wenig Licht fiel durch ein wunderschönes farbiges Erkerfenster in der Außenmauer. Es war ein weicher Farbschimmer, der sich auf alle Gegenstände im Raum legte. So, dachte ich, müssen die Abstellräume mondäner, aber längst ausgemusterter Ozeanriesen aussehen, die einst die Welt vom einen Ende zum anderen bereist haben. Plötzlich begann der Boden unter mir zu schwanken und zu knarren und die Dinge im Zimmer schienen hin- und herzuwandern. Ich schrie unwillkürlich auf und war mit einem Satz wieder auf dem Korridor. Mein Herz klopfte so schnell und so laut, dass ich einige Minuten und viele tiefe Atemzüge brauchte, um es wieder zu beruhigen.

Dann bemerkte ich, dass auch der große begehbare Schrank gegenüber der Abstellkammer offen war. Drinnen befanden sich all meine Kleidungsstücke, auf Bügeln oder ordentlich gestapelt in den Regalen. Am Ärmel der Jacke, die Clara mir an jenem allerersten Tag gegeben hatte, war mit einer Nadel ein Zettel mit einer Nachricht an mich befestigt. Ich las: »Taisha, wenn du diese Nachricht liest, hast du dich offenbar vom Baum heruntergelassen. Bitte befolge meine Anweisungen Wort für Wort. Geh nicht in dein altes Zimmer zurück, es ist abgeschlossen. Von jetzt an wirst du in deinem Ledergeschirr oder im Baumhaus schlafen. Wir Übrigen sind alle auf Reisen und es wird eine Zeit dauern, bis wir zurück sind. Das ganze Haus steht in deiner Obhut. Tu dein Bestes!« Unterschrieben war mit »Nelida«.

Wie vor den Kopf gestoßen starrte ich den Zettel lange an, las ihn wieder und wieder. Das Haus in meiner Obhut, was mochte Nelida damit meinen? Was sollte ich hier denn tun, so ganz allein? Und das Schaurigste an der ganzen Sache war der Gedanke, in diesem entsetzlichen Ledergeschirr schlafen zu müssen.

Hätte ich doch nur weinen können! Ich wollte mich selbst bedauern, weil sie mich allein gelassen hatten, ich wollte ihnen böse sein, weil sie mich nicht einmal vorgewarnt hatten, aber es ging nicht. Ich stampfte hin und her, um mich in meine alte Wut hineinzusteigern, aber auch hier Fehlanzeige. Es war so, als wäre etwas in mir ausgeknipst worden, so dass ich jetzt trotz aller Schrecken sonderbar ungerührt blieb und die altvertrauten Emotionen nicht mehr hervorbringen konnte. Aber im Stich gelassen fühlte ich mich doch. Ich begann zu zittern, wie ich es immer getan hatte, wenn ein Tränenausbruch bevorstand, aber nicht Tränen stürzten hervor, sondern eine Flut von Erinnerungen und traumartigen Visionen.

Ich hing in meinem Ledergeschirr und blickte nach unten. Dort am Fuß des Baumes standen Leute und lachten und klatschten. Sie riefen zu mir herauf, damit ich ihnen meine Aufmerksamkeit zuwandte. Dann machten sie gemeinsam ein Geräusch wie Löwengebrüll und gingen weg. Ich wusste, dass es ein Traum war. Aber ich wusste ebenso, dass die Begegnung mit Nelida ganz entschieden kein Traum gewesen war. Schließlich hielt ich ihre Nachricht in der Hand. Unklar blieb mir jedoch, wie lange ich da oben im Baum gehangen haben mochte und weshalb. Nach dem Zustand meiner Kleidung und meinem Bärenhunger zu schließen konnten es Tage gewesen sein. Aber wie war ich dort oben hingekommen?

Ich nahm einige Kleidungsstücke aus dem Schrank und ging zum Waschhaus. Als ich dann sauber und frisch angezogen war, fiel mir ein, dass ich im Küchenhaus noch nicht nachgesehen hatte. Vielleicht war Clara da und aß gerade und hatte mein Schreien nicht gehört. Ich stieß die Tür auf, aber die Küche war leer. Ich stöberte nach Essbarem und fand tatsächlich auf dem Herd meinen Lieblingseintopf vor. Ganz sicher, redete ich mir ein, hatte Clara dieses Gericht für mich hinterlassen, aber als ich probierte, entrang sich mir ein tränenloses Schluchzen. Das Gemüse war nicht gewürfelt, sondern in feine Scheiben geschnitten, und es gab nur ganz wenig Fleisch. Da wusste ich, dies konnte nicht Claras Werk sein. Sie war wirklich weg. Zuerst wollte ich den Eintopf nicht essen, aber ich war schrecklich hungrig. Ich nahm mir eine Suppenschale aus dem Regal und füllte sie bis zum Rand.

Erst als ich mir nach dem Essen Klarheit über meine Lage zu verschaffen versuchte, fiel mir ein, dass es noch eine Stelle gab, an der ich bisher nicht nachgesehen hatte. Ich lief zur Höhle in der vagen Hoffnung, Clara oder den Nagual zu finden. Es war niemand da, nicht einmal Manfred. Die Einsamkeit der Höhle und der Hügel erfüllte mich mit unendlicher Traurigkeit und ich hätte alles darum gegeben, jetzt endlich weinen zu können. Ich kroch in die Höhle und empfand die Verzweiflung einer Stummen, die gestern noch hatte sprechen können. Am liebsten wäre ich auf der Stelle gestorben, aber stattdessen schlief ich ein.

Als ich wieder wach wurde, ging ich zum Haus zurück. Wenn alle anderen weg sind, könnte ich eigentlich auch verschwinden, dachte ich. Ich ging zu meinem Wagen. Clara hatte ihn immer gefahren und in der Stadt warten lassen. Ich ließ ihn an, um die Batterie aufzuladen, und zu meiner Erleichterung lief er einwandfrei. Im Haus stopfte ich ein paar von meinen Sachen in eine Tasche, aber schon an der Hintertür meldeten sich heftige Gewissensbisse. Ich las Nelidas Nachricht noch einmal. Sie bat mich, das Haus zu hüten. Ich konnte es nicht einfach im Stich lassen. Mein Bestes sollte ich tun, hieß es da. Offenbar hatten sie mich mit einer ganz bestimmten Aufgabe betraut und ich musste bleiben, sei es auch nur, um herauszufinden, worin die Aufgabe bestand. Ich verstaute meine Sachen wieder im Schrank und legte mich auf die Couch, um mir klarzumachen, wo ich stand.

Mit meinem Geschrei hatte ich offensichtlich meine Stimmbänder überfordert; meine Kehle war wund, aber ansonsten schien ich in guter körperlicher Verfassung zu sein. Schreck, Angst und Selbstmitleid waren verflogen und mir blieb nichts als die Gewissheit, dass auf dem linken Flur etwas Ungeheuerliches mit mir geschehen sein musste. Doch so sehr ich mich auch mühte, ich konnte mich nicht erinnern, was nach dem Überschreiten der Schwelle passiert war.

Und von solch grundsätzlichen Erwägungen einmal abgesehen, hatte ich auch noch ein ganz unmittelbares Problem: Ich wusste immer noch nicht recht, wie man den Holzherd in der Küche einheizt. Clara hatte es mir immer wieder gezeigt, aber ich fand einfach nicht den Dreh – vielleicht weil ich nicht erwartete, jemals auf meine eigenen Künste angewiesen zu sein. Als einzige Lösung fiel mir ein, das Feuer gar nicht mehr ausgehen zu lassen und auch die Nacht über immer wieder nachzulegen.

Ich lief in die Küche, um schnell Holz aufzulegen, bevor das Feuer ausging. Dann setzte ich Wasser auf und wusch mein Geschirr ab. Das restliche Wasser goss ich in den Kalksteinfilter, der wie ein großer invertierter Kegel aussah. Die große Apparatur stand auf einem massiven gusseisernen Ständer und filterte Tropfen für Tropfen das abgekochte Wasser. Aus dem Auffangbehälter unter dem Filter schöpfte ich einige Kellen in meinen Krug. Dann trank ich ein paar Schlucke von dem köstlichen, kühlen Wasser und entschied mich, ins Haus zurückzugehen.

Mir kam der Gedanke, dass ich vielleicht noch weitere Nachrichten von Clara oder Nelida finden würde, denen Genaueres über meine Aufgabe zu entnehmen wäre. Ich suchte nach Schlüsseln zu den einzelnen Zimmern. In einem Schrank auf dem Flur fand ich etliche Schlüssel mit Namensschildchen. Ich nahm den, der Nelidas Namen trug, und probierte ihn aus; zu meiner Überraschung passte er für meine Zimmertür. Dann nahm ich Claras Schlüssel und fand nach einigen Versuchen die Tür, zu der er gehörte. Ich schloss auf und öffnete die Tür; aber hineingehen und herumschnüffeln, nein, das konnte ich nicht. Selbst wenn sie weg war, durfte ich nicht in ihren privaten Bereich eindringen.

Ich machte die Tür wieder zu, schloss ab und brachte die Schlüssel an ihren Platz zurück. Dann ging ich ins Wohnzimmer zurück und setzte mich auf das Kissen am Boden, den Rücken an die Sofakante gelehnt, wie Nelida es mir geraten hatte. Kein Zweifel, das beruhigte die Nerven. Wieder kam mir der Gedanke, zu meinem Wagen zu gehen und wegzufahren. Aber ich hatte eigentlich gar nicht den Wunsch wegzufahren. Ich beschloss, die Herausforderung anzunehmen und das Haus zu hüten, solange sie weg waren, mochte es auch ewig dauern.

Da ich nichts Bestimmtes zu tun hatte, dachte ich, könnte ich es mal mit dem Lesen probieren. Ich hatte meine negativen Erfahrungen aus der Kindheit mit Büchern rekapituliert und es wäre sicher interessant zu sehen, ob sich meine Einstellung gegenüber den Büchern geändert hatte. Ich ging auf den Korridor, um in den Regalen zu stöbern. Ich stellte fest, dass es größtenteils deutschsprachige Bücher waren; daneben fand ich einige englische und ein paar spanische Ausgaben. Ich verschaffte mir einen flüchtigen Überblick, der ergab, dass die deutschen Bücher größtenteils von Botanik handelten, manche auch von Zoologie, Geologie, Geographie und Ozeanographie. In einem anderen Fach, etwas versteckt, stieß ich auf einige englische Bücher über Astronomie. Bei den spanischen Büchern, die auch in einem gesonderten Fach standen, handelte es sich um Romane und Lyrik.

Ich nahm mir zuerst die Astronomiebücher vor, denn dieses Thema hatte mich schon immer fasziniert. Ich holte ein dünnes Buch mit vielen Bildern heraus und begann zu blättern. Doch sehr bald schlief ich darüber ein.

Als ich aufwachte, war es stockdunkel im Haus und ich musste mich vorsichtig zur Hintertür tasten. Auf dem Weg zum Generatorschuppen sah ich, dass in der Küche Licht war. Jemand musste den Generator also schon angelassen haben. In der freudigen Erwartung, dass vielleicht Clara wieder da wäre, lief ich zur Küche hinüber. Aber als ich näher kam, hörte ich leisen Gesang, spanischen Gesang, und es war nicht Claras Stimme. Es war eine männliche Stimme und nicht die des Naguals. In banger Erwartung ging ich weiter. Ich war kurz vor der Tür, als plötzlich ein Mann seinen Kopf herausstreckte und, gemeinsam mit mir, einen Schrei ausstieß. Offenbar hatte ich ihn so sehr erschreckt wie er mich. Er trat aus der Tür und einen Augenblick lang standen wir einfach da und starrten einander an. Er war schlank, aber nicht hager, drahtig und doch muskulös. Er war so groß wie ich, vielleicht zwei, drei Zentimeter größer. Er trug einen blauen Overall wie die Mechaniker in der Autowerkstatt und hatte eine helle, rötliche Gesichtsfarbe. Sein Haar war grau. Nase und Kinn waren spitz und er besaß hervorstehende Backenknochen und einen kleinen Mund. Seine Augen waren wie die eines Vogels, dunkel und rund, aber doch voller Licht und Leben. Vom Weiß seiner Augen war kaum etwas zu sehen. Insgesamt machte er auf mich nicht den Eindruck eines alten Mannes, sondern wirkte wie ein Junge, der aufgrund irgendeiner exotischen Krankheit den Anschein von Alter bekommen hatte. Er hatte beides zugleich, Alter und Jugend, etwas Anziehendes und etwas Beunruhigendes. Ich bot mein bestes Oberschulspanisch auf, um ihn zu fragen, wer er sei und was er hier tue.

Auch er sah mich neugierig an. »Ich spreche Englisch«, sagte er so gut wie akzentfrei. »Ich habe jahrelang in Arizona bei Claras Verwandten gelebt. Ich heiße Emilito und bin der Hausmeister. Du musst die Baumbewohnerin sein.«

»Wie bitte?«

»Du bist Taisha, nicht?«, sagte er und trat ein paar Schritte auf mich zu. Seine Bewegungen hatten etwas Weiches und Leichtes.

»Ja, bin ich. Aber was haben Sie mit Baumbewohnerin gemeint?«

»Nelida hat mir gesagt, dass du in dem großen Baum am Vordereingang wohnst. Stimmt das?«

Ich nickte nur, denn in diesem Augenblick wurde mir etwas so Offensichtliches klar, dass nur ein begriffsstutziger Affe es übersehen konnte: Der Baum stand an der verbotenen Vorderseite des Hauses, im Osten, also auf dem Teil des Grundstücks, den ich nur von meinem Beobachtungspunkt in den Hügeln her einsehen konnte. Das war eine sehr aufregende Entdeckung, denn sie konnte ja nur bedeuten, dass ich jetzt Teile des Geländes erkunden durfte, von denen ich bisher ausgeschlossen gewesen war.

Die Begeisterung erhielt sofort einen Dämpfer, als Emilito mitleidig den Kopf schüttelte. »Was hast du denn angestellt, Mädchen?«, fragte er, indem er mir sanft auf die Schulter klopfte.

»Gar nichts hab ich angestellt«, sagte ich und trat einen Schritt zurück. Offensichtlich wollte er darauf hinaus, dass ich etwas Verbotenes getan hatte und zur Strafe in den Baum gehängt worden war.

»Na, na, ich will mich ja nicht einmischen«, sagte er lächelnd. »Du brauchst dich mir gegenüber nicht zu verteidigen. Ich bin nur ein kleines Licht, nur der Hausmeister, ein Angestellter. Ich bin keiner von denen.«

»Ist mir egal, wer Sie sind«, fauchte ich. »Ich hab nichts getan und damit Schluss.«

»Gut, gut, wenn du nicht darüber reden willst, ist mir das recht«, sagte er und wandte sich ab, um wieder in die Küche zu gehen.

»Da gibt's auch gar nichts zu reden!«, schrie ich ihm nach, um das letzte Wort zu haben.

Es machte mir überhaupt nichts aus, ihn anzuschreien; einem schönen jungen Mann gegenüber wäre so etwas völlig undenkbar gewesen. Es verblüffte mich selbst, was da noch alles aus mir herauskam: »Glauben Sie ja nicht, dass Sie mich schikanieren können! Ich bin nämlich hier der Boss. Mir hat sie das Haus anvertraut. Das hab ich sogar schriftlich!«

Er zuckte heftig zusammen. »Du lieber Himmel«, hörte ich ihn murmeln. Dann räusperte er sich und schrie zurück: »Komm bloß nicht näher. Ich bin vielleicht alt, aber ich hab ganz schön Mumm in den Knochen. Für diesen Job hier riskier ich doch nicht meinen Hals oder lass mich von Idioten beschimpfen. Ich kündige!«

Ich wusste nicht, was in mich gefahren war. »Nein, nein, warten Sie«, lenkte ich ein. »Ich wollte gar nicht laut werden, ich bin nur furchtbar nervös. Clara und Nelida haben mich ohne Warnung oder Erklärung einfach allein gelassen.«

»Ich wollte auch nicht schreien«, sagte er in dem gleichen entschuldigenden Tonfall. »Ich hab mir nur Gedanken gemacht, weshalb die dich wohl aufgehängt haben, bevor sie alle weg sind. Nur deshalb hab ich gefragt, ob du was angestellt hast. Ich wollte mich doch nicht einmischen.«

»Aber ich sag Ihnen doch, Sir, ich hab nichts gemacht, ehrlich.«

»Weshalb hängst du dann in den Bäumen? Diese Leute wissen sehr genau, was sie tun. Die würden so was nicht einfach aus Jux machen. Außerdem ist es ja wohl klar, dass du eine von denen bist. Wenn Nelida dir eine Nachricht hinterlässt, dass du für das Haus verantwortlich bist, dann müsst ihr schon dicke Kumpel sein. Die redet nämlich nicht mit jedem.«

»Um ehrlich zu sein«, sagte ich, »weiß ich nicht, Sir, weshalb sie mich in den Baum gehängt haben. Ich war mit Nelida in der linken Haushälfte und das Erste, was ich dann wieder weiß, ist dieses Aufwachen mit völlig verrenktem Hals da oben im Baum. Ich war außer mir vor Angst.«

Bei der Erinnerung an diese Szene packte mich das Entsetzen erneut. Ich begann vor diesem fremden Mann zu zittern und zu schwitzen.

»Du warst auf der linken Seite?«, fragte er mit großen Augen. Die Überraschung schien echt.

»Ja, aber nur einen Augenblick; dann wurde alles schwarz.«

»Und was hast du gesehen?«

»Ich sah Leute auf dem Gang. Eine ganze Menge.«

»Wie viele, würdest du sagen?«

»Der Gang war voll. Zwanzig, vielleicht auch dreißig.«

»So viele, hm? Sehr merkwürdig.«

»Was ist daran merkwürdig, Sir?«

»Dass so viele Leute gar nicht im Haus waren. Es waren an dem Tag nur zehn da. Ich weiß das, ich bin nämlich der Hausmeister.«

»Was hat das alles zu bedeuten?«

»Du kannst mich totschlagen, ich weiß es nicht. Ich hab nur das Gefühl, dass mit dir irgendwas nicht stimmt.«

Mein Magen krampfte sich zusammen und das altvertraute Gefühl von rettungsloser Verlorenheit kam hoch. Es war genau das Gefühl, das ich als Kind beim Doktor gehabt hatte, nachdem sie herausgefunden hatten, dass ich an Pfeifferschem Drüsenfieber litt. Ich hatte zwar keine Ahnung, was das war, aber ich wusste, dass es um mich geschehen war, und die besorgten Blicke der Leute in der Praxis sagten mir, dass sie es ebenfalls wussten. Und als sie versuchten, mir eine Spritze mit Penicillin zu verabreichen, schrie ich so laut, dass ich ohnmächtig wurde.

»Na, na«, sagte der Hausmeister begütigend, »kein Grund, sich aufzuregen. Ich wollte dich ganz bestimmt nicht verletzen. Aber ich will dir mal erzählen, was ich über dieses Ledergeschirr weiß. Vielleicht wird dir die Sache dann klar. Sie benutzen es, wenn jemand, den sie behandeln, ein bisschen ... na ja ... ein bisschen daneben ist, wenn du verstehst, was ich meine.«

»Nein, was meinen Sie, Sir?«

»Nenn mich Emilito«, sagte er lächelnd. »Nur bitte nicht ›Sir‹. Du kannst mich auch als Hausmeister bezeichnen, so wie jeder von John Michael Abelar als dem Nagual spricht. Aber setzen wir uns doch in der Küche an den Tisch, da redet sich's besser.«

Ich folgte ihm in die Küche und setzte mich. Er goss warmes Wasser, das auf dem Herd bereitstand, in meinen Becher und brachte ihn mir.

»Also, dieses Ledergeschirr«, begann er und setzte sich auf die Bank mir gegenüber. »Es ist dazu da, seelische Krankheiten zu heilen. Und normalerweise stecken sie da Leute rein, die irgendwie ausgerastet sind.«

»Aber ich bin nicht verrückt«, protestierte ich. »Wenn du das andeuten willst, verschwinde ich.«

»Aber du musst verrückt sein«, sagte er, als folgte er nur der Logik.

»Jetzt reicht's. Ich geh wieder ins Haus.« Ich stand auf, um zu gehen.

Der Hausmeister hielt mich zurück. »Warte, Taisha. Ich wollte dich nicht für verrückt erklären. Es gibt vielleicht noch eine andere Erklärung.« Es klang, als wolle er nachgeben. »Diese Leute meinen es wirklich gut. Sie wollten dich vielleicht gar nicht vom Wahnsinn heilen, sondern nur dafür sorgen, dass deine übersinnlichen Kräfte wachsen können, solange sie weg sind. Und deshalb haben sie dich in das Geschirr gesteckt. Zu dumm, dass ich falsche Schlüsse gezogen habe. Bitte nimm meine Entschuldigung an.«

Ich war nur allzu bereit, die Sache vergeben und vergessen sein zu lassen, und setzte mich wieder an den Tisch. Außerdem musste ich mich ja gut mit ihm stellen, da er offenbar wusste, wie man mit dem Herd umgeht. Dann hatte ich auch einfach nicht mehr die Energie, mich weiterhin gekränkt zu fühlen. Und schließlich konnte ich ihm nur zustimmen: Ich war verrückt. Ich wollte nur nicht, dass er es wusste.

»Wohnst du hier in der Gegend, Emilito?«, fragte ich und gab mir besondere Mühe, ganz locker zu wirken.

»Nein. Ich wohne hier im Haus. Mein Zimmer ist gegenüber deinem Schrank.«

»Was denn, du wohnst in dieser Rumpelkammer mit den Skulpturen und dem ganzen Zeug?« Ich war wirklich verblüfft. »Und woher weißt du, wo mein Schrank ist?«

»Hat Clara mir erzählt«, antwortete er grinsend.

»Aber wenn du hier wohnst, wieso sehe ich dich dann nie?«

»Das muss wohl daran liegen, dass wir verschiedene Zeiten haben. Und ehrlich gesagt, ich hab dich auch noch nie gesehen.«

»Wie kann das sein, Emilito? Ich bin seit einem Jahr hier.«

»Und ich seit vierzig Jahren, immer wieder mal.«

Wir mussten beide laut lachen über die Unsinnigkeit unserer Worte. Auf einer sehr tiefen Ebene wusste ich, dass er es war, dessen Anwesenheit ich im Haus so oft gespürt hatte, und dieser Gedanke war etwas beklemmend.

»Emilito, ich weiß, dass du mich beobachtet hast«, sagte ich ganz direkt. »Streite es nicht ab und frag mich nicht, woher ich das weiß. Und du hast mich auch gekannt, als du mich eben vor der Küche gesehen hast, stimmt's?«

Er seufzte und nickte. »Du hast Recht, Taisha. Ich hab dich erkannt. Aber ich war trotzdem richtig erschrocken.«

»Und wie hast du mich erkannt?«

»Ich hab dich von meinem Zimmer aus beobachtet. Aber jetzt werd nicht gleich böse. Ich hätte ja nie gedacht, dass du es merkst, wenn ich dich beobachte. Ich muss mich wirklich entschuldigen, wenn ich dich gestört oder beunruhigt haben sollte.«

Ich wollte ihn noch fragen, weshalb er mich beobachtet hatte, und als Antwort hätte ich mir erhofft, dass er mich schön oder zumindest interessant fand, aber er beendete unser Gespräch ganz plötzlich und sagte, da es dunkel sei, fühle er sich verpflichtet, mir beim Aufstieg in den Baum zu helfen.

»Wenn ich dir was empfehlen darf«, sagte er, »dann schlafe lieber im Baumhaus als im Ledergeschirr. Das ist wirklich ein Erlebnis. Ich habe auch mal eine ganze Weile im Baumhaus gewohnt, wenn es auch lange her ist.«

Bevor wir aufbrachen, setzte Emilito mir noch eine köstliche Suppe und einen Stapel Tortillas vor. Wir aßen schweigend. Ich machte zwar einen Versuch, das Gespräch fortzusetzen, aber er sagte, beim Essen zu reden sei schlecht für die Verdauung. Ich sagte ihm, Clara und ich hätten beim Essen ständig über alles Mögliche geplaudert.

»Ihr Körper und meiner besitzen nicht mal eine entfernte Ähnlichkeit«, knurrte er. »Clara ist aus Eisen und kann mit ihrem Körper machen, was sie will. Ich dagegen kann mir mit meinem schwächlichen kleinen Körper nicht viel erlauben. Und du auch nicht.«

Ich hörte es gern, dass er mich zu den kleinen Leuten zählte, hoffte aber doch, dass er eher zart als schwächlich meinte.

Nach dem Essen führte er mich sehr artig durch das Haupthaus zum Vordereingang. Hier war ich noch nie gewesen und ging betont langsam, um möglichst viel in mich aufzunehmen. Ich sah einen großen Speiseraum mit einem sehr langen Tisch und einem Geschirrschrank voller kristallener Wein- und Sektgläser und Geschirr. Daneben ein Arbeitszimmer, in dem ich im Vorbeigehen einen schweren Mahagonischreibtisch und ein Bücherregal sah, das eine ganze Wand einnahm. Im nächsten Zimmer brannte elektrisches Licht, aber ich konnte nicht hineinsehen, weil die Tür nur einen Spaltbreit offen war. Ich hörte von drinnen aber gedämpfte Stimmen.

»Wer ist da drin, Emilito?«, fragte ich aufgeregt.

»Niemand«, sagte er. »Das Flüstern, das du gehört hast, ist der Wind. Der spielt den Ohren allerlei Streiche, wenn er sich an den Fensterläden zu schaffen macht.«

Ich ließ ihn mit einem stummen »Na hör mal!«-Blick wissen, was ich von seiner Antwort hielt, und da öffnete er mir galant die Tür, damit ich hineinschauen konnte. Das Zimmer war tatsächlich leer. Es war ein Wohnzimmer, ähnlich dem auf der anderen Seite, das ich kannte. Aber als ich näher hinsah, kamen mir die Schatten auf dem Boden sehr seltsam vor. Ein Schauer durchrieselte mich. Ich hätte schwören können, dass sie irgendwie bebten, flackerten, tanzten, obwohl nichts sonst sich bewegte und kein Luftzug ging.

Ich flüsterte Emilito meine Entdeckung zu. Er lachte und klopfte mir auf den Rücken. »Du redest genau wie Clara«, sagte er. »Und da kann ich noch froh sein. Wenn du wie Nelida reden würdest, fände ich das wirklich bedenklich. Weißt du, dass sie Kraft in ihrer Muschi hat?«

Der Tonfall, in dem er das sagte, und dazu das unschuldige Staunen in seinen Vogelaugen ließen mich in Gelächter ausbrechen, bis mir die Tränen kamen. Dann verstummte mein Lachen so plötzlich, wie es begonnen hatte, als wäre in mir ein Schalter betätigt worden. Das fand ich beängstigend. Emilito anscheinend auch, denn er beobachtete mich wachsam, als traute er meiner geistigen Stabilität nicht so recht.

Er hob den Riegel der Eingangstür und führte mich vors Haus, wo der Baum stand. Er half mir das Ledergeschirr anlegen und zeigte mir, wie man den Flaschenzug benutzt, um sich sitzend nach oben zu ziehen. Zuletzt gab er mir noch eine kleine Taschenlampe. Als ich die oberen Äste erreichte, konnte ich das hölzerne Baumhaus undeutlich erkennen. Es war gleich neben der Stelle, an der ich hängend aufgewacht war, aber ich hatte es in meinem Entsetzen nicht gesehen im Laub.

Emilito richtete seine Lampe von unten direkt auf das Baumhaus und rief mir nach: »Drinnen ist eine Marinelampe, Taisha, aber lass sie nicht zu lange brennen. Und bevor du morgen wieder runterkommst, musst du die Drähte von der Batterie abklemmen.«

Er leuchtete mir, bis ich sicher auf der kleinen Plattform vor dem Haus saß und mit dem Abschnallen der Lederriemen fertig war.

»Gute Nacht, ich geh jetzt!«, rief er. »Angenehme Träume!«

Mir war, als lachte er in sich hinein, als er den Lichtkegel seiner Lampe auf den Boden richtete und zum Haus ging. Ich tastete mich mit meiner kleinen Lampe ins Baumhaus und suchte das, was er Marinelampe genannt hatte. Es war ein riesiges Leuchtgerät, an einem Regal befestigt. Auf dem Boden in einem auf die Bretter genagelten Gehäuse fand ich eine große Batterie. Ich schloss die Drähte an und betätigte den Schalter.

Das Baumhaus bestand aus einem einzigen winzigen Raum mit einem kleinen Podest, das als Bett und als niedriger Tisch diente. Obenauf lag ein zusammengerollter Schlafsack. Ringsum sah ich Fenster, außen mit Klappen versehen, die man mit auf dem Boden liegenden dicken Stöcken aufstellen konnte. In einer Ecke fand ich einen Nachttopf, eingesetzt in einen Korb mit aufklappbarem Deckel. Nachdem ich alles flüchtig in Augenschein genommen hatte, löste ich die Drähte der großen Lampe von der Batterie und kroch in den Schlafsack.

Es war vollkommen dunkel. Ich hörte Grillen und weiter weg das Murmeln des Baches. Der Wind raschelte in den Blättern um mich herum und ließ das ganze Haus sanft schwanken. Während ich all diesen Geräuschen lauschte, drangen unbekannte Ängste ganz allmählich in mein Bewusstsein und ich sah mich körperlichen Empfindungen ausgesetzt, die ich noch nie erlebt hatte. Die völlige Dunkelheit entstellte und verschleierte alle Geräusche und Bewegungen so sehr, dass ich sie wahrnahm, als kämen sie aus meinem Körperinnern. Sooft das Haus erbebte, fühlte ich ein Kribbeln an den Fußsohlen. Immer wenn das Haus knarrte, zuckte es an der Innenseite meiner Knie, und schlugen gar Zweige aneinander, dann knackte es im Genick.

Dann zog die Angst ein, zuerst als eine Art Vibrieren in den Zehen. Es breitete sich in die Füße und Beine aus, bis meine gesamte untere Körperhälfte unbezähmbar schlotterte. Dazu kamen jetzt noch bleierne Müdigkeit und Desorientierung. Ich wusste nicht mehr, wo Tür oder Lampe waren. Ich hatte das Gefühl, das Haus neige sich zur Seite. Anfangs war es kaum wahrnehmbar, wurde dann aber immer deutlicher, bis ich das Gefühl hatte, der Boden müsse jetzt schon eine Neigung von fünfundvierzig Grad haben. Als ich meine Liegefläche noch weiter abkippen fühlte, schrie ich auf. Der Gedanke, mich jetzt abseilen zu müssen, machte mir noch mehr zu schaffen. Da würde ich ganz bestimmt abstürzen und mir das Genick brechen. Andererseits war die Neigung jetzt so stark geworden, dass ich jeden Augenblick von meinem Podest rutschen und durch die Tür fallen musste. Irgendwann hing das Haus so schief, dass ich auf der Liegefläche senkrecht zu stehen meinte.

Ich schrie bei jeder plötzlichen Bewegung und klammerte

mich an einen der seitlichen Pfosten, um nicht abzurutschen. Das ganze Baumhaus schien jetzt auseinander zu brechen. Die Bewegungen machten mich regelrecht seekrank. Das Schwanken und Knarren nahm immer mehr zu und ich wusste, dass mein letztes Stündlein geschlagen hatte. Und als mir alle Hoffnung geschwunden war, diese Nacht irgendwie zu überleben, kam mir etwas Unvorstellbares zur Hilfe. Ein Licht strömte aus meinem Innern hervor, es ergoss sich durch alle Öffnungen meines Körpers. Es war wie eine zähe, leuchtende Flüssigkeit, die mich wie ein schimmernder Panzer bedeckte und mich an meinen Schlafplatz heftete. Es beengte mich an der Kehle und dämpfte meine Schreie, aber es öffnete mir auch die Brust, so dass ich leichter atmen konnte. Es entkrampfte meinen Bauch und beruhigte meine schlotternden Beine. Es leuchtete den ganzen Raum aus, so dass ich die Tür gleich vor mir erkannte. Von diesem Glühen umfangen, wurde ich ruhiger. Alle Ängste und Befürchtungen verschwanden und nichts mehr war von Bedeutung. Ich lag vollkommen still und friedlich, bis der Morgen graute. Durch und durch erfrischt seilte ich mich ab und ging in die Küche, um Frühstück zu machen.

18

Auf dem Küchentisch fand ich einen Teller Tamales vor. Nur Emilito konnte sie gemacht haben, aber er war nirgends zu sehen. Ich schöpfte mir etwas Wasser in meinen Becher und aß in der Hoffnung, dass der Hausmeister schon gefrühstückt hatte, alles auf.

Ich wusch meinen Teller ab und ging in den Gemüsegarten, um zu arbeiten, wurde aber sehr schnell müde. Ich machte mir unter einem Baum aus Blättern ein Nest, wie Clara es mir gezeigt hatte, und setzte mich, um ein wenig auszuruhen. Eine Weile beobachtete ich die wogenden Äste eines Baums, der mir gegenüber stand. Die Bewegung der Äste trug mich in meine Kindheit zurück. Ich muss fünf oder sechs Jahre alt gewesen sein und ich griff nach ein paar Weidenzweigen. Es war nicht so, dass ich mich daran erinnerte; ich war tatsächlich dort. Meine Füße baumelten in der Luft und berührten manchmal fast den Boden. Ich saß auf einer Schaukel und ich jauchzte vor Freude, wenn mich meine Brüder abwechselnd anschubsten. Während ich vor und zurück schaukelte, griff ich nach immer höheren Zweigen, ganz so, wie es mir meine Brüder immer wieder vorgemacht hatten.

Als diese Szene geendet hatte, atmete ich alles ein, was ich erlebt hatte: die Freude, das Lachen, die Geräusche, die Gefühle, die ich für meine Brüder hatte. Doch bald wurden mir die Lider immer schwerer und ich sank in mein Blätternest und fiel in tiefen Schlaf.

Ich wachte auf, als etwas mich in die Rippen stieß. Der Hausmeister stand da und stocherte mit einem Spazierstock an mir herum.

»Aufwachen, es ist schon Nachmittag«, sagte er. »Hast du letzte Nacht im Baumhaus nicht gut geschlafen?«

Als ich die Augen aufschlug, spielte ein Streifen orangefarbenen Lichts in der Baumkrone. Auch auf dem Gesicht des Hausmeisters lag ein unheimlicher Schimmer, der ihm etwas Bedrohliches gab. Er trug denselben blauen Overall wie am Vortag und an den Gürtel waren drei Kürbisflaschen gebunden. Ich richtete mich auf und sah ihm zu, wie er von der größten der Kalebassen den Stopfen entfernte, um sie dann an den Mund zu heben und einen Schluck zu trinken. Danach schmatzte er genüsslich.

»Hast du letzte Nacht nicht gut geschlafen?«, fragte er noch einmal und betrachtete mich neugierig.

»Du hast vielleicht Nerven«, stöhnte ich. »Ich kann ohne Übertreibung sagen, dass es eine der schlimmsten Nächte meines Lebens war.«

Dieser Einleitung wollte sofort eine Sturzflut von Gejammer folgen, aber ich verstummte entsetzt, als ich merkte, wie sehr das nach meiner Mutter klang. Sooft ich sie fragte, wie sie geschlafen habe, rasselte sie eben diese Litanei von Klagen herunter. Wie ich sie dafür hasste – und jetzt machte ich es ebenso!

»Entschuldige, Emilito, es sollte kein Ausbruch von Nichtigkeiten werden«, sagte ich. »Es stimmt, dass ich kein Auge zugetan habe, aber es geht mir gut.«

»Ich hab dich schreien hören wie eine Todesfee«, schob er nach. »Ich dachte, dass du entweder Albträume hast oder vom Baum fällst.«

»Ich dachte, ich falle vom Baum«, sagte ich mit dem Wunsch nach ein bisschen Mitgefühl. »Ich bin fast gestorben vor Angst. Aber dann ist etwas Seltsames passiert und ich habe die Nacht doch überstanden.«

»Was ist denn Seltsames passiert?«, fragte er und setzte sich, offenbar interessiert, in sicherer Entfernung hin.

Ich sah keinen Grund, es ihm nicht zu sagen, also erzählte ich, so gut ich konnte, den ganzen Hergang bis hin zu dem Licht, das mich rettete. Emilito hörte aufmerksam zu und nickte an geeigneten Stellen, als verstünde er die Gefühle, die ich schilderte.

»Ich höre mit Vergnügen, dass du so findig bist«, sagte er. »Ich hab wirklich kaum geglaubt, dass du die Nacht durchstehst. Ich dachte, du würdest in Ohnmacht fallen. Alles in allem bist du jedenfalls nicht so übel dran, wie die anderen gesagt haben.«

»Wer hat gesagt, dass ich übel dran bin?«

»Nelida und der Nagual. Sie haben mir eingeschärft, mich nicht in deine Heilung einzumischen. Deshalb bin ich dir letzte Nacht auch nicht zur Hilfe gekommen, obwohl die Versuchung groß war – und sei es auch nur, um ein bisschen Ruhe und Schlaf zu finden.«

Er nahm wieder einen Schluck aus seiner Kalebasse. »Auch ein Schlückchen?«, fragte er und hielt sie mir hin.

»Was ist da drin?«, fragte ich und dachte an Schnaps. In dem Fall wäre ich einem Schlückchen nicht abgeneigt gewesen.

Er zögerte einen Moment, dann drehte er die Flasche auf den Kopf und schüttelte ein paar Mal kräftig.

»Ha, leer«, lachte ich. »Du wolltest mich bloß reinlegen.«

Er schüttelte den Kopf. »Die scheint nur leer zu sein. Aber sie ist randvoll mit dem seltsamsten aller Getränke. Also, willst du jetzt trinken oder nicht?«

»Ich weiß nicht«, sagte ich. Einen Augenblick lang überlegte ich, ob er vielleicht nur mit mir spielte. In seinem blauen Overall und mit den Kürbisflaschen am Gürtel hätte er auch aus einer Irrenanstalt entsprungen sein können.

Er zuckte die Schultern und sah mich groß an. Ich sah ihm zu, wie er die Kalebasse verkorkte und mit einem dünnen Lederriemen sorgfältig am Gürtel befestigte.

»Na gut, lass mich mal probieren«, sagte ich neugierig und in dem plötzlichen Drang, sein Spiel zu durchschauen.

Er entkorkte die Flasche wieder und reichte sie mir. Ich schüttelte sie und sah hinein. Sie war tatsächlich leer. Aber als ich sie an die Lippen setzte, hatte ich eine Empfindung, wie sie befremdlicher nicht sein konnte. Was mir da in den Mund floss, war irgendwie flüssig, aber nicht im Entferntesten wie Wasser. Es war eher wie ein trockener, fast bitterer Druck, der für einen Augenblick die Atmung behinderte und dann wie eine kühle Wärme die Kehle und den ganzen Körper erfüllte.

Mir kam der Gedanke, die Kalebasse müsse ein feines Pulver

enthalten, das mir in den Mund geraten war. Ich versuchte, mir etwas davon in die Hand zu schütteln, aber es kam nichts heraus.

»Da ist nichts drin, was Augen sehen könnten«, sagte der Hausmeister angesichts meiner Überraschung.

Ich nahm noch einen imaginären Schluck und der warf mich beinah um. Etwas Elektrisches floss durch meinen Körper und kribbelte an den Zehen. Diese Empfindung schoss wie ein Blitz die Beine hoch und in die Wirbelsäule, und als sie meinen Kopf erreichte, verlor ich fast das Bewusstsein. Ich sah den Hausmeister lachend wie nach einem gelungenen Lausbubenstreich Luftsprünge machen. Ich krallte mich in den Boden, um das Gleichgewicht zu halten. Als ich mich wieder einigermaßen gefangen hatte, fuhr ich ihn an: »Was zum Teufel ist in dieser Flasche?«

»Was da drin ist, nennt man *›Absicht‹*«, sagte er ganz ernst. »Clara hat dir schon ein bisschen davon erzählt. Jetzt hab ich dir noch ein bisschen mehr zu erzählen.«

»Was heißt das: Du hast mir was zu erzählen?«

»Es heißt, dass ich dein neuer Platzanweiser bin. Clara hat einen Teil der Arbeit getan und mir obliegt der Rest.«

Meine erste Reaktion war, ihm einfach nicht zu glauben. Er selbst hatte ja gesagt, er sei nur Angestellter und gehöre nicht zur Gruppe. Außerdem war er ganz offensichtlich ein Schlitzohr und ich würde auf keinen seiner Tricks mehr reinfallen.

»Du willst mich doch nur aufziehen, Emilito«, sagte ich und lachte etwas bemüht.

»Ja, jetzt«, sagte er, sprang auf mich zu und machte eine schraubende Bewegung an meiner Brust.

Bevor ich aufspringen konnte, zog er mich noch einmal auf, wie um sich zu seinem Witz selbst zu gratulieren. Das schien ihm derart Spaß zu machen, dass er wie ein Kaninchen herumhopste und sich schier überschlug vor Lachen.

»Magst du von deinem Lehrer nicht aufgezogen werden?«, fragte er kichernd.

Ich mochte von ihm nicht angefasst werden, Punkt. Und schon gar nicht an der Brust. Aber ich hatte mich auch von Clara nicht gern anfassen lassen. Ich begann mich zu fragen, weshalb ich mich so ungern berühren ließ. Ich hatte alle meine Begegnungen mit anderen Menschen rekapituliert, aber was Körperkontakt anging, waren meine Gefühle so stark wie eh und je. Ich legte mir das Problem für später beiseite, denn der Hausmeister hatte sich wieder hingesetzt und mit einer Erklärung begonnen, die meine ganze Aufmerksamkeit forderte.

»Ich bin dein Lehrer«, hörte ich ihn sagen. »Außer Clara, Nelida und dem Nagual hast du noch mich zur Anleitung und Führung.«

»Ein Haufen krauses Gerede, das bist du«, bellte ich. »Du hast selbst gesagt, dass du hier nur als Hausmeister angestellt bist. Also was soll jetzt der Spruch, dass du mein Lehrer bist?«

»Es ist aber so. Ich bin wirklich dein Lehrer«, sagte er ruhig und ernst.

»Was könntest du mir schon beibringen!«, rief ich. Die Aussicht missfiel mir ungeheuer.

»Was ich dir beizubringen habe, nennt man ›mit dem Doppelgänger pirschen‹«, sagte er und blinzelte wie ein Vogel.

»Wo sind Clara und Nelida?«, fragte ich fordernd.

»Sie sind weg. Nelida schreibt das in ihrer Nachricht, nicht?«

»Ich weiß, dass sie weg sind, aber wo sind sie hin?«

»Oh, nach Indien«, sagte er mit einem Grinsen, das einen Lachanfall zu ersetzen schien.

»Dann bleiben sie monatelang weg«, stellte ich grimmig fest.

»Stimmt. Du und ich, wir sind allein. Nicht mal der Hund ist da. Du hast demnach zwei Möglichkeiten. Du kannst entweder deinen Kram packen und gehen oder du bleibst hier bei mir und lässt dich auf die Arbeit ein. Ich rate von Ersterem ab; du wüsstest ja nicht einmal, wohin.«

»Ich hab auch nicht die *Absicht*«, ließ ich ihn wissen. »Nelida hat mir aufgetragen, das Haus zu hüten, und genau das werde ich tun.«

»Gut, ich bin froh, dass du sich entschlossen hast, der *Absicht* der Zauberer zu folgen«, sagte er.

Er sah mir offenbar an, dass ich das nicht verstanden hatte, und erklärte, die *Absicht* der Zauberer unterscheide sich von der

Absicht gewöhnlicher Menschen dadurch, dass die Zauberer gelernt hätten, ihre Aufmerksamkeit mit unendlich mehr Nachdruck und Präzision auszurichten.

»Wenn du mein Lehrer bist«, sagte ich und blickte ihm starr ins Gesicht, »kannst du mir doch bestimmt an einem konkreten Beispiel verdeutlichen, was du meinst.«

Er sah sich kurz um und dachte nach. Dann leuchtete sein Gesicht auf und er deutete auf das Haus. »Das Haus ist ein gutes Beispiel. Es geht zurück auf die *Absicht* unzähliger Zauberer, die über viele Generationen hinweg ihre Energie zusammengekratzt und in einen Topf geworfen haben. Längst ist dieses Haus nicht mehr nur eine materielle Struktur, sondern ein phantastisches Energiefeld. Das Haus könnte zehnmal eingerissen werden, was auch schon geschehen ist, und die Essenz der *Absicht* dieser Zauberer bliebe doch völlig gleich, sie ist nämlich unzerstörbar.«

»Was ist, wenn die Zauberer weggehen wollen?«, fragte ich. »Ist ihre Kraft hier für immer gefangen?«

»Wenn der *Geist* ihnen sagt, dass sie gehen sollen«, antwortete Emilito, »können sie die *Absicht* von ihrem gegenwärtigen Ort ablösen und an eine andere Stelle übertragen.«

»Ich muss zugeben, dass das Haus wirklich etwas Gespenstisches hat«, sagte ich und erzählte ihm, wie es meinen Messungen und Berechnungen getrotzt hatte.

»Gespenstisch ist dieses Haus nicht durch die Anlage der Räume, Mauern oder Patios«, sagte der Hausmeister, »sondern durch die *Absicht*, die Generationen von Zauberern in es hineingelegt haben. Anders gesagt, das Geheimnis dieses Hauses liegt in der Geschichte all der unzähligen Zauberer, deren *Absicht* in seinen Bau eingeflossen ist. Du musst wissen, dass diese Zauberer es nicht allein mit ihrer *Absicht* gebaut haben; sie haben auch selbst Ziegel für Ziegel, Stein für Stein die Mauern hochgezogen. Sogar du hast schon deine *Absicht* und deine Arbeit hineingesteckt.«

»Was könnte ich denn beigetragen haben?«, fragte ich in ungespielter Überraschung. »Du kannst unmöglich meinen schrägen Gartenweg meinen.«

»Niemand könnte den ernsthaft als Beitrag bezeichnen«, lachte er. »Nein, ich meine ein paar andere Sachen.«

Auf der äußeren Ebene von Ziegelsteinen und baulichen Dingen, sagte er, sehe er meinen Beitrag in der sorgfältigen Verkabelung sowie in den Rohranschlüssen und dem Betongehäuse der elektrischen Wasserpumpe, die ich installiert hätte, um Wasser für den Garten vom Bach heraufzufördern. »Auf der ätherischen Ebene der Energieströme jedoch«, fuhr er fort, »sehe ich einen deiner größten Beiträge darin, dass du die erste Person in diesem Haus bist, die ihre *Absicht* mit Manfreds *Absicht* vereinigen konnte.«

An dieser Stelle kam mir ein plötzlicher Gedanke. »Bist du derjenige, der ihm ›Kröte‹ ins Gesicht sagen kann? Clara hat mir einmal gesagt, dass es einen gibt, der das kann.«

Der Hausmeister nickte strahlend. »Ja, das bin ich. Ich habe Manfred als Welpen gefunden. Er war entweder ausgesetzt worden oder ausgerissen, vielleicht von einem Wohnwagenpark in der Gegend. Er war schon fast tot, als ich ihn fand.«

»Wo war denn das?«

»Auf dem Highway 8, sechzig Meilen vor Gila Bend in Arizona. Ich habe am Straßenrand angehalten, um in die Büsche zu gehen, und ihn buchstäblich angepinkelt. Er lag völlig ausgetrocknet und fast tot da. Am meisten hat mich beeindruckt, dass er nicht auf den Highway gelaufen ist, was doch ganz einfach gewesen wäre. Natürlich auch, dass er genau da lag, wo ich pinkeln wollte.«

»Und was ist dann passiert?«, fragte ich. Ich war so voller Mitgefühl für das Schicksal des armen Manfred, dass ich meinen Groll auf den Hausmeister ganz vergaß.

»Ich hab Manfred mit nach Hause genommen und ins Wasser gesetzt, aber nicht trinken lassen«, sagte er. »Und dann habe ich ihn der *Absicht* der Zauberer anheim gestellt.«

Emilito erklärte, es habe der *Absicht* der Zauberer oblegen zu entscheiden, ob Manfred weiterleben oder sterben solle und ob er ein Hund oder etwas anderes sein solle. Er blieb am Leben und wurde mehr als ein Hund.

»Das Gleiche ist mit dir passiert«, fuhr er fort. »Vielleicht kommen du und Manfred deshalb so gut miteinander aus. Der Nagual fand dich spirituell ausgetrocknet vor, eben im Begriff, dein Leben ganz zu verhunzen. Da er mit Nelida in diesem Autokino war, hatten die beiden dich der *Absicht* anheim zu stellen, und das taten sie auch.«

»Und wie haben sie das gemacht?«

»Haben sie dir das noch nicht erzählt?«, fragte er verblüfft.

Ich überlegte einen Augenblick und sagte: »Nein, ich glaube nicht.«

»Der Nagual und Nelida haben laut die *Absicht* angerufen, zweifellos direkt da beim Imbissstand; und sie haben erklärt, dass sie ihr Leben für dich einsetzen würden, bedenkenlos, ohne Bedauern und ohne jeden Vorbehalt. Und beide haben auch gewusst, dass sie dich nicht gleich mitnehmen konnten, sondern dir bei allem, was du machtest, auf der Spur bleiben mussten.

Demnach kann man sagen, dass die *Absicht* der Zauberer dich an Land gezogen hat. Die Beschwörung der *Absicht* durch den Nagual und Nelida hat gewirkt. Und – schwupp! – schon sitzt du hier und redest mit meiner Wenigkeit.«

Sein Blick fragte, ob ich ihm folgen konnte. Ich sah ihn an mit der stummen Bitte, mir die *Absicht* der Zauberer noch eingehender zu erläutern. Er brachte das Gespräch auf eine persönliche Ebene und sagte, wenn er alles, was Clara ihm über mich erzählt hätte, als Beispiel des *Beabsichtigens* nähme, so würde sich für ihn daraus ergeben, dass meine *Absicht* auf eine vollkommene Niederlage gerichtet sei. Ich hätte immer *beabsichtigt*, und zwar durchgängig, eine verrückte, verzweifelte Verliererin zu sein.

»Clara hat mir alles erzählt, was du ihr erzählt hast«, sagte er. »So würde ich zum Beispiel sagen, dass du damals in Japan gar nicht aufgesprungen bist, um deine vorzüglichen Fertigkeiten in der Kampfkunst zu demonstrieren, sondern um der ganzen Welt zu zeigen, dass es deine *Absicht* ist zu verlieren.«

Er setzte mir noch weiter zu, um nachzuweisen, dass alles, was ich unternahm, von Anfang an den Geschmack der Niederlage hatte. Deshalb komme es für mich jetzt vor allem darauf an, eine neue *Absicht* heranzubilden. Diese neue *Absicht* werde deshalb *Absicht* der Zauberer genannt, weil sie mehr sei als bloß die *Absicht*, etwas Neues anzufangen, nämlich die *Absicht*, sich etwas bereits Bestehendem anzuschließen: einer *Absicht*, die sich uns über Jahrtausende menschlichen Ringens hin anbietet.

In der *Absicht* der Zauberer sei kein Platz für Niederlagen, sagte er, denn Zauberern stehe nur ein einziger Weg offen: das Gelingen all dessen, was sie unternähmen. Aber um diesen unbezwingbar klaren Blick zu haben, muss ein Zauberer sich grundlegend wandeln und erneuern und dazu gehören Einsicht und Kraft. Einsicht gewinnt er durch die Rekapitulation seines Lebens, Kraft aus seinem makellosen Handeln.

Emilito sah mich an und klopfte auf seine Kürbisflasche. In dieser Kalebasse, sagte er, habe er sein makelloses Empfinden gespeichert und er habe mir von der *Absicht* der Zauberer zu trinken gegeben, um meiner miesmacherischen Haltung entgegenzuwirken und mich auf seine Unterweisung vorzubereiten. Er sagte noch etwas, aber ich konnte mich nicht mehr darauf konzentrieren; seine Stimme machte mich schläfrig. Mein Körper wurde plötzlich ganz schwer. Als ich Emilito ins Gesicht blickte, sah ich nur einen weißlichen Dunst, wie Nebel im Zwielicht. Ich hörte, wie er sagte, ich solle mich hinlegen und schrittweise meine Muskeln entspannen, um mein ätherisches Netz auszuwerfen.

Ich wusste, was er von mir wollte, und befolgte automatisch seine Anweisungen. Ich legte mich hin und ließ mein Bewusstsein von den Füßen über Unterschenkel, Knie, Oberschenkel, Bauch und Rücken aufwärts wandern. Dann entspannte ich Arme, Schultern, Hals und Kopf. Dabei fühlte ich, wie ich immer schläfriger und schwerer wurde.

Dann wies er mich an, die Augen in kleinen Kreisen gegen den Uhrzeigersinn kreisen und ganz nach oben rollen zu lassen. Ich entspannte mich weiter, bis mein Atem langsam und rhythmisch wurde und das Heben und Senken von selbst geschah. Ich war ganz von den einschläfernden Wellen meines Atems gefangen, als ich ihn flüstern hörte, ich solle mein Bewusstsein aus der Stirn austreten und so weit wie möglich nach oben steigen lassen und dort eine kleine Öffnung machen.

»Was für eine Öffnung?«, murmelte ich.

»Eine Öffnung halt. Ein Loch.«

»Ein Loch in was?«

»Ein Loch in dem Nichts, an dem dein Netz hängt. Wenn du dein Bewusstsein aus dem Körper austreten lässt, wirst du feststellen, dass ringsumher Schwärze ist. Versuche durch diese Schwärze hindurchzustoßen, ein Loch in sie zu machen.«

»Ich glaube nicht, dass ich das kann«, sagte ich und verkrampfte mich wieder.

Er redete mir gut zu. »Natürlich kannst du. Denk dran, Zauberer werden nie besiegt, sie kennen nur das Gelingen.«

Er beugte sich über mich und flüsterte, wenn ich die Öffnung gemacht hätte, solle ich meinen Körper einrollen wie eine Schriftrolle und mich dann eine Linie entlang katapultieren lassen, die von meinem Scheitel aus in die Schwärze reiche.

»Aber ich liege doch«, versuchte ich einzuwenden. »Mein Scheitel liegt praktisch auf dem Boden. Sollte ich dabei nicht besser stehen?«

»Die Schwärze ist überall«, sagte er. »Auch wenn wir auf dem Kopf stehen, ist sie über unserem Scheitel.«

Er sprach jetzt in scharfem Ton und sagte, ich solle mich auf das Loch konzentrieren, das ich gerade gemacht hätte, und meine Gedanken und Gefühle durch diese Öffnung fließen lassen. Wieder spannten sich meine Muskeln; ich wusste nichts von einem Loch, das ich gemacht hatte. Er befahl mir loszulassen und so zu tun und zu empfinden, als hätte ich dieses Loch gemacht.

»Wirf alles raus, was in dir ist. Lass deine Gedanken, Gefühle und Erinnerungen herausfließen.«

Während ich mich wieder entspannte, spürte ich eine Energiewelle, die durch den ganzen Körper ging. Ich wurde umgestülpt, von innen nach außen gekehrt; alles wurde durch den Scheitelpunkt meines Kopfes nach außen gezogen und stürzte wie ein umgekehrter Wasserfall eine Linie entlang. Am Ende dieser Linie ahnte ich eine Öffnung.

»Geh noch weiter«, flüsterte er mir ins Ohr. »Biete dich mit allem, was du bist, dem Nichts dar.«

Ich folgte seinen Anweisungen, so gut ich konnte. Jeder Gedanke, der mir kam, wurde augenblicklich von der aus meinem Kopf austretenden Kaskade mitgerissen. Fern hörte ich den Hausmeister sagen, wenn ich mich bewegen wolle, bräuchte ich mir nur eine entsprechende Anweisung zu geben und dann würde mich die Linie ziehen, wohin ich wolle. Bevor ich mir einen solchen Befehl erteilen konnte, spürte ich einen sanften, aber stetigen Zug an meiner linken Seite. Ich entspannte mich und ließ dieser Empfindung ihren Lauf. Anfangs schien nur mein Kopf nach links gezogen zu werden, dann rollte auch der übrige Körper langsam nach links. Es fühlte sich an, als fiele ich zur Seite, zugleich spürte ich aber, dass mein Körper sich nicht bewegt hatte. Ich hörte ein dumpfes Geräusch hinter meinem Nacken und sah, dass die Öffnung größer wurde. Ich hatte den Wunsch hineinzukriechen, mich hindurchzuzwängen und zu verschwinden. Etwas regte sich ganz in meiner Tiefe; mein Bewusstsein bewegte sich entlang der von meinem Kopf ausgehenden Linie und glitt durch die Öffnung.

Es kam mir vor, als wäre ich in einer riesigen Höhle. Ihre samtenen Wände hüllten mich ein; sie war dunkel. Meine ganze Aufmerksamkeit wurde von einem phosphoreszierenden Fleck gefangen genommen. Wenn ich mich direkt auf ihn ausrichtete, blitzte er mit Unterbrechungen auf wie ein Leuchtfeuer. Dann erhellte ein intensives Licht den Bereich vor mir. Und dann wurde ganz langsam alles wieder dunkel. Meine Atmung schien ganz aufgehört zu haben und keinerlei Gedanken oder Bilder unterbrachen die Schwärze. Ich fühlte meinen Körper nicht mehr. Mein letzter Eindruck war, dass ich mich aufgelöst hatte.

Ich empfand ein hohles Plopp-Geräusch. Plötzlich waren alle Gedanken wieder da, stürzten auf mich herab wie eine ganze Müllhalde, und mit ihnen kam die Wahrnehmung des harten Untergrunds, der Starre meines Körpers, des Juckens von einem Insektenstich am Fußgelenk. Ich öffnete die Augen und sah mich um. Der Hausmeister hatte mir Schuhe und Socken ausgezogen und stocherte mit einem Stock an meinen Fußsohlen herum, um mich wieder zum Leben zu erwecken. Ich wollte ihm erzählen, was ich erlebt hatte, aber er schüttelte den Kopf.

»Nicht reden und nicht bewegen, bis du wieder fest bist«, mahnte er eindringlich. Er sagte, ich solle die Augen schließen und aus dem Bauch atmen. Ich blieb liegen, bis ich das Gefühl hatte, wieder bei Kräften zu sein. Dann richtete ich mich auf und lehnte mich an den Stamm eines Baums.

»Du hast einen Spalt in die Schwärze gemacht und dein Doppelgänger ist nach links und dann durch die Öffnung gerutscht«, sagte Emilito, bevor ich etwas fragen konnte.

»Ich habe richtig gespürt, wie eine Kraft mich zieht«, bestätigte ich. »Und ich habe ein intensives Licht gesehen.«

»Die Kraft war dein Doppelgänger, als er aus dir heraustrat«, sagte er, als wüsste er genau, wovon ich sprach. »Und das Licht war das Auge des Doppelgängers. Du hast jetzt über ein Jahr lang rekapituliert und dabei gleichzeitig deine Energielinien ausgeschickt; jetzt fangen sie an, sich von selbst zu bewegen. Da du dabei aber nach wie vor redest und denkst, haben die Bewegungen dieser Energielinien noch nicht die Leichtigkeit und den Spielraum, die sie später einmal haben werden.«

Ich wusste nicht, was er damit meinte, dass ich beim Rekapitulieren irgendwelche Energielinien ausgeschickt hätte. Ich bat ihn, das zu erklären.

»Was gibt's da zu erklären? Das ist eine Frage der Energie. Je mehr du davon durch die Rekapitulation zurückgewinnst, desto mehr kannst du deinem Doppelgänger zuführen. Dem Doppelgänger Energie zuführen, das nennen wir: Energielinien ausschicken. Jemand, der Energie sehen kann, sieht sie als Linien, die aus dem stofflichen Körper kommen.«

»Aber was heißt das denn für Leute wie mich, die nicht ›sehen‹ können?«

»Je mehr Energie du hast, desto eher wirst du in der Lage sein, ungewöhnliche Dinge zu sehen.«

»Ich glaube, bei mir ist das eher so, dass ich umso verrückter werde, je mehr Energie ich habe«, sagte ich – und es war nicht als witzige Bemerkung gemeint.

»Du solltest dich nicht so leichtfertig runtermachen«, erwiderte er. »Die Wahrnehmung ist geheimnisvoller als alles andere, völlig unerklärlich. Zauberer sind als Menschen wahrnehmende Wesen, aber was sie wahrnehmen, ist weder gut noch böse; alles ist einfach nur Wahrnehmung. Wenn ein Mensch durch Disziplin dazu kommt, dass er mehr wahrnehmen kann als normalerweise erlaubt ist, wächst ihm mehr Kraft zu. Verstehst du, was ich meine?«

Er weigerte sich, noch mehr darüber zu sagen. Stattdessen führte er mich durchs Haus und zur Vordertür hinaus bis zu meinem Baum. Er zeigte zu den oberen Ästen hinauf und sagte, dieser Baum habe wegen des Baumhauses einen Blitzableiter.

»In dieser Gegend blitzt es manchmal ganz plötzlich und recht gefährlich«, sagte er. »Gewitter ohne einen Tropfen Regen kommen auch vor. Wenn es also regnet oder zu viele Kumulonimbus-Wolken am Himmel sind, dann gehst du besser ins Baumhaus.«

»Zu viele was?«

Emilito lachte und klopfte mir leicht auf den Rücken. »Als der Nagual Julian mich ins Baumhaus gesetzt hat, fing er auch von diesen Wolken an, aber ich hab mich damals nicht getraut, ihn danach zu fragen. Von sich aus hat er auch nichts gesagt. Erst viel später habe ich herausgefunden, dass er Gewitterwolken meinte.«

Er lachte über meine entgeisterte Miene. »Muss man damit rechnen, dass es hier einschlägt?«, fragte ich.

»Durchaus«, sagte er, »aber auf dem Baum bist du sicher. Jetzt rauf, solange es noch hell ist.«

Bevor ich mich hochzog, gab er mir noch einen Sack bereits geknackter, aber noch nicht ausgelöster Walnüsse. Er sagte, als Baumbewohnerin müsse ich mich auch wie ein Eichhörnchen ernähren: immer nur ein bisschen und nachts gar nichts. Ich erwiderte, das komme mir ganz gelegen, ich sei ohnehin kein großer Esser.

»Dann bist du hoffentlich auch kein großer Scheißer«, kicherte er. »Wirklich dumm ist das Leben im Baumhaus nämlich dann, wenn man mal muss. Der Umgang mit menschlichen Exkrementen ist ein bisschen heikel. Meine Philosophie ist die, dass man umso besser dran ist, je weniger man davon hat.«

Er fand seine Ausführungen derart komisch, dass er sich bog vor Lachen. Immer noch glucksend wandte er sich ab und ließ mich mit seiner Philosophie allein.

19

In der Nacht gewitterte es heftig. Es ist kaum zu beschreiben, wie sich das in einem Baumhaus anfühlt, wenn ein Blitz nach dem anderen den Himmel zerreißt und ringsum in die Bäume einschlägt. Meine Angst überstieg jedes Maß. Ich schrie noch heftiger als in der ersten Nacht, als alles in Schräglage geriet. Es war eine animalische Angst, die mich lähmte. Meine einzige Hoffnung war, dass ich das Bewusstsein verlor – wie immer, wenn der Druck zu groß wurde, denn von Natur aus war ich feige. Ich kam erst gegen Mittag wieder zu mir. Als ich mich vom Baum herunterließ, saß Emilito schon mit baumelnden Beinen auf einem der unteren Äste und wartete.

»Du siehst ziemlich mitgenommen aus«, begrüßte er mich. »Was ist denn passiert letzte Nacht?«

»Ich bin fast gestorben vor Angst«, sagte ich. Mir war nicht danach, so zu tun, als hätte ich alles schon weggesteckt und sei wieder obenauf. Und ich sah wohl auch so aus, wie ich mich fühlte – wie ein wandelnder Putzlumpen.

Ich sagte, zum ersten Mal in meinem Leben hätten mir wirklich die Soldaten in der Schlacht Leid getan; so ähnlich wie mir in dieser Nacht müsse ihnen zumute sein, wenn ringsumher die Geschosse einschlügen.

»Da muss ich widersprechen«, sagte er. »Deine Angst letzte Nacht war noch schlimmer. Was da auf dich geschossen hat, war nicht von menschlicher Art. Auf der Ebene des Doppelgängers war es eine gigantische Angst.«

»Bitte, Emilito, erklär mir, was du damit meinst.«

»Dein Doppelgänger fängt an, die Welt wahrzunehmen. Unter großem Druck wie letzte Nacht wird er teilweise bewusst, ist aber zugleich total entsetzt. Er ist es nicht gewohnt, die Welt wahrzunehmen. Dein Körper und Geist sind daran gewöhnt, der Doppelgänger nicht.«

Ich war sicher, dass ich entspannt geblieben wäre, wenn ich mich auf das Gewitter hätte einstellen können; und wären mir nicht meine Ängste und Gedanken dazwischengekommen, wäre eine Kraft in mir gänzlich aus meinem Körper herausgetreten, um vielleicht sogar aufzustehen und umherzugehen oder auch vom Baum herunterzukommen. Am meisten ängstigte mich die Empfindung, eingesperrt, in meinem Körper gefangen zu sein.

»Wenn wir in völliger Dunkelheit sind, in der es keine Ablenkungen gibt«, sagte der Hausmeister, »nimmt der Doppelgänger das Ruder in die Hand. Er streckt seine ätherischen Gliedmaßen aus, macht sein leuchtendes Auge auf und sieht sich um. Das kann noch erschreckender sein als das, was du letzte Nacht erlebt hast.«

»So erschreckend ist der Doppelgänger bestimmt nicht«, versicherte ich ihm. »Ich bin bereit für ihn.«

»Du bist für gar nichts bereit«, erwiderte er. »Dein Geschrei letzte Nacht hat man bestimmt bis rauf nach Tucson hören können.«

Das ärgerte mich. Irgendetwas war an ihm, was ich nicht mochte, aber ich konnte nicht genau sagen, was es war. Vielleicht war es sein merkwürdiges Aussehen. Er war nicht männlich; er wirkte auf mich wie das Abziehbild eines Mannes, dabei aber von erstaunlicher Kraft. Am meisten machte mir aber zu schaffen, dass er sich von mir nicht herumschubsen ließ; das stachelte meinen alten Überlegenheitstrieb an.

Dann brach mein Zorn auch ganz plötzlich los: »Wie kommst du dazu, mich jedes Mal fertig zu machen, wenn ich was sage, das dir nicht passt?«

Aber im gleichen Moment bedauerte ich meine Worte schon und entschuldigte mich für meine Aggressivität. »Ich weiß nicht, was mich an dir so aufregt«, gestand ich am Ende.

»Mach dir deshalb kein schlechtes Gewissen«, sagte er. »Du spürst etwas an mir, was du nicht erklären kannst. Dass ich nicht männlich bin, wie du sagst.«

»Das hab ich gar nicht gesagt!«

Sein Gesicht verriet, dass er es besser wusste. »Doch, hast du.

Du hast das gerade zu meinem Doppelgänger gesagt. Mein Doppelgänger irrt sich nicht und er hat dich ganz gut verstanden.«

Ich wurde immer nervöser und verlegener. Mir fiel nichts mehr ein, was ich noch hätte sagen können. Ich lief rot an und zitterte. Ich wusste nicht, weshalb ich so übertrieben reagierte. Emilitos Stimme unterbrach meine Gedanken.

»Du reagierst so, weil dein Doppelgänger meinen wahrnimmt«, sagte er. »Und dein physischer Körper hat Angst, weil seine Pforten sich öffnen und neue Wahrnehmungen einströmen. Wenn du dich jetzt schon völlig daneben fühlst, wie wird das dann erst sein, wenn all deine Pforten offen sind?«

Seine Worte klangen überzeugend und ich überlegte, ob es vielleicht wirklich so war.

»Tiere und kleine Kinder«, fuhr er fort, »können den Doppelgänger ohne weiteres wahrnehmen und häufig erschreckt er sie.«

Ich erwähnte, dass Tiere mich nicht besonders mochten und dies außer bei Manfred auf Gegenseitigkeit beruhte.

»Tiere mögen dich nicht«, erläuterte er, »weil einige deiner Körperpforten nie ganz geschlossen waren und dein Doppelgänger immer schon gestrampelt hat, um herauszukommen. Sei also auf der Hut. Deine Pforten werden irgendwann plötzlich auffliegen, denn jetzt *beabsichtigst* du es ja bewusst. Dein Doppelgänger kann jederzeit unverhofft erwachen und dann findest du dich plötzlich auf der anderen Seite des Patios, ohne den Weg zu Fuß zurückgelegt zu haben.«

Ich musste lachen, aus reiner Nervosität und über den Aberwitz, den er da von sich gab.

»Und wie ist das mit Kindern, vor allem mit kleinen Kindern?«, fragte er. »Brüllen sie nicht los, wenn du sie auf den Arm nimmst?«

In der Regel taten sie es, aber das wollte ich dem Hausmeister nicht sagen. »Babys mögen mich«, log ich und wusste nur zu gut, dass es die wenigen Male, die ich in der Nähe ganz kleiner Kinder gewesen war, sofort Geschrei gegeben hatte. Ich hatte mir immer gesagt, es liege wohl an meinem fehlenden Mutterinstinkt.

Emilito nahm mir meine Beteuerungen nicht ab und schüttelte den Kopf. Ich wollte von ihm wissen, wie Tiere und Kinder den Doppelgänger spüren können, wenn ich selbst keine Ahnung hatte, dass es ihn überhaupt gab. Ich hatte nie auch nur von so etwas gehört, bevor Clara und der Nagual mich darüber aufklärten, noch hatte ich je jemanden getroffen, der über so etwas Bescheid wusste. Er erwiderte, was Tiere und kleine Kinder spürten, habe nichts mit Wissen zu tun, sondern damit, dass sie für solche Wahrnehmungen ausgerüstet seien dank ihrer offenen Pforten. Diese Pforten seien bei Tieren ständig aufnahmebereit, während sie sich bei Menschen schließen, sobald sie zu denken anfangen und ihre rationale Seite die Oberhand gewinnt.

Bis hierhin hatte ich dem Hausmeister meine volle Aufmerksamkeit geschenkt, denn Clara hatte mir eingeschärft, dass meine Übung im Zuhören bestehe, wer auch immer reden und was er auch sagen mochte. Doch je länger ich Emilito zuhörte, desto ärgerlicher wurde ich, bis ich schließlich wieder regelrecht wütend war.

»Ich glaub gar nichts von all dem«, sagte ich. »Und wie kommst du überhaupt dazu zu sagen, dass du mein Lehrer bist? Das hast du mir immer noch nicht erklärt.«

Er lachte. »Ich hab mich ganz bestimmt nicht freiwillig dafür gemeldet.«

»Von wem hast du den Job dann?«

Nach einer kurzen Bedenkzeit sagte er: »Das ist eine ziemlich lange Verkettung von Umständen. Das erste Glied dieser Kette entstand, als der Nagual dich nackt mit den Beinen in der Luft vorfand.« Er brach in schrilles Vogelgelächter aus.

Ich fand seinen Humor entschieden beleidigend. »Zur Sache, Emilito, erzähl mir gefälligst, was hier läuft!«, schrie ich.

»Tut mir Leid, ich dachte, du würdest auch Gefallen finden an einem Bericht über deine Umtriebe, aber da liege ich wohl falsch. Wir, muss ich sagen, haben uns dagegen königlich über deine Faxen amüsiert. Jahrelang haben wir über all den Ärger gelacht, den John Michael Abelar sich eingehandelt hat, weil er in ein Zimmer mit einem nackten Mädchen darin gestolpert ist, wo er doch eigentlich bloß pinkeln wollte.« Er bog sich vor Lachen.

Ich fand das gar nicht komisch. Ich war so wütend, dass ich ihm am liebsten ein paar saftige Schläge und wohl platzierte Tritte versetzt hätte. Er sah mich an und wich zurück. Offenbar spürte er, dass ich jeden Augenblick explodieren konnte.

»Findest du es nicht lustig, dass John Michael sich jahrelang mit einem Problem herumschlagen musste, das er sich eingehandelt hat, weil er einfach nur pinkeln musste? Der Nagual und ich sind uns darin ein bisschen ähnlich, nur hab ich bloß ein halbtotes Hündchen gefunden und er ein komplett übergeschnapptes Mädchen. Wir sind beide für den Rest unseres Lebens verantwortlich für sie. Die anderen Mitglieder der Gruppe haben sich unser Schicksal sehr zu Herzen genommen und geschworen, nie wieder pinkeln zu gehen, ohne sich erst mal genau umzusehen.« Er schüttelte sich vor Lachen und musste auf und ab gehen, um keinen Erstickungsanfall zu bekommen.

Als er mich nicht einmal grinsen sah, fasste er sich wieder. »Ah, ja ... also weiter«, sagte er. »Als das erste Glied geschmiedet war, nachdem der Nagual dich mit den Beinen in der Luft vorgefunden hatte, war es seine Pflicht, dich zu markieren, und das hat er auch gleich gemacht. Dann musste er dich im Auge behalten. Dabei ließ er sich von Clara und Nelida helfen. Das erste Mal haben er und Nelida dich besucht, als du nach deinem High-School-Abschluss in einem Ausflugsort in den Bergen gearbeitet hast.«

»Stimmt es, dass er mich durch einen Energiekanal gefunden hat?« Ich gab mir Mühe, meine Frage nicht herablassend klingen zu lassen.

»Absolut. Er hatte deinen Doppelgänger mit etwas von seiner Energie markiert und konnte jede deiner Bewegungen verfolgen.«

»Ich kann mich nicht erinnern, sie je gesehen zu haben«, sagte ich.

»Das kommt daher, dass du immer geglaubt hast, du hättest wiederkehrende Träume. Aber die beiden sind wirklich bei dir gewesen. Und sie haben dich im Laufe der Jahre immer wieder besucht, vor allem Nelida. Als du dann auf ihren Wink hin nach Arizona gezogen bist, konnten wir dich alle mal in Augenschein nehmen.«

»Augenblick mal, das wird mir jetzt doch zu schräg. Wie konnte ich Nelidas Wink folgen, wenn ich mich nicht mal daran erinnere, sie je gesehen zu haben?«

»Glaub mir, sie hat dir immer wieder gesagt, du sollst nach Arizona gehen; und du hast es gemacht, aber natürlich in dem Glauben, dass es deine eigene Entscheidung war.«

Während er noch redete, fühlte ich mich plötzlich in diese Zeit zurückversetzt. Ich erinnerte mich, wie ich damals dachte, Arizona sei die Gegend, in der ich leben sollte. Mit meiner Technik, den Blick auf den südlichen Horizont zu richten, bekam ich auf die Frage, wo ich Arbeit suchen solle, das sehr deutliche Gefühl, Tucson sei der richtige Ort. Ich hatte sogar einen Traum, in dem jemand mir sagte, ich solle in einem Buchladen arbeiten. Ich war nicht gerade ein Büchernarr und fand es merkwürdig, dass ich ausgerechnet in diesem Bereich arbeiten sollte, aber als ich dann in Tucson war, ging ich direkt zu einem Buchladen, in dessen Schaufenster ein Schild mit der Aufschrift »Aushilfe gesucht« hing. Ich nahm den Job an und tippte Bestellungen ein, arbeitete an der Kasse und sortierte Bücher in die Regale ein.

»Jeder von uns, der dich da besuchte«, setzte Emilito den Bericht fort, »zog jedes Mal an deinem Doppelgänger; deshalb hast du nur eine ganz vage, traumartige Erinnerung an uns – außer an Nelida. Die kennst du wie deine Westentasche.«

Es kamen so viele Leute in dieses Geschäft, aber ich erinnerte mich undeutlich an eine elegant gekleidete, sehr schöne Frau, die einmal den Laden betrat und freundlich mit mir sprach. Das war ungewöhnlich, denn sonst beachtete mich eigentlich niemand. Das könnte durchaus Nelida gewesen sein.

In einer tieferen Schicht war alles, was Emilito sagte, einleuchtend. Aber meinem Verstand schien es so weit hergeholt, dass nur ein Verrückter ihm glauben konnte.

»Du redest nur Mist«, sagte ich und die Ablehnung fiel entschiedener aus, als ich beabsichtigt hatte.

Meine Grobheit brachte ihn in keiner Weise aus dem Konzept. Er streckte die Arme über den Kopf und ließ sie kreisen. »Wenn ich nur Mist rede, dann erklär du mir doch mal, was hier mit dir passiert«, forderte er mich grinsend auf. »Und spiel mir nicht das kleine Mädchen vor, das bei der erstbesten Gelegenheit die Nerven verliert und heult.«

Ich hörte mich mit überschnappender Stimme schreien: »Du gottverdammter Scheiß...« – und an dieser Stelle war die ganze Wut urplötzlich verraucht.

Ich konnte selbst kaum glauben, dass ich da Kraftwörter schrie. Augenblicklich entschuldigte ich mich und sagte, es käme sonst nicht vor, dass ich schrie oder fluchte. Ich versicherte ihm auch, ich hätte die denkbar beste Kinderstube gehabt und sei von einer Mutter erzogen worden, der nicht im Traum eingefallen wäre, die Stimme zu erheben.

Der Hausmeister lachte und hob eine Hand, um mich zu bremsen. »Genug der Beteuerungen«, sagte er. »Wer da redet, ist dein Doppelgänger. Er äußert sich immer direkt und treffend, und dass er so voller Hass und Bitterkeit ist, liegt nur daran, dass du ihn immer geknebelt hast.«

Mein Doppelgänger, erklärte er, sei im Moment ganz besonders instabil, weil er mit Donner und Blitz bombardiert worden war, vor allem aber aufgrund der Ereignisse vor fünf Tagen, als Nelida mich in den Gang der linken Seite gestoßen hatte, damit ich die ersten Schritte zum Übergang der Zauberer machen konnte.

»Vor fünf Tagen?«, stieß ich hervor. »Soll das heißen, dass ich zwei Tage und Nächte im Baum gehangen habe?«

»Zwei Tage und drei Nächte, um genau zu sein«, sagte er boshaft mit süßlichem Grinsen. »Wir haben uns abwechselnd zu dir hochgezogen, um zu sehen, wie es dir geht. Und da soweit alles in Ordnung zu sein schien, haben wir dich in Ruhe gelassen.«

»Und warum war ich so angeschnallt?«

»Du hast jämmerlich versagt bei dem Manöver, das wir den abstrakten Flug oder den Übergang der Zauberer nennen. Der Versuch hat all deine Energiereserven aufgezehrt.« Er präzisierte, es sei eigentlich kein Versagen meinerseits gewesen, sondern ein verfrühter Versuch, der in einer Katastrophe endete.

»Und was wäre passiert, wenn ich es geschafft hätte?«, fragte ich.

Nach einem erfolgreichen Versuch, sagte er, wäre ich jetzt auch in keiner wesentlich besseren Lage, nur dass ich einen Ansatzpunkt hätte, eine Art Peilmarke, nach der ich mich irgendwann in der Zukunft richten könnte, wenn ich den endgültigen Flug ganz allein machen müsste.

»Einstweilen nutzt du unsere Energie«, fuhr er fort. »Wir sind durch die Umstände gezwungen, dir zu helfen. Im Grunde nutzt du auch die Energie all der Zauberer, die uns vorangegangen sind und in diesem Haus gelebt haben. Es ist so, als säßest du auf einem fliegenden Teppich, der dich zu unvorstellbaren Orten trägt, zu Orten, die es nur auf seinem Weg gibt.«

»Aber ich versteh immer noch nicht, weshalb ich hier bin. Nur weil der Nagual John Michael Abelar einen Fehler gemacht und mich gefunden hat?«

»Nein, ganz so einfach ist es nicht«, sagte er und sah mich direkt an. »Tatsächlich ist John Michael Abelar gar nicht dein Nagual. Es gibt einen neuen Nagual, eine neue Generation. Du gehörst zum Trupp des neuen Naguals.«

»Was sagst du da, Emilito? Was für ein neuer Trupp? Wer entscheidet darüber?«

»Die *Absicht*, der *Geist*, die grenzenlose Kraft da draußen. Für uns liegt der Beweis dafür, dass du der neuen Generation angehörst, in deiner Ähnlichkeit mit Nelida. Sie war in ihrer Jugend genau wie du; sie war dir so ähnlich, dass auch sie bei ihrem ersten Ansatz zum abstrakten Flug ihre ganze Reserveenergie aufgebraucht hat. Und auch sie ist fast gestorben, genau wie du.«

»Heißt das, Emilito, ich hätte bei meinem Versuch wirklich sterben können?«

»Sicher. Aber nicht weil der abstrakte Flug so gefährlich wäre, sondern weil du so instabil bist. Ein anderer hätte bei derselben Sache bloß Bauchweh gekriegt. Aber das reicht dir ja nicht. Du musst alles übertreiben, genau wie Nelida, und bist folglich fast gestorben.

Danach blieb zu deiner Wiederherstellung nichts weiter zu tun, als dich so lange da oben im Baum hängen zu lassen, weg von der Erde, wie du halt brauchen würdest, um wieder zu dir zu kommen. Es gab sonst nichts, was wir hätten tun können.«

So unglaublich das alles klang, allmählich begann es mir einzuleuchten. Irgendetwas war ziemlich schief gelaufen bei meiner Begegnung mit Nelida. Etwas in mir war außer Kontrolle geraten.

»Ich habe dich gestern aus meiner *Absichts*-Kalebasse trinken lassen, um zu sehen, ob dein Doppelgänger immer noch instabil ist«, sagte Emilito. »Er ist instabil, und wie! Und es gibt nur ein Mittel, ihn zu festigen: Aktivität. Und, ob du nun magst oder nicht, ich bin der Einzige, der deinen Doppelgänger zu dieser Aktivität anleiten kann. Deshalb bin ich dein Lehrer – oder besser der Lehrer deines Doppelgängers.«

»Was, glaubst du, ist da im linken Flur mit mir passiert?«, fragte ich, da ich immer noch nicht recht wusste, was eigentlich schief gegangen war.

»Du meinst, was nicht passiert ist«, korrigierte er. »Du hättest den Abgrund sanft und harmonisch überqueren und deinen Doppelgänger auf der linken Seite zu vollem Bewusstsein erwecken sollen.« Dann begann er umständlich zu erklären, worauf sie alle gehofft hatten.

Unter Nelidas Anleitung hätte ich mein Bewusstsein zwischen meinem Körper und meinem Doppelgänger hin- und herwechseln lassen sollen. Dieses Wechseln sollte alle im Laufe des Lebens entstandenen Barrieren beseitigen, die Barrieren, die den physischen Körper vom Doppelgänger trennen. Der Plan der Zauberer, sagte er, sah vor, dass ich sie alle persönlich kennen lernte, da mein Doppelgänger sie schon kannte. Aber aufgrund meiner Verrücktheit sei ich nicht sanft und harmonisch auf die andere Seite hinübergewechselt. Anders gesagt, mein Doppelgänger war zu einem Bewusstsein erwacht, das mit dem alltäglichen Bewusstsein meines Körpers nichts zu tun hatte. Deshalb hatte ich das Gefühl zu fliegen und nicht anhalten zu können. Meine gesamte Energiereserve lief einfach aus und mein Doppelgänger geriet völlig außer Kontrolle.

»Ich muss dir leider sagen, dass ich nicht verstehe, wovon du sprichst«, sagte ich.

Er erklärte: »Der Übergang der Zauberer besteht in der Verlagerung des im physischen Körper lokalisierten alltäglichen

Bewusstseins auf den Doppelgänger. Hör gut zu: Das alltägliche Bewusstsein vom Körper auf den Doppelgänger zu übertragen, das ist unser Ziel. Das alltägliche Bewusstsein!«

»Aber was heißt das, Emilito?«

»Es heißt, dass wir auf Nüchternheit, Maß und Kontrolle aus sind. Wir sind nicht an Verrücktheiten und Holterdiepolter-Resultaten interessiert.«

»Und auf mich bezogen, was heißt es da?«

»Du hast dich deiner exzessiven Veranlagung überlassen und nicht das alltägliche Bewusstsein auf deinen Doppelgänger übertragen.«

»Sondern?«

»Du hast deinem Doppelgänger ein unbekanntes, unbeherrschbares Bewusstsein eingegeben.«

»Sag, was du willst, Emilito, ich kann das alles unmöglich glauben. Ich kann es mir nicht mal vorstellen.«

»Natürlich nicht«, nickte er. »Aber wenn du auf was Vorstellbares aus bist, brauchst du nicht hier zu sitzen, dich an deine Zweifel zu klammern und mich anzuschreien. Viel vorstellbarer wäre es für dich doch sicher, nackt mit den Beinen in der Luft herumzuzappeln.«

Er setzte ein Wüstlingsgrinsen auf, das mir eine Gänsehaut einjagte. Doch bevor ich mich verteidigen konnte, wurde er vollkommen ernst und sagte leise: »Den Doppelgänger sanft und harmonisch heraustreten zu lassen und ihm das Bewusstsein unseres täglichen Lebens zu übertragen, das ist etwas, was sich mit nichts vergleichen lässt. Es ist unvorstellbar.

Aber jetzt tun wir lieber mal was durch und durch Vorstellbares. Gehen wir frühstücken.«

20

Meine dritte Nacht im Baumhaus war wie Camping. Ich kroch einfach in meinen Schlafsack, schlief tief und ruhig und wachte in der Morgendämmerung auf. Das Abseilen war auch leichter. Ich hatte jetzt den Kniff heraus, wie man die Seile und den Flaschenzug handhaben musste, ohne Rücken und Schultern zu sehr zu belasten.

»Das ist der letzte Tag deiner Übergangsphase«, verkündete Emilito, als wir mit dem Frühstück fertig waren. »Du hast jetzt einen Haufen Arbeit vor dir. Aber du bist ja ein fleißiger Mensch und da dürfte das keine Schwierigkeit sein.«

»Was meinst du mit Übergangsphase?«

»Du hattest eine sechstägige Übergangszeit von deiner letzten Unterredung mit Clara bis jetzt. Du musst bedenken, dass du insgesamt sechs Nächte auf dem Baum verbracht hast, von denen du nur drei bei Bewusstsein warst; die ersten drei Nächte warst du bewusstlos. Zauberer zählen alles in Dreiern.«

»Muss ich auch alles in Dreiern zählen?«

»Natürlich. Du bist Nelidas Erbin, oder? Du führst ihre Linie fort.« Er lächelte durchtrieben und fügte hinzu: »Aber einstweilen musst du tun, was ich tue. Vergiss nicht, ich bin dein Führer, solange es nötig ist.«

Ich schluckte. Immer wenn Nelida sich selbst und mich in einem Atemzug genannt hatte, nahm ich das mit einem Anflug von Stolz auf, aber wenn Emilito es tat, war es mir direkt zuwider.

Er bemerkte mein Missbehagen und versicherte mir, dass Kräfte, die niemand in der Hand habe, uns zu einem ganz bestimmten Zweck zusammengeführt hätten. Deshalb müssten wir uns an die Regel halten, denn so werde in der Tradition der Zauberer nun einmal verfahren.

»Clara hat dir das Rekapitulieren gezeigt und dadurch deine

körperliche Seite vorbereitet und sie hat mit den Zaubergesten deine Pforten beweglich gemacht«, erklärte er. »Meine Aufgabe ist es, dir beim Festigen des Doppelgängers zu helfen und ihn dann das Pirschen zu lehren.«

Er versicherte mir, dass niemand außer ihm mir das Pirschen mit dem Doppelgänger zeigen könne.

»Und kannst du mir erklären, was das ist, Pirschen mit dem Doppelgänger?«, fragte ich.

»Natürlich kann ich das. Aber es wäre nicht klug, darüber zu sprechen. Pirschen ist Tun und nicht Reden über Tun. Im Übrigen weißt du, was es ist, weil du es schon gemacht hast.«

»Wann denn und wo?«

»In deiner ersten Nacht im Baumhaus, als du vor Angst fast gestorben bist. Dein Verstand wusste nicht mehr, wie er mit der Situation umgehen soll, und so warst du durch die Umstände gezwungen, dich an den Doppelgänger zu halten. Was dir dann zur Hilfe kam, war dein Doppelgänger. Er ist ausgeflossen durch die Pforten, die deine Angst weit aufgerissen hatte. Das nenne ich mit dem Doppelgänger pirschen.

Der Nagual und Nelida sind Meister des Doppelgängers und werden dir den letzten Schliff geben – vorausgesetzt, ich erledige die Vorarbeit. Mir obliegt es also, dich für die beiden zu präparieren, wie Clara die Aufgabe hatte, dich auf mich vorzubereiten. Und solange ich das nicht geschafft habe, können der Nagual und Nelida überhaupt nichts mit dir anfangen.«

»Warum konnte Clara nicht weiter meine Lehrerin sein?«, fragte ich und nahm einen Schluck Wasser.

Er sah mich lange an und blinzelte dann wie ein Vogel. »Es ist die Regel, dass man zwei Platzanweiser hat. Jeder von uns hatte zwei, ich auch. Aber mein endgültiger Lehrer war der Nagual. Auch das ist die Regel.«

Der Nagual Julian Grau, erklärte Emilito, war nicht nur sein Lehrer, sondern auch der Lehrer aller sechzehn Mitglieder seines Haushalts. Der Nagual Julian hatte sie gemeinsam mit einem anderen Nagual namens Elias Abelar einen nach dem anderen gefunden und ihnen auf ihrem Weg zur Freiheit geholfen.

»Weshalb kommen die Namen Grau und Abelar immer wieder vor?«

»Das sind Kraft-Namen«, erklärte Emilito. »Sie werden von jeder Generation von Zauberern benutzt. Die Namen der Naguals folgen einer Regel, nach der sie mit den Generationen alternieren: John Michael Abelar hat den Namen von Elias Abelar, dem Vorgänger seines Lehrers, geerbt, und der Nagual, der nach John Michael Abelar kommen wird, erbt von Julian Grau den Namen Grau. Das ist die Regel für die Naguals.«

»Weshalb hat Nelida gesagt, dass ich eine Abelar bin?«

»Weil du wie Nelida bist. Und die Regel besagt, dass du ihren Nachnamen oder ihren Vornamen erbst oder, wenn du willst, auch beide. Sie selbst hat beide Namen von ihrer Vorgängerin übernommen.«

»Wer hat die Regel festgelegt und wozu ist sie überhaupt gut?«

»Die Regel ist eine Art Kodex, nach dem die Zauberer leben, um nicht in Willkür und Launen abzugleiten. Sie müssen sich an die Gebote der Regel halten, weil der *Geist* selbst sie vorgegeben hat. Das jedenfalls wurde mir gesagt und ich habe keinen Grund, daran zu zweifeln.«

Emilito erzählte, er habe als zweiten Lehrer eine Frau namens Talia gehabt. Er beschrieb sie als die wunderbarste Frau, die man sich vorstellen könne.

»Für mich ist Nelida die wunderbarste Frau«, platzte ich heraus, hielt dann aber gleich wieder inne. Sonst hätte es bei mir womöglich noch wie bei Emilito nach absoluter Ergebenheit geklungen.

Emilito beugte sich über den Tisch und sagte im Tonfall einer höchst vertraulichen Mitteilung: »Da bin ich einer Meinung mit dir. Aber warte erst mal, bis Nelida dich richtig gepackt hat. Dann wirst du sie lieben, als gäbe es kein Morgen.«

Seine Worte überraschten mich nicht, denn er sprach aus, was ich selbst schon fühlte: Ich liebte Nelida, als hätte ich sie schon immer gekannt; als wäre sie die Mutter, die ich eigentlich nie gehabt hatte. Ich sagte Emilito, für mich sei sie der gütigste, schönste und makelloseste Mensch, dem ich je begegnet sei –

ungeachtet der Tatsache, dass ich bis vor ein paar Tagen nicht mal um ihre Existenz gewusst hatte.

»O doch, du hast sie gekannt«, sagte Emilito mit Bestimmtheit. »Jeder Einzelne von uns war immer wieder mal bei dir und Nelida öfter als jeder andere. Als du mit Clara hier ankamst, hatte Nelida dir schon unendlich viel vermittelt.«

»Und was könnte das gewesen sein?«, fragte ich unsicher.

Er kratzte sich am Kopf. »Zum Beispiel wie du deinen Doppelgänger um Rat fragen kannst.«

»Das soll ich ja in meiner ersten Nacht im Baumhaus getan haben, wie du sagst. Aber ich weiß nicht, was ich da gemacht habe.«

»Natürlich weißt du das. Du hast es immer schon getan. Wie steht es zum Beispiel mit deiner Technik, dich zu entspannen und den südlichen Horizont zu fixieren, um Rat zu erhalten?«

Als er das sagte, klärte sich plötzlich etwas in mir. Es gab da, über Jahre hin, ein paar Träume, die ich ganz vergessen hatte, Träume, in denen eine schöne, geheimnisvolle Dame mit mir sprach und auf dem Nachttisch Geschenke für mich ablegte. Einmal war es ein Opalring, dann wieder ein goldener Armreif mit einem winzigen Herzanhänger. Manchmal setzte sie sich auf die Bettkante und erzählte mir von Dingen, die ich dann nach dem Aufwachen auch tat – den Blick auf den südlichen Horizont richten oder bestimmte Farben tragen oder sogar eine neue, passendere Frisur ausprobieren.

Wenn ich traurig oder einsam war, beruhigte und tröstete sie mich und flüsterte mir Zärtlichkeiten ins Ohr. Am lebhaftesten ist mir in Erinnerung, dass sie mir sagte, sie liebe mich so, wie ich sei. Genau so sagte sie es: »Ich liebe dich so, wie du bist.« Dann rieb sie mir den verspannten Rücken oder strich mir über den Kopf und verstrubbelte mein Haar. Jetzt wurde mir klar, dass sie der Grund war, weshalb ich mich von meiner Mutter nicht mehr gern berühren ließ: Niemand sollte mich mehr anfassen außer dieser Dame. Wenn ich nach solch einem Traum aufwachte, hatte ich das Gefühl, dass nichts in der Welt so schlimm sein konnte, solange diese Dame mich in ihrem Herzen behielt.

Ich hatte das immer für Träume gehalten. Da ich katholische Schulen besucht hatte, dachte ich sogar, sie sei vielleicht die Jungfrau Maria oder eine der Heiligen, die mir immer wieder mal erschien. Man hatte mir beigebracht, dass alles Gute von ihnen kommt. Einmal glaubte ich sogar, sie sei meine gute Fee, aber nie im Leben hätte ich für möglich gehalten, dass solch ein Wesen wirklich existierte.

»Das war nicht Maria und erst recht keine Heilige, du Knallschote«, lachte Emilito. »Das war Nelida. Und diesen Schmuck hat sie dir wirklich gegeben. Du kannst ihn in einer Schatulle unter dem Podest im Baumhaus finden. Sie selbst hat ihn von ihrer Vorgängerin; jetzt gibt sie ihn an dich weiter.«

»Du meinst, den Opalring gibt es wirklich?«, fragte ich aufgeregt.

Emilito nickte. »Sieh doch nach. Nelida hat mir gesagt, ich soll dir ...« Den Rest hörte ich nicht mehr. Ich stürmte aus der Küche zur Vorderseite des Hauses und war im Nu oben im Baumhaus. Unter dem Podest fand ich eine Seidenschatulle und darin war Schmuck von allerfeinster Art. Ich erkannte den Opalring mit seinem roten Feuer und den Armreif mit dem Herzamulett. Ich fand noch weitere Ringe und eine goldene Armbanduhr und eine Brillanthalskette. Ich nahm den goldenen Armreif mit dem Herzen heraus und streifte ihn mir über die Hand und zum ersten Mal, seit Clara nicht mehr da war, traten mir Tränen in die Augen. Aber es lag nicht Selbstmitleid oder Traurigkeit in ihnen, sondern unbeschreibliche jubelnde Freude. Denn jetzt wusste ich jenseits allen Zweifels, dass die geheimnisvolle schöne Frau kein Traum gewesen war.

Ich rief Nelidas Namen und dankte ihr so laut ich nur konnte für all ihr Wohlwollen. Ich versprach, mich zu ändern, und alles zu tun, was Emilito sagte, alles, wenn ich sie nur wieder sehen und wieder mit ihr sprechen dürfte.

Als ich mich abgeseilt hatte und zur Küche zurückging, stand Emilito neben der Tür. Ich zeigte ihm den Armreif und die Ringe und fragte ihn, wie es sein könne, dass ich diesen Schmuck schon vor Jahren in meinen Träumen gesehen hätte.

»Zauberer sind höchst mysteriöse Wesen«, sagte er, »weil ihr Handeln meist von der Energie ihres Doppelgängers gespeist wird. Nelida ist eine großartige Pirscherin. Sie pirscht in ihren Träumen. Ihre Kraft ist mit nichts zu vergleichen; sie kann sich nicht nur selbst überall hinversetzen, sondern sogar Sachen mitnehmen. So hat sie dich besucht und weil sie das kann, heißt sie Abelar. Abelar heißt für uns also Pirscher. Und Grau bedeutet Träumer. Alle Zauberer in diesem Haus sind entweder Träumer oder Pirscher.«

»Worin besteht der Unterschied, Emilito?«

»Pirscher schmieden Pläne und handeln dann danach; sie erfinden und verändern Dinge, im Wachzustand wie auch im Träumen. Träumer ziehen ohne irgendeinen Plan oder Gedanken los und springen in die Wirklichkeit der Welt oder ihrer Träume hinein.«

»Das ist mir alles unbegreiflich, Emilito«, sagte ich und ließ den Opal im Licht spielen.

»Deshalb leite ich dich an: damit es dir begreiflich wird. Und damit ich dich anleiten kann, musst du tun, was ich sage. Alles, was ich sage, tue oder empfehle, entspricht entweder exakt oder sinngemäß dem, was meine Lehrer mir gesagt haben.« Dann beugte er sich zu mir hin und sagte: »Ob du es glaubst oder nicht, du und ich sind im Grunde gleich.«

»Inwiefern, Emilito?«

»Wir sind beide ein bisschen geistesgestört«, sagte er völlig ernst. »Hör gut zu und vergiss es nicht: Um bei Verstand zu bleiben, müssen wir wie besessen um Balance kämpfen. Und dabei geht es nicht um Körper und Geist, sondern einfach um den Doppelgänger.«

Ich sah keinen Grund, ihm zu widersprechen oder zuzustimmen. Aber als ich mich wieder an den Küchentisch setzte, fragte ich ihn: »Wie können wir sichergehen, dass wir den Doppelgänger ins Gleichgewicht bringen?«

»Dadurch, dass wir die Pforten öffnen«, antwortete er. »Die erste Pforte ist an der Fußsohle, an den Grundgelenken der großen Zehen.«

Er langte unter den Tisch, packte meinen rechten Fuß und streifte mit einer flinken Bewegung Schuh und Socke ab. Dann presste er Daumen und Zeigefinger wie die beiden Backen einer Zange von unten gegen den Großzehenballen und von oben gegen das Grundgelenk. Ich war so überrumpelt, dass der plötzliche Schmerz mich aufschreien ließ. Ich riss meinen Fuß so heftig zurück, dass ich mir das Knie an der Tischunterseite anschlug. Ich stand auf und schrie: »Zum Donnerwetter, was soll das!«

Er ging auf meinen Wutausbruch überhaupt nicht ein und sagte: »Ich zeige dir die Pforten der Regel entsprechend. Pass also gut auf.«

Er stand auf und kam zu mir herüber. »Die zweite Pforte erstreckt sich über die Unterschenkel und die Innenseite der Knie«, sagte er und beugte sich herunter, um mir über die Beine zu streichen. »Die dritte Pforte befindet sich im Bereich der Geschlechtsorgane und des Steißbeins.« Bevor ich wegrücken konnte, schob er mir seine warme Hand zwischen die Beine und hob mich ein bisschen an, um einmal richtig schön zugreifen zu können.

Ich wehrte mich heftig, aber er packte mich mit der anderen Hand im Kreuz. »Die vierte und wichtigste Pforte liegt in der Nierengegend.« Ohne meiner Verärgerung die geringste Beachtung zu schenken, drückte er mich wieder auf die Bank und fuhr mir mit den Händen den Rücken hinauf. Ich zuckte zusammen, ließ ihn aber um Nelidas willen gewähren. »Die fünfte Pforte liegt zwischen den Schulterblättern, die sechste an der Schädelbasis und die siebte auf dem Scheitel.« Zur Lagebestimmung dieses letzten Punkts schlug er einmal recht deftig mit dem Knöchel zu.

Er ging wieder auf die andere Seite des Tisches und setzte sich. »Wenn das erste und zweite Zentrum offen sind«, setzte er seine Darlegung fort, »geben wir eine gewisse Energie ab, die andere oft unerträglich finden. Andererseits, wenn die dritte und vierte Pforte nicht so geschlossen sind, wie sie sein sollten, strahlen wir eine Kraft aus, die andere höchst anziehend finden.«

Da mussten Emilitos untere Pforten aber sperrangelweit offen stehen; jedenfalls fand ich ihn so unausstehlich, wie nur irgendein

Mensch sein konnte. Halb im Scherz, halb schuldbewusst ob solcher Gefühle räumte ich ein, dass andere nicht gerade leicht mit mir warm wurden. Ich hatte immer gedacht, ich sei einfach nicht umgänglich genug, und war zum Ausgleich immer besonders entgegenkommend gewesen.

»Das ist nur natürlich«, stimmte er zu. »Bei dir waren die Pforten in den Füßen und Unterschenkeln schon immer teilweise offen. Daher auch deine Schwierigkeiten beim Gehen.«

»He, Moment mal, an meinem Gang gibt es überhaupt nichts auszusetzen«, sagte ich. »Ich übe mich in den Kampfkünsten. Clara hat gesagt, dass meine Bewegungen weich und geschmeidig sind.«

Er lachte auf. »Du kannst üben, was du willst, du schlurfst beim Gehen trotzdem wie ein alter Mann.«

Emilito war wirklich schlimmer als Clara. Sie besaß wenigstens genügend Feingefühl, um mit mir statt über mich zu lachen. Ihm waren meine Gefühle völlig egal. Er hänselte mich, wie Kinder noch kleinere Kinder hänseln, die sich nicht wehren können.

»Du bist nicht beleidigt, oder?«, fragte er lauernd.

»Ich, beleidigt? Bestimmt nicht.« Ich kochte.

»Wie schön. Clara hat mir gesagt, dass du dein Selbstmitleid und deine eigene Wichtigkeit durch die Rekapitulation schon weitgehend abgebaut hast. Durch die Rekapitulation des Lebens, insbesondere deines Geschlechtslebens, sind einige deiner Pforten noch beweglicher geworden. Das Knacken, das du im Genick hörst, zeigt den Moment an, in dem deine rechte und linke Seite sich voneinander trennen. Dadurch bleibt in der Körpermitte eine Lücke, durch die die Energie aufsteigt bis zu der Stelle, an der du das Knacken hörst. Das ist der Augenblick, in dem dein Doppelgänger bewusst zu werden beginnt.«

»Was muss ich tun, wenn ich das Knacken höre?«

»Wir können da sehr wenig tun, deshalb ist das keine besonders wichtige Frage«, sagte er. »Wir können dann mit geschlossenen Augen sitzen bleiben oder aufstehen und uns bewegen. Wichtig ist hingegen zu wissen, dass wir eingeschränkt sind, weil der stoffliche Körper unser Bewusstsein unter Kontrolle hat. Wenn wir das aber umkehren können, so dass unser Doppelgänger das Bewusstsein unter Kontrolle hat, können wir praktisch alles tun, was wir uns vorstellen können.«

Er stand auf und kam auf mich zu. »Aber mich wirst du nicht in endlose Gespräche verwickeln, wie du das bei Clara und Nelida gemacht hast«, sagte er. »Für den Umgang mit dem Doppelgänger zählt einzig und allein das Handeln. Ich rede nur deshalb mit dir, weil deine Übergangsphase noch nicht zu Ende ist.«

Er packte mich am Arm und schleppte mich, ohne ein weiteres Wort zu sagen, zur Rückseite des Hauses. Dort stellte er mich so unter einen Baum, dass zwischen meinem Kopf und einem niedrig hängenden dicken Ast nur ein paar Zentimeter blieben. Er sagte, er wolle sehen, ob ich mit der Hilfe des Baums und diesmal bei vollem Bewusstsein noch einmal meinen Doppelgänger nach außen projizieren könne.

Ich hatte ernsthafte Zweifel, dass ich irgendetwas projizieren könne, und sagte es ihm. Doch er blieb dabei, wenn ich es nur *beabsichtigte*, würde mein Doppelgänger aus mir herausdrängen und sich ausdehnen, über die Grenzen des physischen Körpers hinaus.

»Was genau hab ich denn zu tun?«, fragte ich in der Hoffnung, er würde mir irgendein Vorgehen zeigen, das zur Regel der Zauberer gehörte.

Er sagte, ich solle die Augen schließen und mich auf den Atem konzentrieren. Während ich mich entspannte, solle ich eine aufwärts fließende Kraft *beabsichtigen*, bis ich mit einem Gefühl, das aus der Pforte am Scheitel komme, die oberen Äste berühren könne. Das sollte für mich nicht allzu schwierig sein, sagte er, da ich meinen Freund, den Baum, als Helfer hatte. Die Energie des Baums werde eine Art Matrix bilden, nach der mein Bewusstsein sich ausdehnen konnte.

Nachdem ich mich eine Weile auf den Atem konzentriert hatte, fühlte ich am Rücken eine vibrierende Energie aufsteigen, die an meinem Scheitel nach außen zu drängen schien. Dann öffnete sich etwas in mir. Jedes Mal, wenn ich einatmete, streckte sich eine Linie bis in die Baumkrone, und wenn ich ausatmete, wurde sie in meinen Körper zurückgezogen. Das Gefühl, bis in den Wipfel des Baums zu reichen, wurde mit jedem Atemzug stärker, bis ich wirklich den Eindruck hatte, dass mein Körper sich dehnte und schließlich Höhe und Umfang des Baums erreichte.

Eine tiefe Zuneigung zu diesem Baum ergriff mich, das Gefühl, ihn zu verstehen, und im gleichen Augenblick schoss mir etwas den Rücken hoch und zum Scheitel hinaus und jetzt betrachtete ich die Welt von den oberen Ästen aus. Die Empfindung dauerte nur einen Augenblick, denn sofort rief der Hausmeister, ich solle herunter und zurück in meinen Körper kommen. Mit einem wasserfallartigen Gefühl, einem sprudelnden Abwärtsfließen, trat etwas durch den Scheitel in meinen Körper ein und füllte ihn mit einer vertrauten Wärme aus.

»Bleib nicht zu lange in diesem Verschmelzungszustand mit dem Baum«, sagte er, als ich die Augen aufschlug.

Ich hatte großes Verlangen, den Baum zu umarmen, aber der Hausmeister zog mich zu einem Felsbrocken in einiger Entfernung, wo wir uns hinsetzten. Er sagte, mit der Hilfe einer äußeren Kraft – in diesem Fall der Vereinigung meines Bewusstseins mit dem Baum – sei es einfach, den Doppelgänger sich ausdehnen zu lassen. Doch eben weil es so leicht sei, bestehe die Gefahr, dass wir zu lange in diesem Verschmelzungszustand bleiben und damit dem Baum Lebensenergie entziehen, die er selbst braucht, um stark und gesund zu bleiben; oder wir lassen etwas von unserer eigenen Energie zurück, weil wir uns emotional an ihn gebunden haben.

»Man kann mit allem verschmelzen«, erklärte er. »Wenn das, womit du verschmilzt – Mensch, Tier oder egal was –, stark ist, nimmt deine Energie zu, wie es zum Beispiel immer dann war, wenn du mit dem Magier, mit Manfred, verschmolzen bist. Aber wenn es schwach oder krank ist, dann Finger weg. Auf jeden Fall musst du diese Übung mit Augenmaß machen; sie ist wie alles andere eine zweischneidige Sache. Äußere Energie ist immer von anderer Art als unsere eigene und verträgt sich oft nicht mit ihr.«

Ich hörte aufmerksam zu. Ein Wort hallte besonders lang in mir nach.

»Sag, Emilito, weshalb hast du Manfred denn als Magier bezeichnet?«

»Damit bekunden wir, dass er mit nichts zu vergleichen ist. Für uns kann Manfred nichts anderes als ein Magier sein – mehr als ein einfacher Zauberer. Wenn er unter Seinesgleichen leben würde, dann wäre er ein Zauberer. Doch er lebt unter Menschen, und auch noch unter menschlichen Zauberern, und ist ihnen ebenbürtig. Nur ein Meister-Magier bringt so etwas fertig.«

Ich fragte ihn, ob ich Manfred je wieder sehen würde. Er kreuzte die Zeigefinger mit so dramatischer Gebärde über den Lippen, dass ich nicht weiter in ihn drang.

Er hob einen Zweig auf und ritzte ein Oval in den Boden. Dann teilte er es der Breite nach in der Mitte. Auf die beiden Hälften zeigend erläuterte er, der Doppelgänger bestehe aus einem unteren und einem oberen Teil, die im physischen Körper in etwa dem Bauch- und Brustraum entsprächen. In jedem dieser beiden Teile zirkuliert ein Energiestrom. Im unteren Teil ist es die ursprüngliche Energie, die wir besaßen, als wir noch im Mutterschoß waren. Im oberen zirkuliert die Energie des Denkens. Diese Energie tritt bei der Geburt mit dem ersten Atemzug in den Körper ein. Die Energie des Denkens wird durch Erfahrung vermehrt und steigt in den Kopf auf. Die ursprüngliche Energie sinkt in den Genitalbereich ab. Normalerweise werden diese beiden Energien im Doppelgänger getrennt, wodurch es zu einem Ungleichgewicht und zu Anfälligkeiten im physischen Körper kommt.

Jetzt zog er der Länge nach die andere Mittellinie des Ovals und sagte, dass die beiden Hälften der rechten und linken Seite des Körpers entsprächen. Auch hier unterscheiden sich die beiden Seiten durch charakteristische Zirkulationsmuster der Energie. In der rechten Seite strömt die Energie an der Vorderseite des Doppelgängers aufwärts und an der Rückseite abwärts. Links strömt sie an der Vorderseite abwärts und an der Rückseite aufwärts.

Viele Leute, sagte er, machen bei der Suche nach dem Doppelgänger den Fehler, dass sie die Regeln, die für den stofflichen Körper gelten, anzuwenden versuchen; sie versuchen ihn beispielsweise zu trainieren, als wäre er aus Muskeln und Knochen. Auf gar keinen Fall, betonte er, kann man den Doppelgänger durch körperliche Übungen fit machen.

»Am einfachsten löst man das Problem, indem man Körper und Doppelgänger trennt«, fuhr er fort. »Erst wenn sie zweifelsfrei getrennt sind, kann Bewusstsein vom einen zum anderen fließen. Deshalb machen es die Zauberer so. Und deshalb können sie auch auf den Unsinn all der Rituale, Beschwörungen und komplizierten Atemtechniken, die Körper und Doppelgänger vereinigen sollen, verzichten.«

»Und was ist mit den Atemübungen und Zaubergesten, die Clara mir gezeigt hat? Ist das auch alles Unsinn?«

»Nein. Sie hat dir nur Sachen beigebracht, die dir beim Trennen von Körper und Doppelgänger helfen können. Deshalb sind sie für unser Vorhaben alle sehr nützlich.«

Der vielleicht größte aller menschlichen Irrtümer, sagte er, bestehe in dem Glauben, Gesundheit und Wohlbefinden lägen im Bereich des Körpers. Tatsächlich wird unser Leben jedoch vom Doppelgänger bestimmt. Dieser Irrtum beruht auf dem Umstand, dass der Körper das Bewusstsein beherrscht. Gewöhnlich ist unser Bewusstsein an die Energie gebunden, die in der rechten Hälfte des Doppelgängers zirkuliert, und darauf beruht unsere Fähigkeit zu denken, logisch zu folgern und auf effektive Weise mit Ideen und Menschen umzugehen. Das Bewusstsein kann aber auch – manchmal unverhofft und spontan, meist jedoch aufgrund von Training – zu der Energie überwechseln, die in der linken Hälfte des Doppelgängers zirkuliert; dann entsteht eine Situation, in der es mit unseren intellektuellen Fähigkeiten und dem Umgang mit Menschen nicht mehr so weit her ist.

»Wenn das Bewusstsein stetig auf die linke Seite des Doppelgängers verlagert werden kann«, setzte Emilito seine Darstellung fort, »gewinnt der Doppelgänger Substanz und tritt aus. Dann wird das Unvorstellbare möglich. Was uns nicht überraschen sollte, denn schließlich ist der Doppelgänger unsere Energiequelle. Der physische Körper ist nur ein Behältnis für diese Energie.«

Ich fragte ihn, ob es Menschen gebe, die ihr Bewusstsein

willentlich auf die eine oder die andere Seite des Doppelgängers ausrichten könnten.

»Ja. Zauberer können das. Wenn du es einmal schaffst, bist du von da an selbst eine Zauberin.«

Er sagte, manche Leute könnten, wenn sie den abstrakten Flug bewältigt hätten, ihr Bewusstsein einfach durch Manipulation des Atemstroms auf die rechte oder linke Seite des Doppelgängers verlagern. Solche Menschen sind in der Zauberei oder in den Kampfkünsten genauso zu Hause wie in komplexen Denkgebäuden. Sehr eindringlich fügte er hinzu, es gebe hier jedoch eine große Gefahr, nämlich den Drang, das Bewusstsein auf der linken Seite zu halten; das sei jedoch eine Falle, tausendmal tödlicher als alle Verlockungen der Alltagswelt, weil hier so viel Geheimnisvolles, so viel Macht zu finden sei.

»Die wahre Hoffnung liegt für uns in der Mitte«, sagte er und berührte mich an der Stirn und in der Brustmitte. »In der Wand zwischen den beiden Seiten des Doppelgängers gibt es eine Geheimtür, die in einen ebenso geheimen und sehr schmalen dritten Bereich führt. Erst wenn diese Tür aufgeht, kann man wirkliche Freiheit finden.«

Plötzlich packte er mich wieder am Arm und zog mich von dem Stein herunter. »Deine Übergangszeit ist fast um«, sagte er und scheuchte mich zum Haus zurück. »Keine Zeit mehr für Erklärungen. Wir werden die Übergangszeit mit einem richtigen Feuerwerk abschließen. Komm, gehen wir in mein Zimmer.«

Ich blieb wie angewurzelt stehen. Jetzt war mir nicht mehr bloß mulmig zumute, sondern ich fühlte mich unmittelbar bedroht. Emilito mochte den komischen Vogel mimen und vom ätherischen Doppel reden, so viel er wollte, er war immer noch ein Mann und der dreiste Griff, den er sich in der Küche erlaubt hatte, war mir noch allzu lebhaft in Erinnerung. Niemand machte mir weis, dass es nur eine unpersönliche Berührung zu Demonstrationszwecken war; ich hatte dabei ganz deutlich etwas Lüsternes bei ihm gespürt.

Er sah mich kalt und durchdringend an. »Was zum Teufel soll das heißen, dass du was Lüsternes bei mir gespürt hast?«

Ich konnte ihn nur mit offenem Mund anstarren. Er las nicht nur meine Gedanken, sondern erfasste sogar ihren genauen Wortlaut. Plötzlich schämte ich mich und ein kalter Schauer lief mir durch den ganzen Körper. Ich stammelte Entschuldigungen. Ich sagte, ich hätte mir immer eingebildet, ich sei so schön, dass kein Mann mir widerstehen könne.

»Beim Rekapitulieren muss all das verheizt werden«, sagte er. »Du hast da keine gründliche Arbeit geleistet. Keine Frage, das ist der Grund, weshalb du bei dem Versuch zum Übergang der Zauberer so gründlich gescheitert bist.«

Er machte kehrt und entfernte sich wieder vom Haus. »Nein, nein, für das, was ich dir zeigen wollte, ist die Zeit noch nicht reif. Du musst noch viel mehr arbeiten, um ordentlich zu funktionieren. Viel mehr. Und von jetzt an musst du außerdem doppelt aufpassen. Du musst dich doppelt ins Zeug legen; Ausrutscher kannst du dir jetzt nicht mehr leisten.«

21

Meine Übergangszeit endete mit Emilitos Angriff auf meine unsinnigen Unterstellungen. Er ließ sein ganzes schrulliges und lausbubenhaftes Gebaren einfach fallen und wurde ein strenger Zuchtmeister. Es gab keine langen Erklärungen mehr zum Doppelgänger oder anderen Aspekten der Zauberei und damit fielen auch die tröstlichen Verschnaufpausen weg, die das intellektuelle Verstehen manchmal bietet. Es gab nur noch Arbeit, anspruchsvolle, praktische, unmittelbar zielgerichtete Arbeit. Monatelang war ich jeden Tag so beschäftigt, dass ich nur noch mit letzter Kraft meinen Schlafplatz im Baumhaus erreichte.

Ich übte weiterhin Kung-Fu und arbeitete im Garten und dazu war ich jetzt noch als Köchin für das Mittag- und Abendessen verantwortlich. Emilito zeigte mir, wie man den Herd einheizte, und gab mir Anleitungen für die Zubereitung einiger schlichter Speisen; das hatte meine Mutter auch versucht, aber es ging damals völlig daneben. Da ich hier nicht nur Köchin war, sondern noch vieles andere zu tun hatte, gab es meist Eintopf; da konnte ich alles zusammen in einen Topf tun und köcheln lassen, während ich inzwischen andere Arbeiten erledigte. Nach einigen Wochen mit immer dem gleichen Eintopf hatte ich es immerhin so weit gebracht, dass die verwendeten Zutaten sich zu einem durchaus gelungenen Gesamteindruck verbanden. Emilito fand auch, dass mir zwar zu einer brauchbaren Köchin noch einiges fehle, aber zumindest seien meine Sachen essbar. Ich nahm das als Kompliment, denn nichts von dem, was ich je zubereitet hatte, vom Napfkuchen bis zum Hackbraten, war genießbar gewesen.

Wir aßen in völligem Schweigen, das er nur brach, wenn er mir etwas mitzuteilen hatte. Wollte ich selbst ein Gespräch anfangen, klopfte er sich nur auf den Bauch, um auf seine leicht zu verstimmende Verdauung hinzuweisen.

Den größten Teil meiner Zeit nahm immer noch die Rekapitulation in Anspruch. Emilito hatte mir aufgetragen, alles bereits Rekapitulierte noch einmal durchzugehen, nur sollte es diesmal im Baumhaus geschehen. Meine Höhenangst hatte sich durch das ständige Auf- und Abseilen inzwischen verloren. Es machte mir großes Vergnügen, im Freien zu sein, vor allem am späten Nachmittag, der Zeit, die besonderen Aufgaben vorbehalten war. Unter Claras Aufsicht hatte ich in der dunklen Höhle rekapituliert und da war die ganze Atmosphäre schwer, erdig, düster und manchmal erschreckend gewesen. Das Rekapitulieren im Baumhaus unter Emilitos Führung hatte eine ganz andere Atmosphäre – hell, luftig und transparent. Meine Erinnerungen gewannen eine nie erlebte Klarheit. Vielleicht besaß ich mehr Energie, vielleicht war es die Entfernung vom Erdboden, jedenfalls konnte ich mich jetzt an weitaus mehr Einzelheiten erinnern. Alles war lebendiger, ausgeprägter, nicht mehr so voller Selbstmitleid, Griesgrämigkeit, Angst und Bedauern wie in meiner ersten Rekapitulation.

Clara hatte mich die Namen der Menschen, denen ich in meinem Leben begegnet war, auf den Boden schreiben lassen, und wenn ich alle mit dem jeweiligen Menschen verbundenen Erinnerungen rekapituliert hatte, musste ich den Namen wieder auswischen. Emilito ließ mich die Namen jetzt auf trockene Blätter schreiben, die ich mit einem Streichholz anzündete, sobald ich alle Einzelheiten, deren ich mich entsinnen konnte, eingeatmet hatte. Er hatte mir zum Verbrennen der Blätter einen würfelförmigen Blechkasten gegeben, der ringsum mit kleinen runden Luftlöchern versehen war. Eine Seite ließ sich aufklappen und trug innen in der Mitte einen spitzen Dorn. In eine der anderen Seitenflächen war ein kleines Fenster eingelassen. An dieser Seite gab es außerdem einen Hebel, der sich heraus- und hereinschieben ließ; an ihm konnte ich ein Streichholz befestigen und dann an einer Reibfläche im Inneren des geschlossenen Kastens entzünden.

»Damit du das Haus nicht in Brand steckst«, sagte Emilito, »musst du das Blatt auf den Dorn spießen, so dass es dann in der

Kastenmitte hängt. Dann schaust du durch das Fenster in den Kasten, zündest mit dem Hebel innen das Streichholz an, hältst es unter das Blatt und siehst zu, wie es zu Asche zerfällt.«

Jedes Mal, wenn ich zusah, wie die Flammen das Blatt verzehrten, sollte ich die Energie des Feuers durch die Augen in mich aufnehmen, dabei jedoch auf keinen Fall den Rauch einatmen. Für die Asche der Blätter hatte ich eine Metallurne und für die benutzten Streichhölzer eine Papiertüte. Jedes der Streichhölzer repräsentierte die Hülse des Menschen, dessen Name auf dem mit diesem Streichholz entzündeten Blatt gestanden hatte. Immer wenn die Urne voll war, sollte ich sie vom Baum herunter ausleeren und die Asche vom Wind verstreuen lassen. Die abgebrannten Streichhölzer musste ich an einem separaten Seil in ihrer Tüte herunterlassen; Emilito nahm sie mit einer Greifzange an und legte sie in einen besonderen Korb, den er immer zu diesem Zweck benutzte. Er gab Acht, dass er nie mit den Streichhölzern oder der Tüte in Berührung kam. Ich kann nur vermuten, dass er sie vielleicht irgendwo in den Hügeln vergrub oder dem Bach übergab. Das Beseitigen der Streichhölzer, sagte er, sei der Akt, mit dem die Verbindungen zur Welt endgültig abgeschnitten würden.

Nach etwa drei Monaten dieser neuen Phase änderte Emilito plötzlich meinen Arbeitsplan.

»Ich hab deinen langweiligen Eintopf satt«, sagte er eines Morgens, als er das Frühstück, das er mir gemacht hatte, zu mir hochzog.

Ich war heilfroh – nicht nur, weil ich jetzt vielleicht noch mehr Zeit im Baumhaus verbringen konnte, sondern auch, weil ich mich wirklich gern von anderen bekochen ließ.

Und als ich das erste Mal etwas von ihm Zubereitetes aß, wusste ich sofort, dass Clara nichts von dem gekocht hatte, was sie mir damals vorsetzte. Der eigentliche Koch war von Anfang an Emilito gewesen. Er verstand es, seinen Gerichten einen besonderen Pfiff zu geben, und alles, was er kochte, war ein köstlicher Schmaus.

Jeden Morgen gegen sieben stand Emilito unten am Baum, um mein Frühstück, das er in einen Korb gepackt hatte, hochzuziehen. Wenn ich gegessen hatte, ging ich meist wieder an meine Rekapitulation, die jetzt, nachdem mir nicht mehr vor dem Aufdecken unerfreulicher Dinge graute, mehr denn je ein Forschungsabenteuer voller neuer Einsichten war. Je mehr ich von meiner Vergangenheit einatmete, desto leichter und freier fühlte ich mich.

Und während ich alte Verbindungen durchtrennte, knüpfte ich neue – im Augenblick zu diesem unvergleichlichen Menschen, der mich anleitete. Emilito, so streng und unnachgiebig er auch dafür sorgte, dass ich bei der Arbeit blieb, war im Grunde doch leicht wie eine Feder. Sowohl er als auch Clara hatten gesagt, ich sei wie sie, und darüber konnte ich anfangs nur staunen. Aber wenn ich es recht betrachtete, musste ich eigentlich zugeben, dass ich etwas von Claras Gewichtigkeit hatte und zugleich so versponnen, wenn nicht gar verrückt war wie Emilito.

Und als ich mich erst einmal an seine Eigenheiten gewöhnt hatte, fand ich keinen Unterschied mehr zwischen ihm und Clara oder dem Nagual oder sogar Manfred. Die Gefühle, die ich für jeden von ihnen hegte, überlagerten sich und so empfand ich schließlich auch für Emilito Zuneigung und fand sogar Vergnügen daran, ihn Emilito zu nennen. Als er sich bei unserer ersten Begegnung mit diesem Namen, der Verkleinerungsform des spanischen Namens Emilio, vorgestellt hatte, war mir das sehr merkwürdig erschienen. Einen erwachsenen Mann konnte man doch unmöglich »Emilchen« nennen und ich tat es wirklich ungern. Aber jetzt, da ich ihn besser kannte, vermochte ich mir keine andere Anrede mehr vorzustellen.

Immer wenn ich an die vier dachte, wurden sie eins in mir. Nur Nelida ragte heraus, sie war etwas ganz Besonderes. Obwohl ich sie nur ein Mal in der äußeren Welt gesehen hatte, würde sie für mich immer ein wenig über dem Kreis der anderen stehen. Mir war so, als wäre an dem Tag, als ich sie das erste Mal wahrhaftig vor mir gesehen hatte, eine schon längst bestehende Verbindung besiegelt worden. Eine einzige Begegnung im alltäglichen Wachbewusstsein, so kurz sie auch war, hatte genügt, diese Verbindung unzerstörbar und unvergänglich zu machen.

Einmal, nach dem Mittagessen in der Küche, gab Emilito mir ein Paket. Ich nahm es und hielt es an die Brust und wusste, dass es von Nelida war. Ich suchte nach dem Absender, fand aber keinen. Aber eine Zeichnung war angehängt, eine Frau mit zum Kuss gespitztem Mund. Auf der Rückseite stand: »Küss den Baum.« Es war Nelidas Handschrift. Ich riss das Paket auf und stieß auf ein Paar weiche, knöchelhohe Schuhe, vorn geschnürt. Die Sohlen waren mit Gummistollen versehen.

Ich hielt sie Emilito hin. Ich hatte keine Ahnung, wozu sie gut sein sollten.

»Das sind Baumkletterschuhe«, sagte Emilito mit Kennerblick. »Nelida weiß, dass du eine tiefe Beziehung zu Bäumen hast, trotz deiner Absturzängste. Die Stollen sind aus Gummi, damit du die Rinde nicht verletzt.«

Das war für Emilito offenbar das Signal, mich intensiv in der Kunst des Baumkletterns auszubilden. Bisher hatte ich die Auf- und Abstiege ausschließlich in meinem Ledergeschirr bewältigt. Manchmal schlief ich auch darin, wie in einer Hängematte. Aber ich hatte nie den Baum selbst erklettert, nur einmal einen der unteren Äste, an dem ich mich hielt, während ich mit den Füßen auf einem anderen stand.

»Jetzt wollen wir mal sehen, aus welchem Holz du geschnitzt bist«, sagte er in ganz sachlichem Tonfall. »Schwierig ist deine neue Aufgabe nicht, aber du musst dich absolut konzentrieren, sonst kann sie tödlich sein. Du wirst deine ganze gespeicherte Energie brauchen, um das zu lernen, was ich dir zu zeigen habe.«

Er sagte, ich solle bei der Gruppe hoher Bäume an der Vorderseite des Hauses auf ihn warten. Kaum ein paar Augenblicke später war er wieder bei mir und brachte einen langen, flachen Karton mit. Er holte mehrere Sicherungsgürtel und weiche Bergsteigerseile heraus. Einen Gürtel schnallte er mir um die Hüfte und befestigte dann mit Karabinerhaken, wie man sie beim Bergsteigen benutzt, einen zweiten, längeren daran. Er selbst legte auch solch einen Gürtel an und zeigte mir, wie man auf einen Baum klettert, indem man den langen Gurt um den Stamm legt und bei jedem Schritt ein Stückchen hochwirft, bevor man das

Körpergewicht wieder von ihm tragen lässt. Er kletterte mit flinken, präzisen Bewegungen; unterwegs legte er Seilschlaufen um die Äste, um sich zu sichern. Schließlich hatte er ein ganzes Geflecht von Seilen gelegt und konnte sich ungefährdet in der ganzen Baumkrone bewegen.

So behände, wie er aufgestiegen war, kam er wieder herunter. »Du musst dafür sorgen, dass die Seile und Knoten immer richtig fest sind«, sagte er. »Größere Fehler kann man sich hier nicht erlauben. Kleine Fehler lassen sich ausgleichen, große sind tödlich.«

»Du meine Güte, das soll ich jetzt auch machen?«, fragte ich in ungespieltem Erstaunen.

Meine Höhenangst war zwar überwunden, aber ich konnte mir nicht recht vorstellen, dass ich die Geduld haben würde, all die Haken und Seile anzubringen. Die Auf- und Abstiege im Ledergeschirr hatten schon einer ziemlich langen Gewöhnungszeit bedurft.

Emilito nickte und lachte vergnügt. »Das ist eine echte Herausforderung«, räumte er ein. »Aber wenn du's einmal raus hast, da bin ich ganz sicher, wirst du auch sagen, dass es sich lohnt. Du wirst schon sehen.«

Er gab mir ein Seilstück und nahm selbst eins und zeigte mir geduldig, wie man die verschiedenen Knoten knüpft und löst, wie man ein Stück Gartenschlauch über das Seil zieht, um die Rinde zu schützen an der Stelle, wo man das Seil befestigt, wie man die Füße richtig bewegt, um das Gleichgewicht zu halten, und wie man beim Klettern dafür sorgt, dass Vogelnester ungestört bleiben.

Die nächsten drei Monate übte ich unter seiner ständigen Aufsicht, zunächst nur auf den unteren Ästen. Als ich die Ausrüstung einigermaßen beherrschte, genügend Schwielen an den Händen hatte, um ohne Handschuhe auszukommen, und Bewegungsfreiheit gewann, ohne das Gleichgewicht zu verlieren, ließ Emilito mich mein Können auch an den höheren Ästen ausprobieren. Dort oben praktizierte ich gewissenhaft all die Handgriffe und Bewegungsabläufe, die ich unten gelernt hatte. Und eines Tages, ohne es angestrebt zu haben, erreichte ich den obersten Wipfel meines Übungsbaums. An dem Tag machte Emilito mir ein, wie er sagte, höchst bedeutsames Geschenk. Es handelte sich um drei Latzhosen in Tarnfarben mit passenden Mützen, zweifellos in einem Army-Shop in den Vereinigten Staaten gekauft.

So lebte ich in meinem Tarnanzug in den hohen Bäumen an der Vorderseite des Hauses. Ich kam nur herunter, um ins Waschhaus zu gehen, manchmal auch zu einer gemeinsamen Mahlzeit mit Emilito. Ich erkletterte jeden Baum, wenn er nur hoch genug war. Nur ein paar ließ ich aus: die ganz alten, bei denen ich das Gefühl hatte, ich würde sie stören, und die ganz jungen, die für meine Seile und Bewegungen noch nicht kräftig genug waren.

Am liebsten mochte ich Bäume, die im besten Alter und voller Saft und Kraft waren; auf ihnen war ich glücklich und optimistisch. Aber auch einige der älteren waren verlockend, sie hatten so viel mehr zu erzählen. Schlafen ließ mich Emilito jedoch nach wie vor nur auf dem Baum, in dem das Baumhaus war, denn nur er hatte einen Blitzableiter. Ich schlief im Baumhaus oder im Ledergeschirr; manchmal zurrte ich mich auch zum Schlafen an einem Ast fest.

Das ging am besten auf breiten, glatten Ästen. Ich legte mich auf den Bauch, den Kopf auf ein kleines Kissen gebettet, das ich immer mit heraufbrachte, und umschlang den Ast mit Armen und Beinen, ein etwas prekäres Gleichgewicht haltend, das ich als belebend empfand. Natürlich achtete ich stets darauf, dass ich mit einem um die Hüfte gebundenen und an einem höheren Ast befestigten Seil gesichert war, sollte ich im Schlaf einmal die Balance verlieren.

Mein Gefühl für die Bäume, das ich mit der Zeit entwickelte, lässt sich kaum in Worte fassen. Ich wurde für ihre Stimmungen empfänglich, kannte ihr Alter, ihr Wissen, ihre Empfindungen. Ich konnte mit einem Baum direkt über eine Empfindung kommunizieren, die aus meinem Körperinnern kam. Häufig begann das mit einer Woge schierer Zuneigung, fast so intensiv wie bei Manfred, die unverhofft und ungesucht von mir zu diesem Baum ging. Dann konnte ich seine Wurzeln fühlen, wie sie sich ins

Erdreich tasteten. Ich wusste, ob er Wasser brauchte und welche Wurzeln bis in die unterirdischen Wasserquellen reichten. Ich konnte nachvollziehen, was das für ein Leben ist – das Licht zu suchen, es zu ahnen, es herbei zu *beabsichtigen* oder Hitze, Kälte und Gewitterstürmen ausgesetzt zu sein. Ich wusste auch, wie das ist, nie den Platz verlassen zu können, der einem bestimmt ist. Schweigend da stehen, durch Rinde und Wurzeln die Welt wahrnehmen, mit den Blättern das Licht aufnehmen. Ich wusste ohne jeden Zweifel, dass Bäume Schmerz empfinden; und ebenso wusste ich, dass Bäume rückhaltlos ihre Zuneigung schenken, wenn die Kommunikation erst einmal zustande gekommen ist.

Meine Rekapitulation gewann noch einmal eine ganz neue Qualität, wenn ich, mit dem Rücken an den Stamm gelehnt, auf einem kräftigen Ast saß. Ich konnte mich an die winzigsten Details meines Lebens erinnern, ohne primitive emotionale Reaktionen befürchten zu müssen. Ich amüsierte mich köstlich über Dinge, die einmal tief traumatisch gewesen waren. Die alten Zwangsvorstellungen vermochten kein Selbstmitleid mehr heraufzubeschwören. Ich sah jetzt alles aus einer anderen Perspektive – nicht mehr als die Städterin, die ich immer gewesen war, sondern als die unbeschwerte Baumbewohnerin, die ich geworden war.

Einmal am Abend, wir saßen noch bei dem Kanincheneintopf, den ich gekocht hatte, überraschte Emilito mich durch ungewohnte Plauderlaune. Er sagte, ich solle nach dem Essen sitzen bleiben, weil er mir etwas mitzuteilen habe. Ich wurde ganz aufgeregt, so außergewöhnlich war das. Monatelang hatte ich fast nur die Bäume und Vögel als Gesprächspartner gehabt. Ich machte mich auf etwas Monumentales gefasst.

»Du hast jetzt über ein halbes Jahr lang in den Bäumen gelebt«, begann er. »Jetzt muss sich erweisen, was du da oben gelernt hast. Gehen wir ins Haus. Ich habe dir da was zu zeigen.«

»Was willst du mir zeigen, Emilito?«, fragte ich und erinnerte mich an den Tag, als er mir in seinem Zimmer etwas zeigen wollte und ich vor Angst erstarrt war.

Der Name Emilito passte vollkommen zu ihm. Ich hatte ihn zutiefst schätzen gelernt, genauso wie Manfred. Eine meiner tiefsten Einsichten hatte ich hoch oben in einer Baumkrone gewonnen: Emilito war kein Mensch mehr. Ob er mal ein Mensch gewesen war und die Rekapitulation all das weggewischt hatte – darüber konnte ich allenfalls spekulieren. Sein Nicht-mehr-Mensch-Sein war eine Schranke: Niemand konnte einfach zu ihm hingehen und sich mit ihm austauschen, kein gewöhnlicher Mensch würde je Zugang haben zu dem, was Emilito dachte, fühlte oder wahrnahm.

Aber er selbst konnte, wenn er wollte, zu jedem von uns herüberkommen und an unseren subjektiven Zuständen teilnehmen. Ich hatte seine Nicht-Menschlichkeit schon bei unserer ersten Begegnung an der Küchentür gespürt. Inzwischen konnte ich in seiner Gegenwart ganz gelassen bleiben. Auch ich war noch durch diese Schranke von ihm getrennt, doch immerhin ahnte ich etwas von dem, was er erreicht hatte, und konnte ehrfürchtig staunen.

Er hatte mir noch nicht geantwortet und so fragte ich ihn noch einmal, was er mir zeigen wolle.

»Etwas ungeheuer Wichtiges«, sagte er. »Aber wie du es sehen wirst, hängt ganz von dir ab. Es hängt davon ab, ob du dir das Schweigen und die Ausgeglichenheit der Bäume angeeignet hast.«

Wir gingen mit schnellen Schritten über den dunklen Patio ins Haus. Ich folgte ihm in den Flur und bis vor seine Zimmertür. Meine Nervosität verdoppelte sich, als er dort eine kleine Ewigkeit, wie es mir schien, stehen blieb und tief durchatmete, wie um sich auf das zu konzentrieren, was jetzt bevorstand.

»Okay, gehen wir rein«, sagte er und zupfte mich leicht am Ärmel. »Eins noch vorweg: Starr die Sachen da drinnen nicht an; du kannst ansehen, was du willst, aber nur mit schnellen, schweifenden Blicken.«

Er öffnete die Tür und wir betraten sein extravagantes Zimmer. Während meines Baumlebens hatte ich meinen ersten kurzen Aufenthalt in diesem Raum an dem Tag, als Clara und Nelida verschwunden waren, völlig vergessen. Jetzt stand ich wieder genauso bestürzt vor diesem unglaublichen Sammelsurium. Als Erstes fielen mir vier Stehlampen auf, eine in der Mitte jeder Wand. Aber was das für Lampen waren, blieb mir völlig unerfindlich. Das ganze Zimmer mit seinem gesamten Inventar lag in einem gespenstisch weichen Bernsteinlicht. Ich kannte mich mit elektrischen Gerätschaften gut genug aus, um zu wissen, dass keine gewöhnliche Birne durch keinen noch so ungewöhnlichen Lampenschirm jemals solch ein Licht abgeben konnte.

Emilito hielt mich am Arm, um mir beim Übersteigen eines fußhohen Zauns zu helfen, der in der Südwestecke des Zimmers eine kleine quadratische Fläche abgrenzte.

»Willkommen in meiner Höhle«, sagte er dabei grinsend.

In diesem eingezäunten Bereich stand ein langer Tisch, halb verdeckt von einem schwarzen Vorhang und vier in einer Reihe stehenden, sehr seltsam aussehenden Stühlen. Jeder besaß eine hohe ovale Rückenlehne, eine Art gewölbte Schale, die den Rücken umschloss, und anstelle der Beine etwas, das wie eine massive runde Basis aussah. Alle vier Stühle standen zur Wand hin.

»Nicht starren«, erinnerte Emilito mich, während er mir half, mich auf einen der Stühle zu setzen.

Mir fiel auf, dass sie offenbar aus Kunststoff bestanden. Die runde Sitzfläche federte, obgleich sie hart wie Holz war. Die Lehne, die den Rücken zu umschließen schien, war ebenfalls hart und federte. Das gesamte Oberteil des Stuhls ließ sich auf seiner runden Basis seitwärts drehen. Alle vier Stühle waren strahlend tiefblau gestrichen.

Der Hausmeister setzte sich auf den Stuhl neben mir. Er drehte ihn zur Raummitte hin und gab mir mit seltsam gepresster Stimme die Anweisung, mich ebenfalls zu drehen. Ich tat es und musste unwillkürlich nach Luft schnappen. Das Zimmer, das ich eben durchquert hatte, war weg. Dafür starrte ich jetzt in eine endlose ebene Weite, über der ein pfirsichfarbenes Licht lag. Der Raum schien sich vor meinen Augen ins Unermessliche zu weiten und der Horizont war pechschwarz. Wieder keuchte ich, jetzt aber wegen eines Gefühls in der Magengrube, als ob der Boden unter mir wiche und etwas mich in diesen Raum hineinzöge. Ich spürte den Drehstuhl nicht mehr unter mir, obwohl ich noch auf ihm saß.

Ich hörte Emilito sagen: »Drehen wir uns wieder zurück«, aber ich hatte nicht die Kraft dazu. Offenbar tat er es für mich, denn plötzlich blickte ich wieder in die Zimmerecke.

»Unglaublich, findest du nicht?«, fragte er lächelnd.

Ich brachte kein einziges Wort heraus und warum hätte ich auch Fragen stellen sollen, auf die es doch keine Antworten gab? Nach einer Weile drehte Emilito meinen Stuhl erneut, um mich noch einmal dem Eindruck der Unendlichkeit auszusetzen. Die Unermesslichkeit dieses Raums erschreckte mich so sehr, dass ich die Augen schloss. Ich spürte, wie er den Stuhl zurückdrehte.

»Jetzt steh auf«, sagte er.

Ich gehorchte mechanisch, stand zitternd da und versuchte meine Stimme wieder zu finden. Im Stehen drehte er mich erneut zum Zimmer hin.

Von Angst geschüttelt, weigerte ich mich, die Augen zu öffnen, aber als er mir mit dem Knöchel einen Schlag auf den Kopf versetzte, sprangen sie auf. Erleichtert sah ich, dass das Zimmer nicht mehr schwarzer endloser Raum war, sondern so, wie ich es beim Eintreten gesehen hatte. Trotz seiner Ermahnung, alles nur mit Blicken zu streifen, starrte ich all die undefinierbaren Gegenstände einen nach dem anderen an.

»Emilito, bitte sag mir, was ist das alles?«

»Ich bin nur der Hausmeister«, erwiderte er. »All das steht in meiner Obhut.« Und mit einer Handbewegung über das ganze Zimmer hinweg fügte er hinzu: »Aber du kannst mich schlagen, ich hab keine Ahnung, was das ist. Keiner von uns weiß, was es ist. Wir haben es mitsamt dem Haus von meinem Lehrer, dem Nagual Julian, geerbt, und der hat es wieder von seinem Lehrer, dem Nagual Elias, geerbt, der es ebenfalls geerbt hatte.«

»Sieht aus wie eine Art Requisitenkammer«, sagte ich. »Aber das ist nur Einbildung, nicht wahr, Emilito?«

»Das hier ist Zauberei! Du kannst es jetzt sehen, weil du genügend Energie zurückgewonnen hast, um deine Wahrnehmung zu erweitern. Jeder kann es wahrnehmen, wenn er nur genug Energie gespeichert hat. Aber leider, leider, ist unsere Energie größtenteils in lauter Unsinn gebunden. Die Rekapitulation ist der Schlüssel. Sie setzt die gebundene Energie wieder frei und *voilà* – schon hast du die Unendlichkeit direkt vor der Nase.«

Ich musste lachen, sein *voilà* kam so überraschend und klang so wunderbar unpassend in dieser Situation. Das Lachen löste einiges von meiner Spannung. »Aber ist das hier real, Emilito, oder träume ich?«

»Du träumst, aber all das ist real. So real, dass es uns auflösen und umbringen kann.«

Da ich für das, was ich sah, keinerlei rationale Erklärung wusste, konnte ich meiner Wahrnehmung weder trauen noch misstrauen. Ich fand mich in schrecklicher Ausweglosigkeit und am Rande einer Panik. Der Hausmeister trat ganz nah an mich heran.

»Zauberei ist mehr als schwarze Katzen oder ein paar Nackte, die um Mitternacht auf dem Friedhof tanzen und andere Leute behexen«, flüsterte er. »Zauberei ist kalt, abstrakt, unpersönlich. Deshalb bezeichnen wir diesen Wahrnehmungsakt als Übergang der Zauberer oder Flug ins Abstrakte. Um dem gewaltigen Sog des Abstrakten standhalten zu können, müssen wir stark und entschlossen sein; das ist nichts für zaghafte und furchtsame Geister. Das pflegte der Nagual Julian zu sagen.«

Ich war so voller Wissbegier, dass ich in vollkommener Konzentration jedem seiner Worte lauschte – und die ganze Zeit konnte ich den Blick nicht von all diesen Dingen im Zimmer abwenden. Ich kam zu dem Schluss, dass kein einziges von ihnen real war. Da ich sie aber wahrnahm, musste ich mich fragen, ob ich selbst vielleicht ebenso unwirklich war oder ob ich mir diese Gegenstände zusammenspann. Nicht dass sie nicht zu beschreiben gewesen wären; sie waren für mich nur als nichts zu erkennen, was ich je gesehen hätte.

»Jetzt mach dich bereit für den abstrakten Flug der Zauberer«, sagte Emilito. »Halt dich unbedingt an mir fest, es geht aufs Ganze. Du kannst dich an meinen Gürtel klammern oder mir huckepack auf den Rücken klettern, aber lass auf keinen Fall los.«

Bevor ich ihn auch nur fragen konnte, was er jetzt vorhabe, schob er mich zum Stuhl zurück und drückte mich auf den Sitz. Ich blickte an die Wand. Dann drehte er den Stuhl um neunzig Grad, so dass ich wieder zur Raummitte und in diese furchtbare Unendlichkeit schaute. Er half mir beim Aufstehen, indem er mich an der Taille hielt, und ließ mich ein paar Schritte in die Unendlichkeit tun.

Das Gehen war fast unmöglich; meine Beine schienen mir tonnenschwer. Ich spürte, wie der Hausmeister mich schob und hob. Plötzlich saugte mich eine gewaltige Kraft an und ich ging nicht mehr, sondern glitt durch den Raum, Emilito neben mir. Ich erinnerte mich an seine Worte und packte ihn am Gürtel. Grad noch rechtzeitig, denn genau in diesem Augenblick bewirkte ein weiterer Energiestoß eine ungeheure Beschleunigung. Ich schrie, er solle mich anhalten. Schnell hob er mich auf seinen Rücken und ich klammerte mich an ihn, als gälte es das nackte Leben. Ich presste die Augen zu, aber es half nichts; ich sah immer die gleiche endlose Weite vor mir, mit offenen wie mit geschlossenen Augen. Wir flogen durch etwas, aber es war nicht Luft und auch nicht über der Erde. Am meisten fürchtete ich, dass ein weiterer Energiestoß mich von Emilitos Rücken losreißen würde. Ich kämpfte mit allem, was ich hatte, um meinen Halt und meine Konzentration.

Es endete so plötzlich, wie es begonnen hatte. Wieder fühlte ich einen Energiestoß und stand schweißgebadet neben dem blauen Stuhl. Ich schlotterte am ganzen Leib und konnte nichts dagegen tun. Ich rang keuchend nach Luft. Das Haar hing mir feucht und wirr ins Gesicht. Der Hausmeister drückte mich auf den Sitz und drehte mich zur Wand.

»Dass du dir ja nicht in die Hose machst, solange du auf diesem Stuhl sitzt!«, fuhr er mich barsch an.

Nein, dergleichen lag hinter mir. Ich war leer, alles war aus mir gewichen, auch die Angst. Der Flug durch diesen unendlichen Raum hatte nichts davon übrig gelassen.

»Du kannst jetzt wahrnehmen, wie ich wahrnehme«, sagte Emilito nickend. »Aber du hast in dieser neuen Welt noch keinerlei

Kontrolle. Die kommt erst, wenn du ein Leben lang Disziplin geübt und Kraft angesammelt hast.«

»Wie soll ich mir das hier je erklären?«, sagte ich und drehte mich selbst noch einmal zum Zimmer hin, um nochmals einen Blick auf diese rötliche Unendlichkeit zu werfen. Jetzt waren die Gegenstände im Zimmer winzig klein, wie Schachfiguren auf einem Schachbrett. Ich musste sie direkt suchen. Und die Kälte dieser gnadenlosen Weite erfüllte mich mit einem Grauen, in dem kein lindernder Zug war. Ich erinnerte mich an Claras Worte über die Seher, die den Blick auf das Unendliche gerichtet hatten und sahen, dass das Unendliche mit kalter, unnachgiebiger Indifferenz zurückstarrt. Sie hatte mir nie erzählt, dass auch sie diesen Anblick kannte, aber jetzt wusste ich, dass sie ihn kannte. Und wozu hätte sie es mir sagen sollen? Ich hätte ja doch nur gelacht oder ihr eine blühende Phantasie zugeschrieben. Nun stand ich da, fassungslos starrend und ohne die Hoffnung, jemals zu begreifen, was ich da anstarrte. Emilito hatte Recht. Erst wenn ich ein Leben lang Disziplin geübt und Kraft gespeichert hätte, würde ich verstehen, dass ich einen Blick ins Unendliche tat.

»Jetzt wollen wir uns mal die andere Seite der Unendlichkeit ansehen«, sagte Emilito und drehte meinen Stuhl sanft wieder zur Wand. Mit zeremonieller Geste hob er den schwarzen Vorhang, während ich mit leerem Blick dasaß und das Zähneklappern zu unterdrücken versuchte.

Hinter dem Vorhang war ein langer, schmaler blauer Tisch. Er hatte keine Beine und schien an der Wand befestigt zu sein, obwohl ich keinerlei Scharniere oder Konsolen sah.

Emilito gab mir Anweisungen: »Leg die Unterarme auf den Tisch und das Kinn auf die übereinander geballten Fäuste, wie Clara es dir gezeigt hat. Von unten muss ein Druck auf das Kinn entstehen. Aber halte den Kopf leicht und weich, verspann dich nicht dabei. Leichtigkeit, das ist es, was wir jetzt brauchen.«

Ich tat, was er sagte. Augenblicklich öffnete sich ein kleines Fenster in der schwarzen Wand, vielleicht fünfzehn Zentimeter vor meiner Nase. Der Hausmeister saß rechts neben mir und blickte anscheinend durch ein zweites kleines Fenster.

»Was siehst du?«, fragte er.

Ich blickte auf das Haus. Ich sah die Vordertür und den Speiseraum der linken Seite, in den ich im Vorbeigehen einen kurzen Blick geworfen hatte, als ich mit Emilito auf dem Weg zur Vordertür war. Der Raum war hell erleuchtet und voller Leute. Sie lachten und unterhielten sich auf Spanisch. Manche bedienten sich von einer Anrichte, wo, auf Silbertabletts herrlich arrangiert, eine Auswahl einladender Leckereien stand. Ich sah den Nagual und dann Clara. Sie spielte Gitarre und sang mit einer anderen Frau, die ohne weiteres ihre Schwester hätte sein können, im Duett. Diese Frau war so groß wie Clara, aber von dunkler Gesichtsfarbe. Sie hatte nicht Claras feurige grüne Augen. Ihre waren auch feurig, aber dunkel, beinah finster. Dann sah ich Nelida. Sie tanzte für sich allein zu einer Melodie von eindringlicher Schönheit. Irgendetwas an ihr war anders, als ich es in Erinnerung hatte, aber ich wusste nicht genau, was es war.

Eine Zeit lang sah ich ihnen verzaubert zu, als wäre ich gestorben und jetzt im Himmel – die Szene war so ätherisch, so voller Freude und fern aller Alltäglichkeit. Doch dann wurde ich aus meiner Versunkenheit gerissen, als eine zweite Nelida durch eine Seitentür eintrat. Ich traute meinen Augen nicht – zwei Nelidas! Ich sah Emilito mit einer stummen Frage an.

»Die tanzende Nelida ist Florinda«, sagte er. »Sie sind fast genau gleich, nur dass Nelida ein bisschen weicher aussieht«, er blinzelte mir zu, »und weitaus rücksichtsloser ist.«

Ich zählte die Menschen im Raum. Außer dem Nagual waren es vierzehn, neun Frauen und fünf Männer. Ich sah die beiden Nelidas, Clara und ihre dunkle Schwester und die übrigen fünf Frauen kannte ich nicht. Drei waren eindeutig alt, aber wie Clara, Nelida, der Nagual und Emilito von unbestimmbarem Alter. Die übrigen beiden Frauen waren höchstens ein paar Jahre älter als ich, vielleicht Mitte zwanzig.

Vier der Männer waren älter und von der gleichen Ausstrahlung finsterer Entschlossenheit wie der Nagual, aber einer war jung. Er war von dunkler Gesichtsfarbe und klein, schien aber sehr kräftig zu sein. Beim Reden gestikulierte er lebhaft und sein ausdrucksvolles Gesicht verriet große Vitalität. Es war etwas an ihm, das ihn von den anderen abhob. Mein Herz tat einen Sprung und ich fühlte mich sofort zu ihm hingezogen.

»Das ist der neue Nagual«, sagte der Hausmeister.

Wir blickten weiter in den Raum und er erklärte, die Zauberei eines jeden Naguals sei von seinem besonderen Temperament und seiner Erfahrung geprägt. Da der Nagual John Michael Abelar ein Yaqui-Indianer sei, habe seine Gruppe das Pathos der Yaqui als Kennzeichen all ihres Tuns angenommen. Ihre Zauberei sei deshalb von der düsteren Gestimmtheit dieser Indianer durchdrungen. Und wir alle, auch ich, seien durch die Regel dazu verpflichtet, uns durch alle Höhen und Tiefen mit den Yaqui vertraut zu machen.

»Das wird deine Ausrichtung bleiben, bis der neue Nagual die Leitung übernimmt«, flüsterte er mir ins Ohr. »Dann wirst du dich ganz auf sein Temperament und seine Erfahrung einlassen müssen. Das ist die Regel. Du wirst eine Universität besuchen müssen. Er hat es mit akademischen Dingen.«

»Wann wird das sein?«, flüsterte ich.

»Wenn alle Mitglieder meiner Gruppe gemeinsam der Unendlichkeit in dem Zimmer hinter uns gegenübertreten und in ihr aufgehen«, antwortete er leise.

Eine Wolke von Ermüdung und Verzweiflung begann mich einzuhüllen. Die Strapaze, das Unvorstellbare zu verstehen, wurde zu groß.

»Dieses Zimmer, das mir als Hausmeister anvertraut wurde, ist die Akkumulation der *Absicht* und der Temperamente aller bisherigen Naguals bis hin zu John Michael Abelar.« Er sprach dicht an meinem Ohr. »Auf keine Art und Weise könnte ich dir je erklären, was dieses Zimmer ist. Für mich ist es genauso unbegreiflich wie für dich.«

Ich wandte den Blick von dem Speiseraum mit all seinen fröhlichen, lebhaften Menschen ab und sah Emilito an. Mir war danach zu weinen, denn jetzt endlich wurde mir klar, dass Emilito so einsam war wie Manfred, ein Wesen von unvorstellbarer Bewusstheit, aber unter der Bürde der Einsamkeit, die diese

Bewusstheit mit sich bringt. Mein Wunsch zu weinen verging, denn mir wurde klar, dass Traurigkeit eine nichtige Emotion ist, wenn ich an ihrer Stelle Ehrfurcht empfinden konnte.

»Der neue Nagual wird sich deiner annehmen«, sagte Emilito und lenkte meine Aufmerksamkeit wieder auf das Fenster und den Speiseraum. »Er ist dein wahrer Lehrer und er wird dich in die Freiheit führen. Er hat viele Namen, einen für jeden Aspekt der Zauberei, mit dem er sich befasst. Für die Zauberei der Unendlichkeit lautet sein Name Dilas Grau. Eines Tages wirst du ihm und den anderen begegnen. Es ging nicht an dem Tag, als du mit Nelida auf dem linken Korridor warst, und es geht auch jetzt nicht. Aber du wirst den Übergang bald machen. Sie warten auf dich.«

Eine namenlose Sehnsucht ergriff mich. Ich wäre gern durch das Guckloch geschlüpft, um bei den anderen zu sein. Da waren Wärme und Zuneigung. Und sie warteten auf mich.

Florinda Donner-Grau

Der Pfad des Träumens

Eine junge Anthropologin schildert einfühlsam ihre Initiation in die Welt des legendären Zauberers Don Juan. Gemeinsam mit Carlos Castaneda meistert sie die Kunst des Wachträumens.

360 Seiten, gebunden mit Schutzumschlag
€ 19,90 (D)/sFr. 33,60
ISBN 3-934647-55-3

Florinda Donner-Grau

Shabono

„Kein Zweifel, ‚Shabono' ist ein Meisterwerk. Es ist Kunst, Magie und Wissenschaft zugleich und strahlt die übermächtige und abgründige Aura einer geheimnisvollen, magischen Welt aus."

(Carlos Castaneda)

327 Seiten, gebunden mit Schutzumschlag
€ 19,90 (D)/sFr. 33,60
ISBN 3-934647-52-9

Joan Halifax

Die andere Wirklichkeit der Schamanen

Joan Halifax versammelt hier authentische Erfahrungsberichte bekannter Magier, Medizinmänner und Visionäre, die uns zeigen, wie wir in Harmonie mit uns selbst und allen Lebewesen leben können. Ein Standardwerk.

326 Seiten, gebunden mit Schutzumschlag
€ (D) 19,90/sFr. 33,60
ISBN 3-929475-86-3

Norbert Claßen

Das Wissen der Tolteken

Der Autor beschreibt erstmals Theorie und praktische Anwendung der gesamten toltekischen Lehre und erklärt die Techniken der Zauberer des alten Mexiko. So können u. a. die „Kunst des Pirschens", die „Kunst des Träumens" und die „Rekapitulation" erlernt werden.

324 Seiten, gebunden mit Schutzumschlag
€ 19,90 (D)/sFr. 33,60
ISBN 3-934647-47-2

Florinda Donner-Grau

Die Lehren der Hexe

Eine Frau auf den Spuren schamanischer Heiler

Mit einem Vorwort von Carlos Castaneda

Als junge Studentin begegnet Florinda Donner-Grau dem Schamanen Don Juan Matus und seiner Gruppe von Hexen und Zauberern. Fasziniert von deren Lebensweise trifft sie die Entscheidung, sich ihnen anzuschließen. Doch als Bedingung für den Eintritt in die Welt der Zauberer muss sie eine Reise antreten, um zu beweisen, dass sie den „Weg des Kriegers" ganz allein meistern kann. Diese Reise führt sie zurück zu ihren Wurzeln. In ihrem Geburtsland Venezuela gerät sie in den Bann der Spiritistin, Hexe und Heilerin Doña Mercedes …

„Dieses Buch ist für mich von ganz besonderer Bedeutung. Es steht im Einklang mit meinem eigenen Werk und unterscheidet sich gleichzeitig davon. Florinda Donner-Grau ist meine Mitstreiterin. Wir sind in ein und dasselbe Streben eingebunden – aber sie ist eine Frau und das macht den Unterschied."

Carlos Castaneda

280 Seiten, gebunden mit Schutzumschlag
€ 19,90 (D)/sFr. 33,60
ISBN 3-929475-39-1

Norbert Claßen

CARLOS CASTANEDA
UND DAS VERMÄCHTNIS DES DON JUAN

Carlos Castaneda, Bestsellerautor und Schüler des mexikanischen Zauberers Don Juan Matus, war jahrzehntelang vor allem dafür bekannt, dass er unbekannt war.

Nachdem er jedoch in den vergangenen Jahren zusammen mit seinen Gefährtinnen Taisha Abelar, Florinda Donner-Grau und Carol Tiggs in Vorträgen und Seminaren an die Öffentlichkeit getreten war, wurde vielen Lesern klar, dass sie es mit einer realen Person und einer authentischen schamanischen Tradition zu tun hatten.

Norbert Claßen, seit vielen Jahren selbst Praktiker auf dem Weg der Tolteken, hatte das Glück, diese neue Entwicklung von Anfang an zu verfolgen. In diesem aufregenden Buch schildert er, welche Ereignisse Castaneda und seine Gefährtinnen dazu bewogen haben, auf der Bühne des Alltags aufzutreten und mit Tensegrity eine Bewegung ins Leben zu rufen, die weltweit immer größere Kreise zieht und es jedem Interessierten erlaubt, unmittelbar am Vermächtnis des Don Juan teilzuhaben.

267 Seiten, gebunden mit Schutzumschlag
€ 19,90 (D)/sFr. 33,60
ISBN 3-929475-40-5

Caelum Rainieri / Ivory Andersen

Das Tier-Orakel der Azteken

Entdecke dein persönliches Kraft-Tier und lasse dich von ihm begleiten!

In der indianisch-schamanistischen Tradition gilt der Bund zwischen Mensch und Kraft-Tier als heilig. Für unsere Bereitschaft, unser Kraft-Tier zu nähren und zu schützen, weiht es uns in all seine Geheimnisse, Tricks und Fähigkeiten ein. Das Tier-Orakel der Azteken zeigt auf einfache Art und Weise, wie wir unser persönliches Kraft-Tier finden und mit ihm kommunizieren können. Darüber hinaus kann es sowohl zur spirituellen Lebensberatung als auch zur Weissagung herangezogen werden. Die 40 wunderschön illustrierten Orakelkarten umfassen 31 Kraft-Tiere und die 9 Herren der Nacht – aztekische Gottheiten, die je einen essenziellen Aspekt des menschlichen Lebens verkörpern.

190 Seiten, Broschur,
im Schuber, mit 40 Orakelkarten
€ 25,90 (D)/sFr. 43,60
ISBN 3-934647-63-4

Roman Katzer

Die Erben des Don Juan

Nur wenigen ist es gelungen, den publikumscheuen Carlos Castaneda und seine Mitschülerinnen (bei dem mexikanischen Zauberer Don Juan) Florinda Donner-Grau und Taisha Abelar zu sprechen. In diesem Buch werden die vier besten Gespräche mit den „Erben des Don Juan“ vorgestellt. Gemeinsam bilden sie nicht nur eine hervorragende Einführung in die Lehren des Don Juan, sondern gestatten es sowohl Anfängern als auch Fortgeschrittenen, vom Wissen der Tolteken und dem Vermächtnis des Don Juan zu profitieren.

248 Seiten, gebunden mit Schutzumschlag
€ 17,90 (D)/sFr. 30,50
ISBN 3-934647-77-4